भारत-चीन रिश्ते

ड्रैगन ने हाथी को क्यों डसा

भारत-चीन रिश्ते

ड्रैगन ने हाथी को क्यों डसा

रंजीत कुमार

प्रभात
प्रकाशन

प्रकाशक • **प्रभात प्रकाशन प्रा. लि.**
4/19 आसफ अली रोड,
नई दिल्ली–110002

संस्करण • 2025
मूल्य • पाँच सौ रुपए
मुद्रक • यश प्रिंटोग्राफिक्स, नोएडा

BHARAT-CHINA RISHTE : Dragon Ne Hathi Ko Kyon Dasa
by Shri Ranjeet Kumar ₹ 500.00
Published by Prabhat Prakashan Pvt. Ltd., 4/19 Asaf Ali Road, New Delhi-2
e-mail: prabhatbooks@gmail.com ISBN 978-93-5521-303-7

यह पुस्तक समर्पित है
पूर्वी लद्दाख की गलवान घाटी की चोटियों पर
अपने प्राण न्योछावर करनेवाले उन जाँबाज भारतीय सैनिकों को,
जिन्होंने 15 जून, 2020 की रात को पीठ पर वार करनेवाले
चीनी सैनिकों से जमकर लोहा लेते हुए उन्हें
भारी कीमत चुकाने को मजबूर किया।

चीनी सोच को समझानेवाली पुस्तक

न केवल भारत, बल्कि संपूर्ण विश्व में चीन रहस्यों के आवरण में ढका एक प्राचीन मुल्क माना जाता रहा है। इसलिए चीन को समझने और चीन के प्रति अपना तटस्थ नजरिया बनाने के लिए जरूरी है कि प्राचीन चीन से लेकर आज के चीन की मानसिकता को हम समझें। भारत के लोग अंग्रेजी और अंग्रेजी सोच से चीन को समझते रहे हैं, लेकिन चीन को समझने के लिए चीनी भाषा को ही माध्यम बनाया जा सकता है। चीन का पाँच हजार साल का गौरवशाली इतिहास रहा है, जिस पर चीन को गर्व है और जिसके आधार पर चीन दुनिया में अपने को श्रेष्ठतम समाज मानता है। भारत भले ही विश्वगुरु होने का दंभ भरे और सपना देखे, चीन ने अपनी आर्थिक और सैनिक ताकत के बल पर दुनिया पर अपना प्रभुत्व स्थापित कर लिया है। आज का चीन इससे भी संतुष्ट नहीं है और ऐसा लगता है, मानो आज के चीनी नेता शी चिन फिंग विश्व-विजय अभियान पर निकले हैं और 2049 तक (नवचीन की स्थापना का सौवाँ साल) दुनिया का सबसे ताकतवर और सबसे प्रभावशाली देश बनने का सपना देख रहे हैं।

ऐसे ही चीन के समक्ष आज भारत खड़ा है, लेकिन चीन की तरह भारत भी एक सभ्यतागत देश रहा है, इसलिए भारत विश्वगुरु बनने की चीनी महत्त्वाकांक्षा में आड़े आ रहा है, लेकिन कोई नहीं कहता कि भारत और चीन के बीच सभ्यताओं का टकराव है। भारत और चीन के बीच टकराव मुख्य तौर पर विश्व पर प्रभुत्व स्थापित करने की चीनी महत्त्वाकांक्षाओं की वजह से है, जिसे समझाने का प्रयास आज के दौर के ताजा प्रकरण के संदर्भ में रंजीत कुमार ने प्रस्तुत पुस्तक में किया है।

भारत में चीन को पश्चिमी सोच और नजरिए से देखा जाता रहा है। वास्तव में हमारे अपने देश में ही हम अपने को पश्चिमी नजरिए से देखते रहे हैं। चीन के बारे में भारत में लोग बहुत कम जानते हैं, जैसा कि इस पुस्तक में लिखा है,

चीन में भारतीय फिल्में काफी लोकप्रिय हो चुकी हैं, लेकिन भारत में ऐसा नहीं है। आधुनिक चीन के लोग फिल्मों के जरिए भी भारत को समझ रहे हैं, लेकिन दोनों देशों में भाषा का भी काफी अंतर है, जो भारत में चीन को कम जानने की एक बड़ी वजह है। मैं समझता हूँ कि भारत में चीन को समझने के लिए एक बड़ा खालीपन है, जिसे इस पुस्तक ने भरने की कोशिश की है। पहली बार भारतीय दृष्टि से पाठकों को चीन को समझाने का प्रयास किया गया है। हमारी पृष्ठभूमि ऐसी रही है, जिसमें हम सोचते हैं कि चीन कितना अपारदर्शी है! पुस्तक में सही लिखा है कि चीन की सोच उसके प्राचीन खेल वेईछी (शतरंज की तरह बोर्ड पर खेला जानेवाला खेल) से चलती रही है, जबकि भारतीय लोग शतरंज के खेल के सिद्धांतों के अनुरूप सोचते रहे हैं।

प्राचीन चीन में भारत के प्रति सोच बौद्ध धर्म की वजह से प्रभावित हुई है तो 19वीं सदी के मध्य में चीन में जिस तरह अफीम युद्ध (अंग्रेजों और चीन के छिंग साम्राज्य के बीच चली लड़ाई) के दौरान भारतीयों का इस्तेमाल चीनियों को हाँकने के लिए अंग्रेजों ने किया; उससे भी भारत को लेकर चीनी सोच पर असर पड़ा है। चीन के शहरों में अंग्रेजों के लिए सुरक्षा ड्यूटी निभाने के लिए भेजे गए डंडे से हाँकते भारतीयों को देखकर भारत के प्रति चीनी लोगों में प्रतिकूल छवि बनी होगी। इन बातों पर चीन में फिल्में भी काफी बनी हैं, जिससे चीन में आम लोगों में यह धारणा भी बनी है कि भारतीय लोग पश्चिमी समाज के हित-प्रवर्तक रहे हैं।

निश्चय ही चीन में भारत को पश्चिमी स्वर्ग की तरह देखा जाता रहा है, खासकर उन लोगों में, जो बौद्ध धर्म से प्रभावित हुए हैं; लेकिन चीन में यह भी धारणा बनी है कि भारत पश्चिमी देशों का हित-पोषक रहा है, जो आज के दौर में चीन के प्रतिद्वंद्वी देश रहे हैं। इसलिए हमें चीनी लोगों की सोच को समझने की भी जरूरत है। वास्तव में आज के दौर में चीन के लिए भारत मुख्य प्रतिद्वंद्वी नहीं है, बल्कि अमेरिका से उसकी मुख्य होड़ है। निश्चय ही भारत सॉफ्टेवयर आदि तकनीकी क्षेत्र में चीन को प्रतिस्पर्धा दे रहा है, लेकिन चीन के लिए अब यह कोई चिंता की बात नहीं रही। जहाँ तक भारत-पाकिस्तान का सवाल है, चीन भारत को पश्चिमी समर्थक मानता है, लेकिन पाकिस्तान को इस रूप में देखता है कि पश्चिमी समर्थक होते हुए भी चीन के लिए उसने दरवाजे खोले। उसी तरह अमेरिका भी चीन को अपना मुख्य प्रतिद्वंद्वी मानता है। अमेरिका में जो भी प्रशासन हो, चीन को इसी नजरिए से देखता है। भले ही अमेरिका-चीन के बीच थोड़ा-बहुत सहयोग चलता रहे, लेकिन दोनों एक-दूसरे को अपना प्रतिद्वंद्वी मानने लगे हैं और ऐसे में

जब क्वाड (चार देशों अमेरिका, भारत, जापान और ऑस्ट्रेलिया का गुट) की बात चलने लगी है और इसमें भारत अमेरिका का साझेदार है, तो भारत के प्रति चीन की सोच बदलती है। पुस्तक में इन विचारों की सही व्याख्या की गई है। चीन को लेकर भारत और भारतीयों की सोच में यह बहुत बड़ी रिक्तता है। मेरे खयाल से भारत के जो पाठक हैं, उनके लिए समझना बहुत जरूरी है। इसलिए मैं सोचता हूँ कि यदि इस पुस्तक का अन्य भारतीय भाषाओं में भी अनुवाद हो तो बहुत अच्छा रहेगा। आज के दौर में आम भारतीयों को चीन को अच्छी तरह से समझने की जरूरत है। ऐतिहासिक पृष्ठभूमि में देखें तो एक तरफ बौद्ध धर्म है तो दूसरी ओर अफीम युद्ध भी है, जैसे-जैसे चीन की पश्चिमी देशों से होड़ बढ़ रही है और भारत का पश्चिमी झुकाव बढ़ता जा रहा है, उस माहौल में चीन यह देखता है कि भारत चीन के खिलाफ खड़ा हो चुका है।

चीन भारत को एक सभ्यतागत देश मानता रहा है और भारत को भी चीन के बारे में यही मानकर चलना चाहिए। भारतीय सभ्यता के अंश तो चीन में समाहित हो गए, लेकिन चीनी सभ्यता और सोच के बारे में भारतीय लोग नहीं जानते।

चीन देख रहा है कि कैसे उसे अमेरिका की बराबरी करनी है, इसलिए वह अब एक तरह से 'मुनरो डाक्ट्रिन' को अपने स्तर पर लागू करता दिख रहा है। इसलिए वह अपने पड़ोसी देशों पर अपना प्रभाव बढ़ाने की रणनीति पर चल रहा है। 2049 तक चीन यह लक्ष्य हासिल करना चाहता है, इसलिए वह 'मुनरो डाक्ट्रिन' (1823 में अमेरिकी राष्ट्रपति जेम्स मुनरो द्वारा जारी अमेरिकी विदेश नीति) पर चलना चाह रहा है। इसी नजरिए से हमें चीन को समझने की जरूरत है। अस्सी के दशक के मध्य में साम्यवाद से पूँजीवाद की ओर कदम बढ़ाते चीन को नजदीक से देखनेवाले रंजीत कुमार द्वारा चीन पर यह बहुत सामयिक पुस्तक लिखी गई है।

—शशांक

(भारत के पूर्व विदेश सचिव)

दो शब्द

चीन का विस्तारवादी रवैया सदियों से देखा गया है। आज का चीन अपनी मौलिक 'हान' जातिवाली आबादी और भू–भाग से कहीं अधिक पाँव पसार चुका है। भीतरी मंगोलिया, तिब्बत और शिन्च्यांग का इलाका, जो पहले पूर्वी तुर्किस्तान के नाम से जाना जाता था, चीन का मौलिक हिस्सा नहीं रहा है। चीन अपने मिडल किंगडम वाली सोच को आज अमली जामा पहनाना चाहता है, क्योंकि वह आर्थिक और सैनिक तौर पर अमेरिका के बाद दुनिया का सबसे ताकतवर देश बन गया है। वह एशिया का एकमात्र छत्रप बनना चाहता है, जिसके साकार होने में भारत आड़े आ रहा है। इसलिए यह अब कोई रहस्य नहीं रह गया है कि चीनी ड्रैगन ने भारतीय हाथी को क्यों डसा?

जब से चीन के मौजूदा राष्ट्रपति शी चिन फिंग ने 2013 में चीन का शासन सँभाला है, दक्षिण चीन सागर से लेकर भारत से लगे सीमांत पर्वतीय इलाकों में अतिक्रमण कर अपने प्रादेशिक इलाके को विस्तार देने की कोशिश की है; हालाँकि कुछ सामरिक हलकों में कहा जाता है कि चीन ने अगस्त 2019 में लद्दाख को केंद्र शासित प्रदेश घोषित करनेवाले भारतीय कदम का जवाब देने के लिए पूर्वी लद्दाख के इलाकों में अतिक्रमण किया, लेकिन शी चिन फिंग की 'पीपल्स लिबरेशन आर्मी' ने तो उनके 2013 में सत्ता सँभालने के बाद से ही भारतीय इलाकों में सैन्य अतिक्रमण कर भारत को चुनौती देनी शुरू कर दी थी। शी चिन फिंग के कार्यकाल में कुल पाँच बार (मई 2020 तक) भारतीय इलाकों में चीनी सेना ने घुसपैठ की है। इसलिए चीनी सेना की विस्तारवादी हरकतों को शी चिन फिंग की विस्तारवादी मानसिकता से ही जोड़कर देखना होगा। इसे शी चिन फिंग की 21वीं सदी के चीन के महान् राष्ट्रवादी शासक कहलाने की निजी राजनीतिक महत्त्वाकांक्षा से जोड़कर देखा जाना चाहिए। 2013 से ही भारत को दुनिया की नजरों में नीचा दिखाने के लिए

भारत के पूर्वी लद्दाख के इलाके में चीनी सेना ने अतिक्रमण कर धोखे से कब्जा करने की चाल चली, ताकि भारत या तो झुककर इसे स्वीकार कर ले या फिर चीन द्वारा पेश सैनिक चुनौती को स्वीकार करने में अपने राष्ट्रीय संसाधन झोंक दे और चीन के प्रभुत्व को चुनौती देने की स्थिति में न रहकर कंगाल हो जाए।

भारत पर महज सैनिक दबाव बनाकर ही नहीं, भारत पर सामरिक, राजनयिक, आर्थिक दबाव बनाकर भी चीन भारत को दबाने या नीचा दिखाने की रणनीति पर चलता रहा है। चाहे वह संयुक्त राष्ट्र सुरक्षा परिषद् में भारत को स्थायी सदस्यता में अड़ंगा डालने की बात हो या फिर 48 सदस्यों वाले परमाणु आपूर्तिकर्ता देशों के समूह 'न्यूक्लियर सप्लायर्स ग्रुप' (एन.एस.जी.) में भारत को प्रवेश न करने देने की रणनीति हो या फिर पाकिस्तानी आतंकवादी मसूद अजहर को आतंकवादी घोषित करने से रोकने के लिए सुरक्षा परिषद् में वीटो के इस्तेमाल की बात हो या फिर पाकिस्तान सहित भारत के पड़ोसी देशों को भारत के खिलाफ भड़काकर भारत की सामरिक घेराबंदी करने की रणनीति हो, चीन ने हर मोर्चे पर भारत को दबाने की रणनीति पर काम किया है; लेकिन भारत ने चीन को हमेशा अपना रवैया सुधारने का मौका दिया है और उसके साथ रिश्ते बनाकर चलने की नीति को ही प्राथमिकता दी है, पर चीन ने भारत को दबाने के लिए कोई भी कसर बाकी नहीं छोड़ी। यहाँ तक कि सैनिक अतिक्रमण बेअसर रहा तो वह भारत को डराने के लिए साइबर हमला करने से भी बाज नहीं आता है।

न केवल अपने पड़ोसी देशों, बल्कि अफ्रीका, ऑस्ट्रेलिया, यूरोपीय देशों के अलावा अमेरिका के साथ भी साम, दाम, दंड, भेद की नीति पर चलता हुआ चीन 2049 तक दुनिया का सबसे प्रभावशाली और ताकतवर देश बनने का सपना देख रहा है। वह अमेरिका की जगह दुनिया की सबसे बड़ी आर्थिक और सैनिक ताकत बनने का सपना साकार करने के लिए 'बेल्ट ऐंड रोड इनीशिएटिव' के महत्त्वाकांक्षी एजेंडे पर काम कर रहा है, जिसे शी चिन फिंग के शासनकाल में 2013 से ही चलाना शुरू किया गया है। भारत ने इसका हिस्सा बनने से इनकार कर चीन की सत्ता को चुनौती दी है, तो स्वाभाविक है कि 2013 के बाद से ही चीनी राष्ट्रपति ने भारत की अस्मिता पर चोट पहुँचाने वाले कदम उठाए हैं। वक्त आ गया है कि भारत चीन की इस समर नीति को बेअसर करने के लिए समुचित राष्ट्रीय नीति अपनाए।

प्रस्तुत पुस्तक में आम पाठकों की समझ के नजरिए से चीन की इसी मानसिकता को उजागर करने की कोशिश की गई है। हाथी और ड्रैगन के आपस

में नृत्य करने की लुभावनी बातों से भारतीय नेताओं को प्रभावित करने की चीन की कोशिश को भी समझना होगा। इसके पीछे चीन की वही 1954 की 'हिंदी-चीनी भाई-भाई' वाली रणनीति देखी जा सकती है, जब भारतीय जनमत को प्रभावित कर तिब्बत को चीन ने अपने नाम लिखवा लिया और इसके बाद भारतीय इलाकों, अरुणाचल प्रदेश और अक्साई चिन के इलाकों पर अपना दावा जताकर भारत के खिलाफ 1962 में युद्ध छेड़ दिया।

शी चिन फिंग ने भी पूर्वी लद्दाख के इलाकों में घुसपैठ करने के पहले भारतीय हाथी और ड्रैगन के साथ नृत्य करने की मीठी बातें कीं। ऊहान और चेन्नै में अनौपचारिक शिखर बैठकों में खूब मिठास पैदा की गई, लेकिन इसके तुरंत बाद ही चीनी सेना भारतीय इलाकों पर चढ़ आई।

चीन की इस रणनीति का उसी शैली में भी भारतीय नेताओं को जवाब देना सीखना होगा, तभी चीन की दादागीरी से भारत प्रभावी तरीके से निबट सकता है और अपने राष्ट्रीय सामरिक तथा आर्थिक हितों की रक्षा कर सकता है।

प्रस्तुत पुस्तक आम पाठकों के लिए लिखी गई है, जिन्हें भारत और चीन के प्राचीन रिश्तों की पृष्ठभूमि में आज के रिश्तों की व्याख्या पेश करने की कोशिश की गई है। भारत के खिलाफ हर मोर्चे पर चीन के आक्रामक रवैए से पैदा भारत और चीन के बीच कटुतापूर्ण रिश्तों के मौजूदा दौर में चीन की चुनौतियों का भारत ने दृढ़तापूर्वक सामना किया है। विश्व रंगमंच पर अपनी सक्रिय और प्रभावशाली भूमिका निभा रहे भारत को चीन ने नीचा दिखाने की कोशिश की है, जो भारत के लिए एक सबक है। हिंद प्रशांत के नए विकसित होते सामरिक स्वरूप के मद्देनजर भारत इस दौर से किस तरह उबरता है, पूरी दुनिया की इस पर गहरी नजर है।

—रंजीत कुमार
नई दिल्ली

अनुक्रम

प्रस्तावना : चीनी सोच को समझानेवाली पुस्तक — *7*

दो शब्द — *11*

1. नी, छी पाओ ल मा ? — 17
2. हाथी और ड्रैगन : क्या साथ नृत्य कर सकते हैं — 26
3. शतरंज बनाम वेई छी : भारत और चीन का रणनीतिक खेल — 30
4. क्या चीनी सपना साकार होगा ? — 34
5. चीन की सत्ता पर शी ने पकड़ मजबूत की — 38
6. सुन चू की समर नीति — 53
7. शी के सत्ता सँभालने के बाद पाँच बार घुसपैठ — 57
8. चीन की रणनीति : दो कदम आगे बढ़ो और एक कदम पीछे हटने की पेशकश करो — 66
9. जब चीन के पाँवों तले जमीन खिसकी — 70
10. गलवान : आखेट युग की याद — 76
11. शी के शासनकाल में तनाव बढ़ने शुरू हुए — 87
12. लद्दाख की बर्फीली चोटियों पर सेना — 91
13. चीन की कथनी और करनी में फर्क — 95
14. कोरोना के आरोपों से ध्यान हटाने के लिए चीन ने तनाव बढ़ाया ? — 99
15. ढाँचागत निर्माण चीनी धुसपैठ के लिए बहाना — 107

16. तिब्बत : दाईं हथेली और इसकी पाँच उँगलियाँ 114
17. रक्षा व विदेश मंत्रियों के संवाद 118
18. वास्तविक नियंत्रण रेखा पर विवाद 122
19. अक्साई चिन 135
20. दौलतबेग ओल्दी खटक रहा है चीन को 142
21. कन्फ्यूसियस संस्थान बंद होने से चीन क्यों चिंतित? 152
22. दुनिया का सबसे बड़ा महाजन 157
23. दुर्लभ खनिज : क्या चीन का विकल्प बन सकेगा भारत 162
24. चीन के खिलाफ लामबंद हो रही हैं बड़ी ताकतें 167
25. 93 और 96 के दो अहम समझौते, जिन्हें चीन ने तोड़े 174
26. 2013 का सहयोग समझौता 182
27. 2005 का ऐतिहासिक समझौता 186
28. कैलाश पर क्यों कब्जा किया? 193
29. पैंगोंग त्सो में सैनिकों की वापसी का समझौता 205
30. भारत ने अपना गुस्सा चीनी ऐपों पर उतारा 213
31. मुंबई पर साइबर हमला 220
32. चीन का नया समुद्री और जमीनी सीमा कानून 226

1

नी, छी पाओ ल मा?

नीहाव—नी, छी पाओ ल मा? (नमस्ते! क्या आपने भोजन कर लिया है?) प्राचीन चीन में एक चीनी व्यक्ति जब दूसरे से मिलता था तो अभिवादन के तौर पर उसका यही पहला सवाल होता था। पिछली सदी के अंत तक चीन में यह परंपरा चल रही थी। शायद इसलिए कि प्राचीन चीन के आमजनों में इतनी भुखमरी थी कि भाई-बंधुओं को एक-दूसरे को लेकर यही चिंता सताती रहती थी कि उसके मित्रबंधु ने भोजन कर लिया या नहीं? हालाँकि आज के चीन में समृद्धि विकसित देशों जैसी हो गई है, लेकिन बुजुर्गों को आपस में मिलने पर अमूमन इसी सवाल से अभिवादन करते देखा जा सकता है।

प्राचीन चीन में गरीबी इतनी थी कि लोग अपनी भूख मिटाने के लिए कीड़े-मकोड़े से लेकर कोई भी जीव-जंतु, चाहे वे तरह-तरह के साँप हों या केंचुए या फिर तिलचट्टे या चमगादड़ या फिर कुत्ते और ऐसे ही बड़े जानवर हों, वे इन्हें अधपका भी खाने में नहीं हिचकते थे; लेकिन हैरान करनेवाली बात यह है कि आज के चीन में भारी समृद्धि आने के बाद भी खान-पान की आदतें नहीं बदली हैं। अस्सी के दशक में जब चीन में रहकर चीन को निकट से देखने और समझने का मौका मिला था, तब वहाँ की सब्जी मंडियों और मांस की दुकानों में कीड़े-मकोड़े, साँप बिच्छु या तिलचट्टे या केंचुओं को टोकरियों में रखकर बेचते हुए देखकर हैरानी होती थी। चीनियों की यही आदत हमें बताती है कि वे प्राचीनकाल से ही दिमागी तौर पर कितने बर्बर रहे होंगे! उनके इस बर्बर चरित्र और स्वभाव को आज भी देखा जा सकता है। चाहे वह देश भर में लोकप्रिय वाइल्ड लाइफ मार्केट, यानी वन्य जीव-जंतु बाजार हो (जहाँ से चमगादड़ों के जरिए दुनिया को तबाह करनेवाले कोविड-19 वायरस फैलने की बात विश्व स्वास्थ्य संगठन ने कही है; हालाँकि यह भी कहा जा रहा है कि कोरोना वायरस चीन की ऊहान स्थित जैविक प्रयोगशाला से

बाहर निकला) या फिर पूर्वी लद्दाख की गलवान घाटी की 15 जून (2020) की बर्बर खूनी रात, हमें चीनियों की इन्हीं आदतों और मानसिक सोच की याद दिलाती हैं। यदि यह कहा जाए कि चीन अपने प्राचीन बर्बर समाज की मानसिकता से उबरा नहीं है, बल्कि इसे अपनी राष्ट्रीय ताकत बनाकर इनका इस्तेमाल करने से भी नहीं हिचकता है, तो गलत नहीं होगा।

चीनी शहर ऊहान के सी फूड मार्केट या फिर जिसे 'वेट मार्केट' भी कहते हैं, में किस्म-किस्म के डर पैदा करनेवाले जीव-जंतुओं को बेचते हुए टेलीवीजन पर देखकर बाहरी दुनिया के लोगों के मन में हैरानी और घृणा पैदा होती है, लेकिन चीनी लोग इन्हें बड़े चाव से खाते हैं। इनकी यही आदत एक बड़ी वजह कही जा सकती है कि जीव-जंतुओं पर पलनेवाले कीटाणु मानव शरीर में प्रवेश करते हैं, जिसकी वजह से विगत में चीन से ही कई तरह के सार्स वायरस से लेकर कोविड-19 वायरस का दुनिया भर में फैलाव हुआ है।

चीन की फुफकार

लेकिन चीन यह स्वीकार करने को तैयार नहीं। आज का चीन यदि फुफकार रहा है तो अपनी नवअर्जित समृद्धि की बदौलत। चीन की यह फुफकार उसकी किंवदंतियों में प्रचलित काल्पनिक प्राणी ड्रैगन के प्रतीक के तौर पर व्यक्त होती रही है और आज के चीनी नेता चीन की इसी छवि को अपने राष्ट्र की ताकत के प्रतीक स्वरूप अप्रत्यक्ष तौर पर इस्तेमाल करने लगे हैं। हालाँकि ड्रैगन चीन का आधिकारिक प्रतीक चिह्न नहीं है, क्योंकि यह ड्रैगन चीन की सामंती राजशाही का प्रतीक माना जाता रहा है, लेकिन कम्युनिस्ट चीन ने इसलिए इसके इस्तेमाल को प्रोत्साहित किया है कि इसके पीछे शायद यह छुपी मानसिकता कही जा सकती है कि दुनिया चीन को ड्रैगन जैसा ताकतवर समझे, हालाँकि चीन सरकार ने इसे अपने आधिकारिक राष्ट्रीय प्रतीक के तौर पर पेश करने से परहेज किया है, लेकिन चीन इसका इस्तेमाल सांस्कृतिक प्रतीक के तौर पर करने से गुरेज नहीं करता है।

पिछली सदी में नौवें दशक में, यानी 1984-85 के दो सालों में चीन में रहकर साम्यवाद से पूँजीवादी सोचवाले समाज की ओर तेजी से बदलते चीन को काफी निकट से देखने का अद्भुत अनुभव और स्वर्णिम मौका मुझे मिला था। तब चीन क्रांतिकारी बदलाव के दौर से गुजर रहा था। तब के चीन और आज के चीन के समाज और लोगों की सोच में आसमान-जमीन का फर्क मैंने देखा है। अस्सी के दशक में साम्यवाद से पूँजीवाद की ओर चीन अपने कदम बढ़ाने लगा था और एक

नए पूँजीवादी मान्यताओं और व्यवहारोंवाले चीनी समाज का बीजारोपण कर चुका था, जिसे चीन के शिखर पुरुष तंग श्याओ फिंग ने बडी मन्नत से सींचा था। तब चीन में इसे 'चीनी विशेषताओं वाला समाजवाद' कहा गया था।

तब वहाँ भारतीय दूतावास के स्टाफ और पेइचिंग विश्वविद्यालय में पढ़नेवाले करीब दर्जन भर छात्रों के अलावा इक्का-दुक्का ही भारतीय रहते थे, इसलिए सार्वजनिक स्थलों पर कम ही दिखते थे और चीनी लोग उन्हें काफी कौतूहल से देखते थे। इसलिए कि उन्हें भारतीयों को देखकर सुखद हैरानी होती थी, क्योंकि आम चीनियों के दिलोदिमाग में वही मान्यता घर बैठी हुई थी कि चीन के पश्चिम में एक ऐसा मुल्क है, जो स्वर्ग के समान है, जहाँ से गौतमबुद्ध के अनुयायियों ने बुद्ध के दर्शन को चीन सहित बाकी दुनिया में प्रचलित किया था। सातवीं सदी में महान् चीनी यात्रियों, सम्राट् हर्षवर्धन के काल में ह्वेनत्सांग और चौथी सदी में चंद्रगुप्त-2 के काल में फाहियान ने इस ज्ञान और विवेक को अर्जित कर उसका प्रचार चीन में कर आम चीनियों के मन में भारत को लेकर असीम श्रद्धा पैदा की थी।

चीन में विदेशी फिल्में

भारतीय परिधान साड़ी या सलवार पहनी पत्नी के साथ चीनी बाजारों और सड़कों, गलियों या पर्यटन स्थलों पर जब घूमने जाता था, तब आम चीनी आपस में फुसफुसाते थे—'इंतु रन', यानी ये भारतीय लोग हैं। तब वे भारतीयों को काफी विस्मय और आदर से देखते थे। भारतीयों का चेहरा वे चीन में लोकप्रिय होनेवाली भारतीय हिंदी और तमिल, तेलुगू फिल्मों की वजह से पहचानते थे, जिन्हें चीनी भाषा में डब कर दिखाया जाने लगा था, जो आम चीनियों में काफी लोकप्रिय होने लगी थीं। वास्तव में नाच-गाने वाली भारतीय फिल्मों ने साम्यवादी सोच और परंपराओं पर आधारित फिल्मों से चीनी युवाओं में पैदा बोरियत को तोड़ा था। 1985 में रविवार की एक शाम प्राइम टाइम छह बजे चीनी टेलीविजन पर जब 'नूरी' फिल्म दिखाई गई तो पूरे देश की सड़कें सुनसान हो गई थीं। माओ त्से तुंग के शासनकाल में इसकी कल्पना भी नहीं की जा सकती थी, क्योंकि भारतीय सहित अंग्रेजी और अमेरिकी फिल्में बुर्जुआ संस्कृति को बढ़ावा देनेवाली मानी जाती थीं, लेकिन चीन में दूसरी क्रांति के जनक माने जानेवाले शिखर पुरुष तंग श्याओ फिंग ने चीन में दूसरी क्रांति के बीजों को सींचने के इरादे से विदेशी फिल्मों को देश के सिनेमाघरों में दिखाने की अनुमति दी, ताकि चीनी युवा विदेशों के चंचल व समृद्ध समाज जैसा माहौल अपने देश में भी देखने का सपना देखें। तंग श्याओ फिंग का वह

सपना आज सच में साकार हो चुका है, लेकिन आज के चीन में, जिसके नेता शी चिन फिंग हैं, ने तंग श्याओ फिंग के सिद्धांत और भावनाओं के विपरीत, आजीवन राष्ट्रपति बने रहने की व्यवस्था कर ली है, जो अपनी राजनीतिक सत्ता को किसी भी प्रकार की चुनौती नहीं उभरने देने के लिए हमेशा चौकन्ना रहते हैं।

तंग श्याओ फिंग की विदेशी फिल्मों को चीनी युवाओं के सामने परोसने देने की नीति की वजह से आज भी भारतीय फिल्मों का वहाँ बोल-बाला है और भारतीय फिल्मी अभिनेताओं के नाम चीनी लोगों की जुबान पर हैं। दूसरी ओर किसी भारतीय से पूछें कि किसी एक चीनी फिल्म या अभिनेता का नाम बताएँ, तो शायद नहीं बता सकेंगे! सिनेमा थिएटरों के परदे पर भारतीय एक्टरों को उछलते-कूदते-नाचते देखने का मौका आम चीनियों को देकर उन्हें माओ त्से तुंग द्वारा पिछले तीन दशकों में समाज में पैदा जड़ता से उबरने का मौका चीन के शिखर पुरुष तंग श्याओ फिंग ने प्रदान किया था। माओ त्से तुंग के साम्यवादी कैदवाले जीवन से बाहर निकलने का मौका तंग श्याओ फिंग ने इसलिए प्रदान किया कि वह चाहते थे कि फिल्मों के जरिए चीनी लोग, खासकर चीनी युवा, बाहरी दुनिया को देखें और समझें। आज के शिखर चीनी नेता राष्ट्रपति शी चिन फिंग यह सुनिश्चित कर रहे हैं कि यह समझ एक दायरे तक ही सीमित रहे और चीन में राजनीतिक हलचल नहीं पैदा करे।

कट्टरपंथी कम्युनिस्ट नेता माओ के युग की समाप्ति के बाद से अस्सी के दशक में सुधारवादी तंग श्याओ फिंग के युग में चीन जब प्रवेश कर रहा था, तब के तेजी से करवटें लेते चीन और इसके आम लोगों के बीच रहकर उनसे विचारों का आदान-प्रदान करने का सुनहरा मौका मिला था। माओ कोट पहने चीनी युवा-युवतियों से लेकर बुजुर्गों तक को एक ही जैसे दिखनेवाली वेशभूषा में लिपटे देखकर काफी बोरियत होती थी। एड़ी से लेकर गरदन तक ढके माओ सूट के खिलाफ और इसे उतार फेंकने के लिए अचानक राष्ट्रीय आंदोलन की तरह शुरू कर दिया गया और लोगों से कहा जाने लगा कि वे पश्चिमी सूट या लिबास पहनें। इसके पीछे मकसद चीनी लोगों को आधुनिक दिखने के अलावा उनकी सोच भी बदलने का था। निश्चय ही यह सोच इस कदर बदल गई है कि चीन की सड़कों पर टहलते हुए यह अहसास होता है कि हम किसी पश्चिमी मुल्क में घूम रहे हैं। चीनी युवक-युवतियों को पश्चिमी फैशन में, छोटी पैंटों में और शरीर का अधिकांश हिस्सा दिखानेवाले लिबास में देखना आम बात हो गई है।

माओ सूट क्यों हटाया

वास्तव में तंग श्याओ फिंग चीन के माओ सूटवाले प्रतीक चेहरे को बदलना चाहते थे, इसलिए 1985 के मध्य में पश्चिमी सूट पहनने का आह्वान किया गया, पर तब चीन में पश्चिमी सूट सिलनेवाले दर्जी ही नहीं बचे थे, क्योंकि पश्चिमी लिबास को बुर्जुआ संस्कृति और समाज का प्रतीक माना जाता था और चीन में कम्युनिस्ट क्रांति के दौरान पश्चिमी सूट सिलनेवाले दर्जियों पर आफत आ गई थी, क्योंकि वे पश्चिमी बुर्जुआ संस्कृति के पोषक माने जाते थे। पश्चिमी सूट पहनने के लिए प्रेरित करने के अलावा तंग श्याओ फिंग ने पश्चिमी संस्कृति के प्रतीक, जैसे डिस्को डांस को भी एक आंदोलन की तर्ज पर लोकप्रिय करने की नीति चलाई कि हर दफ्तर में लंच के वक्त सभी स्टाफ एक बड़े हॉल में इकट्ठे होकर वीडियो देखकर डिस्को डांस की नकल करते थे और मुझ जैसे विदेशी से यह अपेक्षा करते थे कि उनके साथ नृत्य कर उन्हें डिस्को डांस सिखाए। इसी वजह से चीन में मिथुन चक्रवर्ती की फिल्म 'डिस्को डांसर' काफी लोकप्रिय हुई थी। चीनी युवकों की भारी माँग को देखते हुए 'डिस्को डांस' सिखानेवाले कई क्लब भी खुले।

1976 में माओ युग समाप्त होने के दो साल बाद चीनी कम्युनिस्ट पार्टी के नेता तंग श्याओ फिंग, जो माओ त्सें तुंग द्वारा प्रताड़ित कर अपने जीवन के अंतिम दिन बिताने गाँव में श्रम करने भेज दिए गए थे, को ह्वा क्वा फेंग के संक्षिप्त शासन काल (वह चीनी कम्युनिस्ट पार्टी के चेयरमैन और प्रधानमंत्री रहे) में पार्टी में अपनी भूमिका निभाने के लिए वापस बुलाया गया था। तंग श्याओ फिंग ने ऐसे वक्त चीन की बागडोर सँभाली थी, जब माओ त्से तुंग के 1976 में निधन के बाद चीन उथल-पुथल के दौर से गुजर रहा था और चीन की आर्थिक हालत काफी खस्ता थी।

चीन ने द्वार खोले

तब दुनिया के लिए अपने द्वार खोलनेवाले चीन के शिखर पुरुष तंग श्याओ फिंग ने भारत के लिए भी अपने द्वार खोले और 1988 के दिसंबर में तत्कालीन भारतीय प्रधानमंत्री राजीव गांधी की चीन दौरे में भव्य अगवानी की। इसके 34 साल पहले प्रधानमंत्री जवाहरलाल नेहरू ने चीन का दौरा किया था। करीब साढ़े तीन दशक बाद किसी भारतीय प्रधानमंत्री के चीन दौरे पर पूरी दुनिया की नजर थी। तब तंग श्याओ फिंग के चीन ने भारत के साथ रिश्तों पर जमी बर्फ को पिघलाने की कोशिश की थी। पेइचिंग के प्रसिद्ध थ्येन आन मन (स्वर्ग द्वार) चौक पर स्थित 'ग्रेट हॉल ऑफ द पीपुल' में राजीव गांधी की तंग श्याओ फिंग द्वारा अगवानी के

दौरान पाँच मिनट तक हाथ पकड़कर हिलाते रहने का दृश्य आज भी आँखों से ओझल नहीं हुआ है। इस दौरे के बाद लगा कि भारत और चीन आपसी रिश्तों में साठ के दशक में पैदा कड़वाहट को दूर कर रिश्तों में मिठास भरने का नया दौर शुरू करना चाहते हैं। वास्तव में राजीव गांधी के चीन दौरे ने भारत–चीन रिश्तों की नई बुनियाद रखी, जिसे करीब डेढ़ दशक तक चीनी नेतृत्व ने विश्वास–निर्माण के आपसी समझौतों (1993, 1996, 2003, 2005) से सींचा।

भारत और चीन के आधुनिक काल के रिश्तों में यह संक्षिप्त मधुर दौर ही कहा जा सकता है। सवाल यह है कि दो हजार साल की भारत–चीन की दोस्ती पर पिछले सत्तर सालों से ग्रहण क्यों लगा है? पिछले सात दशकों के दौरान चीन क्यों इतना आक्रामक हो गया है? दुनिया की दो सबसे पुरानी सभ्यताएँ क्यों आपस में मरने–मारने को उतारू हो गई हैं? क्या यह सभ्यता की लड़ाई है या सभ्यता के ठेकेदार अपना वर्चस्व बनाने के लिए सभ्यताओं को आपस में टकराना चाहते हैं या इसके पीछे चीन की विस्तारवादी महत्त्वाकांक्षा है? क्या इसकी वजह चीन की मध्य साम्राज्य की मानसिकता कही जा सकती है? जैसा कि मैंने पहले लिखा है, चीन को चीनी भाषा में 'चुंग क्वो' कहते हैं, जिसका मतलब होता है 'मध्य साम्राज्य'। चीनी शासकों और आम लोगों में यह भ्रम रहा है कि पृथ्वी के मध्य या बीचोबीच में उनका महान् देश स्थित है, जहाँ से वह पूरी पृथ्वी पर राज करते हैं और बाकी सभी पड़ोसी और दूरदराज के देश महज चीन के वैसल स्टेट, यानी जागीरदार राज्य जैसे ही हैं।

भारत पर चौतरफा दबाव की रणनीति

इसी मध्य साम्राज्य, यानी मिडल किंगडम की पुनर्स्थापना का सपना देखनेवाले चीन के मौजूदा महत्त्वाकांक्षी शासक अपनी राह में कोई रोड़ा नहीं देखना चाहते हैं। चीनी शासकों को भारत इस राह में सबसे बड़ा रोड़ा लग रहा है, इसलिए भारत के सामरिक प्रभाव को सीमित करने और आर्थिक विकास की गति को रोकने के लिए भारत पर चौतरफा दबाव डालने की रणनीति पर चीन पिछले कुछ दशकों से चल रहा है; लेकिन जब चीन को इसमें कोई बड़ी सफलता नहीं मिली और दुनिया के सामरिक चिंतक और प्रशासक भारत को चीन के समकक्ष देखने लगे तो चीन ने भारत को उसकी मंजिल पर पहुँचने से पहले ही लंगड़ी मारने की ताजा साजिश रची। भारत के साथ सीमा मसले को हल नहीं करने के पीछे चीन की मंशा यही कही जा सकती है कि भारत को हमेशा दबाव में रखा जाए और चैन से नहीं रहने दिया जाए।

दोस्ती और दुश्मनी

यह काफी हैरान करनेवाली बात है कि एक ओर भारत के साथ दो हजार साल की दोस्ती के रिश्तों की बात करनेवाले चीन ने भारत के पूर्वी लद्दाख के सीमांत इलाकों में तब सैन्य अतिक्रमण किया, जब भारत सहित पूरी दुनिया चीन के ऊहान शहर से फैली कोरोना महामारी की मार से कराह रही थी। भारत और चीन के द्विपक्षीय रिश्तों पर आँच डालनेवाली सैन्य अतिक्रमण की काररवाई और दूसरी ओर भारत को नसीहत कि भारत और चीन दोनों साथ मिलकर रहें, भारत चीन को काटने की कोशिश नहीं करे। भारत और चीन के रिश्तों में सीमा मसले को केंद्र में रखकर दिशा तय करने की कोशिश भारत नहीं करे। चीन के विदेश मंत्री वांग ई की भारत से यह अपील (7 मार्च, 2021) हैरान करने वाली है। एक तरफ भारत की गरदन पर बंदूक तानी जाए और दूसरी ओर भारत से कहा जाए कि भारत और चीन को गले मिलना चाहिए!

जिस चीन के लोग चीन से पश्चिम (यानी भारत की ओर) दिखनेवाली सभ्यता को स्वर्ग के तौर पर देखते रहे हैं, उसे भारत का काफी अहसानमंद होना चाहिए, क्योंकि ईसा बाद का काल शुरू होने के बाद से ही चीनी समाज भारतीय ज्ञान से समृद्ध होता रहा है। वास्तव में चीनी लोगों को भारत चुंबक की तरह आकर्षित करता रहा है। चौथी सदी में चंद्रगुप्त-2 के शासनकाल में फाहियान (Fa Xian-Fa Hsien) और सातवीं सदी में हर्षवर्धन के शासनकाल में ह्वेनत्सांग (Hieuen Tsang-Xuan Zang) जैसे चीनी यात्रियों ने हजारों मील दूर दुर्गम बर्फीली पहाड़ियों और नदी-नालों को पार करते हुए भारत के नालंदा विश्वविद्यालय और अन्य ज्ञान केंद्रों में प्रवास किया तथा वहाँ रहकर भारतीय ज्ञान-भंडार को सहेजकर स्वदेश ले गए। चीनी लोग ह्वेनत्सांग और फाहियान के जरिए भारत को जितना जानते हैं, उतना किसी और चीनी या किसी विदेशी के जरिए नहीं। इन्हीं चीनी यात्रियों के भारत दौरे के बाद 15वीं सदी में चीन में लिखी गई पुस्तक 'जर्नी टुवार्डस वेस्ट' (पश्चिम की ओर यात्रा) की रचना हुई, जिसने भारत के प्रति आम चीनियों में अगाध श्रद्धा पैदा की।

जैसा कि मैंने पहले कहा, ईसा बाद से ही चीनी यात्री भारत आकर प्राचीन भारतीय विश्वविद्यालयों में अध्ययन-मनन करते रहे हैं और स्वदेश लौटकर अपने समाज के विकास में योगदान करते रहे हैं। ईसा के बाद पहली सदी में हान राजवंश के दूसरे सम्राट् मिंग के शासनकाल के दौरान भारत से भी बौद्ध भिक्षु धर्मरत्न ने चीन का दौरा किया। वह भारत नहीं लौट सके। सम्राट् मिंग के शासनकाल में ही

चीन में बौद्धधर्म का प्रचलन हुआ। किंवदंती है कि सम्राट् मिंग ने बुद्ध भगवान् के रूप में एक स्वर्ण देवता का स्वप्न दर्शन किया, जिसके बाद उन्होंने भारत एक शिष्टमंडल भेजा था।

इसी तरह चौथी–पाँचवीं सदी में भारत से दूसरे बौद्ध भिक्षु बोधिधर्म ने चीन का दौरा कर बौद्ध धर्म का प्रचार किया। इसी तरह भारत और चीन के बीच जनता स्तर पर ईसा बाद से ही गहरा आदान–प्रदान होता रहा है, जिस वजह से दोनों देशों के बीच सांस्कृतिक संबंध काफी प्रगाढ़ हुए। ये संबंध इतने गहरे बने कि चीन के हर कोने पर इनकी अमिट छाप देखी जा सकती है।

अध्यात्म और धर्म विरोधी कम्युनिस्ट शासन भी चीन में भारतीय सांस्कृतिक छाप को नहीं मिटा पाया है। चीन के चप्पे–चप्पे पर भारतीय विरासत को देखा जा सकता है। चीन के बौद्ध मंदिरों की दीवारों, परिसरों और आँगन के शिलालेखों में संस्कृत और पाली भाषा में लिखे श्लोक आज भी देखे जा सकते हैं, जिसे चीनियों ने काफी सहेजकर रखा है; हालाँकि माओ की सांस्कृतिक क्रांति के दौरान इन पर लाल चीन की ख़ूनी छाया पड़ी थी।

मध्य साम्राज्य–मिडल किंगडम

चीन में चुंग क्वो, यानी मिडल किंगडम, यानी मध्य साम्राज्य की परिकल्पना दो हजार साल से अधिक पहले की रही है। दुनिया के पहले इतिहासकार माने जानेवाले त्जुमा छ्येन ने अपने देश का इतिहास 'रेकाड्र्स ऑफ द हिस्टोरियन' (इतिहासकार के दस्तावेज) ईसा पूर्व एक शताब्दी पहले लिखा, जो निस्संदेह दुनिया की पहली इतिहास पुस्तक कही जा सकती है। इस पुस्तक में इतिहासकार त्जूमा छ्येन ने दार्शनिक चओ येन के हवाले से लिखा है कि दार्शनिक कन्फ्यूसियस (ईसा पूर्व 551) ने चीन के रूप में ज्ञात उस मध्य देश का वर्णन किया है, जो पृथ्वी के 81 क्षेत्रों में से एक था। इसमें मिडल किंगडम, जिसे 'दैवीय लाल भूमि' भी कहा जाता है, शामिल था, जिसमें नौ महाद्वीप शामिल थे, लेकिन ये वास्तविक तौर पर महाद्वीप नहीं थे। मिडल किंगडम के बाहर लाल भूमि के आकार के नौ इलाके थे, जो वास्तव में नौ महाद्वीप के तौर पर जाने जाते थे। ये महाद्वीप छोटे सागरों से घिरे थे, एक विशाल सागर से सटे थे, जिसके बारे में यह मान्यता थी कि ये पृथ्वी और स्वर्ग की सीमा पर थे।

चीन का पाँच हजार साल का गौरवपूर्ण इतिहास रहा है, लेकिन ईसा पूर्व करीब ढाई सौ साल पहले चीन को एकीकृत आकार देनेवाले सम्राट् छिन शी ह्वांग

ती ने छिन साम्राज्य की स्थापना की थी। इसी छिन सम्राट् के नाम पर हम चीन को 'चीन' के नाम से भी जानते हैं, लेकिन चीन को मध्य साम्राज्य, यानी 'चुंग क्वो' के नाम से हम आज के चीन को जानते हैं। चुंग क्वो, यानी मध्य साम्राज्य की परिकल्पना कम्युनिस्ट चीन में भी स्थापित हुई और चीन का आधिकारिक नाम 'चुंग क्वो' ही रखा गया।

□

2

हाथी और ड्रैगन : क्या साथ नृत्य कर सकते हैं

अमूमन हर देश का कोई-न-कोई प्रतीकात्मक राष्ट्रीय जंतु होता है, जैसे अमेरिका का ईगल, ब्रिटेन का शेर, ऑस्ट्रेलिया का कंगारू आदि। इसी तरह ड्रैगन को चीन और हाथी को भारत के प्रतीक के तौर पर बताया जाता है, हालाँकि न तो हाथी और न ही ड्रैगन आधिकारिक तौर पर भारत या चीन का राष्ट्रीय प्रतीक है। वास्तव में चीन का ड्रैगन कोई वास्तविक जानवर भी नहीं है, लेकिन चूँकि चीन में सदियों से किंवदंतियों में ड्रैगन को दैत्याकार साँप की तरह फुफकारने वाले ऐसे दैवीय जानवर के तौर पर दरशाया जाता रहा है, जो किसी के सामने आने पर उसके आगे अपनी ज्वाला फेंककर उसे स्वाहा कर देता है; लेकिन हाथी को भारत से क्यों जोड़ा गया, इसकी कई अवधारणाएँ हैं। सबसे पहले तो हाथी भारतीय धार्मिक संस्कृति में लोकप्रिय प्राणी है और चूँकि गणेश देवता का शरीर का ऊपरी आधा हिस्सा हाथी की सूँड़ जैसा है, इसलिए हाथी भारतीयों में पूजनीय भी है, वैसे तो चार शेरोंवाला अशोक स्तंभ भारत का आधिकारिक तौर पर राष्ट्रीय प्रतीक चिह्न है और इस नाते भारत का प्रतीक जानवर शेर ही होना चाहिए, लेकिन हाथी को दुनिया भर में भारत का प्रतीक माना जाने लगा है। हाथी चूँकि फुर्तीला प्राणी नहीं है और थुलथुल दिखता है और मंद-मंद इसकी चाल होती है और इसका शरीर विशालकाय होता है, जो भारत के हाव-भाव और आकार से काफी मिलता-जुलता है, इसलिए भारत को हाथी के समान बताया गया, जो भारत की तरह ही भारी-भरकम विशाल शरीरवाला है। भारत को हाथी के तौर पर आमतौर पर विदेशी आर्थिक पर्यवेक्षक शायद इसलिए निरूपित करते रहे हैं, क्योंकि पिछली सदी में भारत की आर्थिक विकास दर हाथी की तरह ही मंद गति से आगे बढ़ी है।

वास्तव में भारत का आधिकारिक जानवर प्रतीक अशोक स्तंभ है, जिसमें शेरों की आकृति बनी है। अशोक स्तंभ के अनुरूप भारत का प्रतीक जानवर शेर या सिंह ही कहा जाना चाहिए।

चीनी ड्रैगन—शक्ति का प्रतीक

दूसरी ओर ड्रैगन को चीनी सम्राटों ने शक्ति के प्रतीक के तौर पर अपनी राजसत्ता के साथ जोड़ा। चीन के हान राजवंश के संस्थापक सम्राट् ल्यु पांग ने सबसे पहले ड्रैगन के बारे में दावा किया था कि वह माँ के गर्भ में उस वक्त आया, जब माँ ने ड्रैगन के बारे में सपना देखा।

चीन के आला नेता और राजनयिक अकसर भारत के साथ रिश्तों की अहमियत जताते हुए नसीहत देते हैं कि ड्रैगन और हाथी को साथ में नृत्य करने का वक्त आ गया है। चीनी नेता अपने शब्दों को काफी दूर की सोचकर और काफी नाप-तौलकर बोलते हैं, इसलिए जिस शैली में चीनी नेता पिछले कुछ सालों से भारतीय हाथी और ड्रैगन के बीच नृत्य की जरूरत बताते रहे हैं, वह भारतीय जनमानस को प्रभावित करने की एक कोशिश ही कही जा सकती है। लगता है कि भारतीय नीतिकार भी इससे काफी प्रभावित हुए हैं; लेकिन वे उनकी असली मंशा समझ नहीं पाते, हालाँकि चीन के विदेश मंत्री वांग ई ने मार्च 2018 में ही एक प्रेस कॉन्फ्रेंस में अपने ये उद्गार व्यक्त किए थे कि चीन और भारत के नेताओं ने भविष्य के रिश्तों के लिए एक सामरिक दृष्टि विकसित की है। वांग ई के मुताबिक, चीनी ड्रैगन और भारतीय हाथी को आपस में लड़ना नहीं चाहिए, बल्कि आपस में नृत्य करना चाहिए। यदि भारत और चीन एक हो जाएँ तो वन प्लस वन, यानी एक और एक मिलकर 11 बनेगा, न कि दो।

चीनी विदेश मंत्री का यह बयान जून-सितंबर, 2017 में 72 दिनों तक भूटान के डोकलाम इलाके में चली चीनी सेना की घुसपैठ और सैन्य तनातनी के बाद आया था, इसलिए चीनी नेताओं के इस बदले सुर से भारतीय राजनयिक हलकों में हैरानी और सुखद आश्चर्य हुआ था। इस बयान के करीब एक महीना बाद ही 27-28 अप्रैल, 2018 को प्रधानमंत्री नरेंद्र मोदी चीन के राष्ट्रपति शी चिन फिंग के साथ चीन के उस ऊहान शहर में शिखर बैठक करने गए, जो डेढ़ साल बाद दुनिया भर में कोरोना वायरस फैलाने के लिए बदनाम हुआ।

चीन की मीठी बातें

लेकिन शी चिन फिंग के चीन ने भारत के साथ नृत्य करने जैसा रिश्ता बनाने की बात क्यों की? इसके पहले भी नई दिल्ली में चीन के राजदूत भारत के साथ साझा नृत्य करने की नसीहतें देते रहे हैं, पर विदेश मंत्री के स्तर पर चीन की ओर से इस तरह की मीठी बातें जब हुईं, भारतीय नेता उन मीठी बातों के बहकावे में आ गए; लेकिन पूर्वी लद्दाख में घुसपैठ कर महीनों बैठे रहनेवाले चीन के ताजा रवैए का आकलन करें, तब समझ में आता है कि उन दिनों चीन और चीनी नेता शी चिन फिंग घरेलू स्तर पर संकट का सामना तो कर ही रहे थे, विदेशी मोर्चे पर भी तत्कालीन अमेरिकी राष्ट्रपति डोनाल्ड ट्रंप ने चीन की नाक में दम कर दिया था और चीन विरोधी अंतरराष्ट्रीय माहौल बनने लगा था। उन्हीं दिनों चार देशों के चतुर्पक्षीय गठजोड़, यानी 'क्वाड' (क्वाड्रीलेटरल) के गठन की बातें जोर पकड़ने लगी थीं। ऐसे में शी चिन फिंग के लिए यह जरूरी था कि भारत को झाँसे में लेकर भारत के साथ दोस्ती की बातें करें तो घरेलू स्तर पर राजनीतिक असंतोष का सामना कर रहे शी चिन फिंग यह संदेश देने में कामयाब होते कि वह दुनिया के कितने चहेते नेता हैं! वास्तव में उन्हीं दिनों शी चिन फिंग अपने को आजीवन राष्ट्रपति बनाए रखने की साजिशें रच रहे थे, जिसकी भनक चीनी कम्युनिस्ट पार्टी के उनके प्रतिद्वंद्वी नेताओं को लग चुकी थी। ऐसे अपने कई समकालीन नेताओं का शी चिन फिंग ने सफाया कर दिया।

क्वाड से चिंता

चीनी रणनीतिकार यह भी नहीं चाहते थे कि जिस चतुर्पक्षीय गठजोड़ (क्वाड या क्वाड्रीलेटरल) का नए सिरे से बीजारोपण 2017 में मनीला में आसियान शिखर बैठक के दौरान चार देशों अमेरिका, जापान, भारत और ऑस्ट्रेलिया के संयुक्त सचिव स्तर की बैठक में किया गया था, वह फलने-फूलने लगे। मार्च 2021 में जब चारों साझेदार देशों के शिखर नेताओं ने शिखर बैठक की तो चीन के माथे पर लकीरें साफ दिखने लगीं। यही वजह है कि चीनी विदेश मंत्री वांग ई ने क्वाड शिखर बैठक के पहले भारत से अपील की कि भारत और चीन मिलकर सहयोगपूर्ण रिश्ता रखें। दोनों देश एक-दूसरे के लिए खतरा नहीं हैं। शायद चतुर्पक्षीय गठजोड़ से भारत को अलग करने के इरादे से ही चीन ने भारत के साथ दोस्ती और नृत्य करने जैसी बातें कर इस चतुर्पक्षीय गठजोड़ में फूट डालने की कोशिश के तहत भारत से गले लगने जैसी बातें कीं। चीन से रिश्तों की संवेदनशीलता के मद्देनजर

चतुर्पक्षीय गठजोड़ में शामिल होने की बातों को भारत ने ज्यादा अहमियत नहीं दी। इस चतुर्पक्षीय गठजोड़ के बारे में चीन की शंकाओं को दूर करने के लिए भारत ने पहले नरम रुख अपनाया था और कहा था कि हिंद प्रशांत देशों का यह समूह इस सागरीय इलाके के सभी देशों को साथ लेकर चलना चाहेगा, यानी इसका रुख समावेशी होगा, न कि किसी देश को बाहर रखकर उसे चुनौती देने का होगा।

चीनी नेताओं के हाथी और ड्रैगन के बीच साझा नृत्य करने की नसीहत देनेवाले बयान को उक्त वजहों के मद्‌देनजर ही समझा जा सकता है; लेकिन भारतीय रणनीतिकार चीन की इन कुटिल चालों को नहीं समझ पाए। वह मीठी बातें बोलकर भारत को अपने मोहपाश में लेने की रणनीति पर चलता रहा है और बार-बार भारत धोखा खाता रहा है, जैसे पिछली सदी में पचास के दशक के दौरान चीन के नेता माओ त्से तुंग और चाऊ अन लाई ने भारत के साथ 'हिंदी-चीनी, भाई-भाई' का नारा देकर भारत के साथ भाईचारे का रिश्ता बनाने का झाँसा दिया, 1954 में भारत के साथ पंचशील का शांतिपूर्ण सहअस्तित्व का समझौता किया और चुपचाप कराकोरम राजमार्ग बनाने का काम करता रहा तथा शिन्च्यांग के सीमांत इलाके में स्थित अक्साई चिन के इलाके में अपनी फौज तैनात कर वहाँ अपना कब्जा जमाता रहा। तब टोही विमानों और उपग्रहों का जमाना नहीं था, इसलिए भारत को चीन की इन गुप-चुप विस्तारवादी गतिविधियों का तब पता चला, जब चीन ने इन इलाकों पर अपना आधिकारिक दावा ठोंका।

□

3

शतरंज बनाम वेई छी : भारत और चीन का रणनीतिक खेल

हम भारतीय शतरंज के खेल में माहिर हैं तो आम चीनी इसी किस्म के लोकप्रिय वेई छी (WEI QI) खेल में माहिर हैं। हमारी राष्ट्रीय समर नीति शतरंज की रणनीति के अनुरूप चलती है तो चीन की रणनीति वेई छी खेल के अनुरूप। चीन ने जिस तरह मई 2020 से भारतीय सेनाओं को पूर्वी लद्दाख के विभिन्न इलाकों में उलझाकर रखा है, वह चीन का शतरंजनुमा बोर्ड पर खेला जानेवाला वह खेल याद दिलाता है, जिसे चीनी लोग 'वेई छी' कहते हैं। चीनी लोग 25 सौ सालों से इस खेल को खेल रहे हैं। शतरंज की तरह दो लोगों के बीच खेला जानेवाला यह खेल चीनियों को वह रणनीति सिखाता है, जिससे वे दुश्मन को उलझाने और उस पर भारी पड़ने में कामयाब होते हैं। शतरंज के खेल में हम प्रतिद्वंद्वी खिलाड़ी के घोड़ों, हाथियों और मंत्री और राजा को शह देकर मारते या उसे घेरकर मारते या सीधा हमला करते हैं, लेकिन वेई छी खेल में मुख्य लक्ष्य दुश्मन का कोई एक भू-भाग या इलाका होता है, जिस पर कब्जा करने के लिए कुछ और भू-भाग में अपनी बढ़त बना लेते हैं, ताकि सौदेबाजी के दौरान नए हड़पे गए इलाकों को छोड़ने के नाम पर रियायत देने की बात की जाए और पहले कब्जा किए गए इलाकों पर अपना कब्जा बरकरार रखा जाए। आम चीनियों को हम गली-मोहल्लों के नुक्कड़ों या चबूतरों पर इस वेइछी खेल को खेलते हुए देख सकते हैं। चीन की मानसिकता और सोच के बारे में समझना है तो चीन में लोकप्रिय इस ढ़ाई हजार साल पुराने बोर्ड गेम में दुश्मन को परास्त करने के लिए इस्तेमाल की जानेवाली रणनीति को समझना होगा।

सत्तर के दशक के अमेरिका के राष्ट्रीय सुरक्षा सलाहकार और विदेश मंत्री रहे प्रसिद्ध सामरिक चिंतक हेनरी किसिंजर, जिन्होंने सोवियत संघ को काटने के लिए

1971 में चीन का ऐतिहासिक दौरा किया था, ने चीन के इस वेई छी खेल के बारे में लिखा है। किसिंजर के मुताबिक, यदि शतरंज किसी एक मोर्चे पर निर्णायक लड़ाई के बारे में हमें सोचने को कहता है तो वेई छी एक लंबे सैन्य अभियान की रणनीति लागू करने को कहता है, जिसमें दुश्मन की सामरिक घेराबंदी की जाती है। इसके लिए चीनी खिलाड़ी दुश्मन के दूसरे खाली इलाकों को कब्जा करता है और इसमें सामरिक लचीलेपन की गुंजाइश रखी जाती है।

वेई छी की रणनीति

वेई छी खेल में दुश्मन के कई भू-भाग को घेरने की कोशिश की जाती है, ताकि दुश्मन का ध्यान सभी को बचाने में बँट जाए और जिस भू-भाग को हासिल करने का लक्ष्य तय किया जाता है, उसे हथियाने में आसानी हो। पूर्वी लद्दाख में भारतीय इलाकों पर कब्जा करने के लिए चीन द्वारा वेई छी खेल की रणनीति लागू कर इन पर अपना कब्जा जमाने का इरादा साफ हो गया था। वह पैंगोंग झील के फिंगर-4 से फिंगर-8 तक के इलाके और चोटियों पर अपना अधिकार जताना चाहता था, जिसे वह वेई छी खेल की समर नीति के अनुरूप इस तरह जीतना चाहता था कि उसने पैंगोंग त्सो झील के अलावा गलवान घाटी, देपसांग और हाट स्प्रिंग इलाकों में अपने सैन्य कदम आगे बढ़ाए थे, ताकि वे चीनी सेना के अधिकार में बने रहें। जहाँ एक ओर सभी रणनीतिकारों का ध्यान 15 जून, 2020 को गलवान घाटी में हुई खूनी झड़प पर लगा रहा और जहाँ से चीनी सेना ने वास्तविक नियंत्रण रेखा के पीछे अपने को लौटा लिया, चीनी सेना पैंगोंग झील के फिंगर-4 से फिंगर-8 तक के आठ किमी. के इलाके पर अपनी सैन्य मौजूदगी को और मजबूत करती गई, हालाँकि अंततः 9 फरवरी, 2021 को भारत और चीन के बीच हुए समझौते के बाद इन इलाकों को चीन को खाली करना पड़ा, लेकिन उसने इतनी कामयाबी जरूर हासिल कर ली कि भारतीय सेना को वहाँ गश्त न करने देने की बात मनवाने के लिए दबाव डालकर राजी कर लिया। एक तरह से यह इलाका दोनों देशों के बीच एक बफर जोन बन गया, जैसे कि गलवान घाटी में दोनों के बीच बफर जोन बनाने पर सहमति बनी थी।

चीनी सेना की रणनीति रही है कि वह अपने लक्ष्य के इलाके पर सैन्य तैनाती बढ़ाती जाए और बाकी इलाकों को लेकर हमें बातों में फँसाकर रखे। चीन ऐसी स्थिति लाना चाहता था कि पैंगोंग त्सो झील के उत्तरी छोर में फिंगर-4 व फिंगर-8 चोटियोंवाले इलाकों में अपने को इतना फँसा दे कि दुश्मन देश इसकी

सैन्य नाकेबंदी की तैयारी को देखकर ही समझे कि वहाँ से चीन को अब बेदखल नहीं किया जा सकता, इसलिए दूसरे इलाकों से चीनी सेना को हटाने की सौदेबाजी की जाए। चीन ने फिंगर चोटियों पर इसलिए नजर लगाई थी कि यहाँ से श्योक-दौलतबेग ओल्दी मार्ग को निशाना बनाया जा सकता है और भारत को 255 किमी. लंबी इस सड़क के जरिए वह इसे रणनीतिक लाभ से वंचित कर सके कि भारत, चीन-पाक आर्थिक गलियारा को निशाना बनाने की स्थिति में रहे, लेकिन पैंगोंग त्सो झील के दक्षिणी किनारेवाली कैलाश रेंज की चोटियों पर भारतीय सेना ने 29-30 अगस्त, 2020 की रात को कब्जा कर लिया तो भारत का यह कदम नहले पर दहला साबित हुआ और अंततः 9 फरवरी, 2021 को चीन को भारत से यह समझौता करना पड़ा कि वह पैंगोंग त्सो झील की फिंगर-4 से फिंगर-8 की चोटियों के बीच का इलाका खाली कर वहाँ से अपने सभी सैन्य ढाँचागत निर्माण को तोड़ देगा। बदले में भारत ने कैलाश रेंज की चोटियों को खाली कर दिया। इस तरह चीन पैंगोंग त्सो झील के उत्तरी और दक्षिणी किनारेवाली चोटियों पर अप्रैल 2020 की यथास्थिति बहाल करने की भारत की माँग पर सहमत हुआ, लेकिन एक बार जब भारत ने कैलाश रेंज की चोटियों को छोड़ दिया, तब वह गोगरा-हाट स्प्रिंग के इलाके से पीछे हटने में आना-कानी करने लगा।

जमीनी हालात बिल्कुल अलग

इस तरह जहाँ चीन ने एक ओर भारत के साथ—सैनिक और राजनयिक—दो स्तरों पर बातें कर भारत को यह संदेश देने की चाल चली कि वह चीन द्वारा कृत्रिम तौर पर पैदा किए गए पूरे विवाद को बातचीत से सुलझाना चाहता है, वहीं जमीनी सैन्य हालात कुछ और बयाँ करते रहे। इसी रणनीति के तहत दोनों सेनाओं के कमांडरों के बीच वार्त्ता के कई दौर भी चले। यह बातचीत पहले की तरह लेह स्थित 14 कोर के कमांडर लेफ्टिनेंट जनरल हरिंदर सिंह और चीन के शिन्च्यांग-तिब्बत इलाके के कमांडर मेजर जनरल ल्यु लिन के बीच होती रही है और इसके बाद 14-कोर के नए कमांडर लेफ्टिनेंट जनरल पी.जी.के. मेनन ने बातचीत की कमान सँभाली। इसके साथ ही दोनों देशों के विदेश मंत्रालयों के संयुक्त सचिव स्तर की बातचीत भी होती रही, जिसे 'वर्किंग मेकेनिज्म फॉर कंसल्टेशन ऐंड कोऑर्डिनेशन ऑन बॉर्डर अफेयर्स' (WMCC) कहा जाता है। करीब दर्जन बार हुई सैन्य कमांडरों की बैठकों का दौर 11-12 घंटे चलता रहा, जिसे दोनों पक्षों द्वारा सौहार्दपूर्ण, सकारात्मक और रचनात्मक होने की संज्ञा दी जाती रही, लेकिन सच्चाई

यही है कि इन वार्त्ताओं का असर जमीन पर देखने को नहीं मिला। उलटे चीन ने अपनी सैन्य तैयारी और मौजदूगी को पक्का बनाने के लिए न केवल वास्तविक नियंत्रण रेखा पर स्थित पर्वतीय चोटियों पर ढाँचागत सुविधाएँ बनानी जारी रखीं। जहाँ एक ओर चीन ने गलवान घाटी पर अपना नया दावा करने के बाद भारतीय सैनिकों के साथ खूनी झड़प की और विवाद को नया मोड़ दे दिया, वहीं देपसांग घाटी में अपनी सैन्य बढ़त और तैनाती बढ़ाकर भारत पर सैन्य दबाव बढ़ाने की रणनीति लागू की है। यह रणनीति चीनी वेई छी खेल के अनुरूप ही लागू की गई।

भारत और चीन के बीच पहली झड़प पाँच और 9 मई, 2020 को पैंगोंग झील की फिंगर-4 चोटी और गलवान घाटी में हुई थी और तब से चीन वास्तविक नियंत्रण रेखा के जिन इलाकों में अतिक्रण कर चुका था, वहाँ से पीछे हटने के लिए बातचीत के बहाने अपनी मौजूदगी और पक्का ही करता गया। दोनों देशों की सेनाओं के बीच तनाव 15 जून को गलवान घाटी में हुए हिंसक संघर्ष के बाद अपने चरम पर पहुँचा था, लेकिन 29-30 अगस्त, 2020 को भारतीय सेना द्वारा दक्षिणी पैंगोंग त्सो झील की कैलाश रेंज की चोटियों पर कब्जा करने के बाद भारतीय सेना ने चीन के लिए जवाबी सिरदर्द पैदा किया। थलसेना की उत्तरी कमांड के जनरल ऑफिसर कमांडिंग इन चीफ लेफ्टिनेंट जनरल वाई.के. जोशी ने मीडिया को बताया कि कैलाश रेंज के इलाके में भारत और चीन की सेनाओं ने अपने लड़ाकू टैंकों की तोपों की बैरलों को आमने-सामने कुछ सौ मीटर की दूरी पर ला दिया था, लेकिन यह भारतीय सेना के धैर्य की ही परीक्षा थी कि उन्होंने साहस और संयम दिखाते हुए चीनी सेना को आगे बढ़ने और उन पर तोपों से गोले बरसाने से अपने को रोककर असाधारण धैर्य और वीरता का परिचय दिया था।

राजनयिक और सैन्य कमांडरों के स्तर पर 12 से 14 घंटे तक चलनेवाली लंबी वार्त्ताओं के नतीजों और सहमतियों को जमीन पर उतारने का वादा करने के बाद चीनी पक्ष जिस तरह मुकरता हुआ दिखा, वह चीन के शतरंजनुमा खेल वेई-छी खेल की याद दिलाता है, जिसमें मुख्य लक्ष्य हासिल करने के लिए चीन भारतीय सेना का ध्यान एक इलाके पर लगाकर दूसरे भू-भाग पर चाल चलने की रणनीति खेलता हुआ दिखा।

□

4

क्या चीनी सपना साकार होगा?

दक्षिण चीन सागर में कृत्रिम द्वीपों के जरिए अपने सागरीय इलाके के विस्तार से लेकर पूर्वी लद्दाख के सीमांत भारतीय इलाकों पर जिस तरह कब्जा कर चीन ने तटीय देशों और भारत से पंगा लिया है और चीन से भारत सहित दुनिया भर में फैली कोरोना महामारी से जूझ रहे भारत की बाँहें मरोड़ने की कोशिश की है, क्या यह दुनिया की सबसे बड़ी ताकत बनने की चीन की रणनीति और सपने का हिस्सा कहा जा सकता है? 2013 में सत्ता ग्रहण करने के बाद चीनी राष्ट्रपति शी चिन फिंग ने चीनी लोगों को चीन की ऐतिहासिक महानता की ओर ध्यान दिलाया था और चीनी लोगों से आह्वान किया था कि उसी महानता को फिर हासिल करने का वक्त आ गया है। इसके लिए उन्होंने चीनी लोगों से कहा था कि वे चाइनीज ड्रीम, यानी 'चीनी सपना' को हासिल करने के लिए देश को अपना पूरा योगदान दें। इस चीनी सपने की स्पष्ट परिभाषा और लक्ष्य चीनी राष्ट्रपति ने नहीं बताए थे, लेकिन चीनी कम्युनिस्ट प्रकाशनों में इस चीनी सपने का जिक्र करते हुए कहा जाता है कि 2049 में जब चीन अपनी स्थापना की सौवीं सालगिरह मनाएगा, तब तक चीन को एक वैश्विक ताकत के तौर पर स्थापित करना कम्युनिस्ट पार्टी का मुख्य लक्ष्य होगा।

शी ने आक्रामक नीति अपनाई

इसी चीनी सपना को साकार करने के लिए चीनी राष्ट्रपति शी चिन फिंग ने पूरी पृथ्वी पर आक्रामक नीतियाँ अपनाईं। इसी के तहत पिछले आठ सालों के भीतर चीन ने अपने जमीनी और सागरीय पड़ोसियों से लेकर अफ्रीका महाद्वीप और लातिन अमेरिका तक के छोटे द्वीप देशों पर जिस तरह अपनी आर्थिक और राजनीतिक छाप छोड़ने के लिए हर तरह के हथकंडे अपनाए हैं, उसी तरह वह

यूरोप जैसे अमीर महाद्वीप को भी अपनी चपेट और चंगुल में लेने में कामयाब होता जा रहा था। इन देशों की जनता चीन की इस आर्थिक और सामरिक आक्रामकता का कोई जवाब नहीं दे पा रही थी, क्योंकि इन देशों के शासकों को चीन ने अपने प्रभाव में लेना शुरू कर लिया था। उदाहरण के लिए, इटली के मिलान शहर में फरवरी 2020 में कोरोना महामारी फैलने के खिलाफ चीन विरोधी प्रदर्शन हुए और स्थानीय लोगों ने जब चीनी व्यापारियों पर अपना गुस्सा उतारना शुरू किया तो मिलान के मेयर ने सार्वजनिक तौर पर चीनियों को गले लगाकर यह दिखाने की कोशिश की कि चीन महामारी के लिए जिम्मेदार नहीं है और चीन इटली का हितचिंतक है। वास्तव में मिलान शहर में कोरोना के बहाने चीन के खिलाफ गुस्सा इसलिए फूटा कि चीनियों ने मिलान के चमड़ा कारोबार पर पूरी तरह कब्जा कर लिया है, जिससे स्थानीय इतालवी लोगों की रोजी-रोटी छिन गई थी। कमोबेश चीनी व्यापारियों ने इसी तरह अपना आर्थिक साम्राज्य कई अन्य देशों में फैलाया है। ऑस्ट्रेलिया इसकी एक और मिसाल है, जहाँ के छोटे कारोबार पर कब्जा करने के बाद वह बड़ी कंपनियों को हथियाने पर निगाह लगाने लगा था। ऑस्ट्रेलिया के सीनेटर भी चीन के चंगुल में आने लगे थे और वे ऑस्ट्रेलियाई संसद् में चीन के पक्ष में बोलने से नहीं हिचकते थे, लेकिन ऑस्ट्रेलिया की स्काट मारीसन सरकार ने अप्रैल 2021 में देश के दो प्रांतों द्वारा चीन के साथ किए गए समझौतों को तोड़कर चीन को उसकी हैसियत बताने की हिम्मत की।

ऑस्ट्रेलिया के लोगों और मौजूदा सरकार ने चीन की इस चाल को समझा कि चीन की मंशा ऑस्ट्रेलिया को अपने सामरिक प्रभाव में लेने की रही है, जब ऑस्ट्रेलिया ने चीन से फैली कोरोना महामारी की जाँच की जरूरत बताई तो चीन ने धमकी दी कि वह अपने पर्यटकों और छात्रों को ऑस्ट्रेलिया जाने से रोकेगा और ऑस्ट्रेलियाई कृषि उत्पादों का आयात रोक देगा, लेकिन ऑस्ट्रेलियाई शासक चीन की इस धमकी के आगे नहीं झुके और हिंद प्रशांत इलाके में चीन की आक्रामक समर नीतियों का मुकाबला करने के लिए नई रक्षा नीति घोषित कर दी।

लेकिन भारतीय राजनीतिक नेतृत्व ने जिस तरह चीनी सैन्य अतिक्रमण का करारा जवाब दिया और उसकी चुनौती से निबटने के लिए जो तेवर अपनाए, उससे चीन हक्का-बक्का रह गया। जिस तरह भारत सरकार ने चीनी डिजिटल कंपनियों पर हमला बोला, उसने चीनी कंपनियों को झकझोरकर रख दिया और उसकी प्रतिक्रियास्वरूप दूसरे देश भी कदम उठाने की हिम्मत करते दिखे। चीनी कंपनियों के खिलाफ भारत में की गई काररवाई की तर्ज पर तत्कालीन अमेरिकी विदेश

मंत्री माइक पोंपियो ने भी चीनी डिजिटल कंपनियों के खिलाफ प्रतिबंध लगाने का इरादा जाहिर कर दिया। चीनी कंपनियों के खिलाफ भारत में जो माहौल बना, वह अमेरिका अपने यहाँ बहुत पहले से बनाने की कोशिश कर रहा था, लेकिन इस माहौल का असर बाकी दुनिया पर नहीं पड़ रहा था। लेकिन अब चीन की चिंता है कि जिस तरह भारत ने चीनी आर्थिक साम्राज्यवाद को चुनौती दी है, उससे दूसरे देश भी प्रेरणा लेंगे। आखिरकार चीन ने न केवल भारत, बल्कि अमेरिका से लेकर यूरोपीय देशों और दूसरे अफ्रीकी और लातिन अमेरिकी देशों की अर्थव्यवस्था चौपट की है, लेकिन वहाँ की सरकारें चीन के खिलाफ कुछ ठोस नहीं कर पा रही थीं। चीन अपने सब्सिडी वाले औद्योगिक उत्पादों के जरिए न केवल अमेरिका, बल्कि भारत और दूसरे छोटे देशों की अर्थव्यवस्था को भी चौपट करने में कामयाब होता गया, जिसका असर यह हो रहा था कि सभी देश चीनी माल के बाजार में तब्दील होने लगे थे, जिससे सभी देशों का स्थानीय निर्माण उद्योग तबाह होने लगा।

ग्लोबल सप्लाई चेन पर एकाधिकार

इसका नतीजा यह निकला कि चीन ने विश्व अर्थव्यवस्था के लिए ग्लोबल सप्लाई चेन, यानी मौलिक औद्योगिक उत्पाद (जैसे दुर्लभ खनिज) की आपूर्ति कड़ी पर एकाधिकार बनाने में कामयाबी पा ली और इसे स्थायी बनाने के लिए ही चीनी राष्ट्रपति ने 'बेल्ट ऐंड रोड इनीशिएटिव' (बी.आर.आई.) की महत्त्वाकांक्षी योजना लागू करनी शुरू की। न केवल चीन ने शिन्च्यांग से पाकिस्तान तक 3,000 किमी. लंबा चीन-पाकिस्तान आर्थिक गलियारा (सी.पी.ई.सी.) बनाया, बल्कि चीन को यूरोप से जोड़ने के लिए रेल लाइनें तक बिछा दीं। चीन इस तरह यह सुनिश्चित कर रहा है कि वह इन परिवहन मार्गों के जरिए अपने औद्योगिक और उपभोक्ता माल की सप्लाई को इतना सुगम बना देगा कि पूरी दुनिया चीनी मौलिक उत्पादों पर निर्भर हो जाएगी और इसकी बदौलत चीन पूरी दुनिया पर छा जाएगा।

लेकिन भारत ने चीनी 'बेल्ट ऐंड रोड इनीशिएटिव' (बी.आर.आई.) में शामिल होने से मना कर दिया, पर भारत चीनी माल को भारतीय बाजार में छाने से नहीं रोक सका। देवी-देवताओं की मूर्तियों से लेकर बिजलीघरों के बड़े संयंत्रों तक की सप्लाई पर चीन ने अपना सिक्का जमा लिया और भारत के घरेलू उद्योग को चौपट कर दिया; लेकिन इसके बावजूद भारत में चीनी उत्पादों के खिलाफ अभियान नहीं छेड़ा गया और न ही सरकारी स्तर पर ऐसे उत्पादों को भारत में बेचने से रोकने की कोई रणनीति अपनाई गई। चीन के खिलाफ भारतीयों का गुस्सा तब

इसलिए फूटा कि चीन ने 15 जून, 2020 को गलवान घाटी में 20 भारतीय सैनिकों को मारकर भारतीयों की अस्मिता पर चोट की। फलस्वरूप चीन के खिलाफ माहौल बनने का असर यह हुआ कि भारत के अरबों डॉलर के डिजिटल, उपभोक्ता और 5जी बाजार से चीनी कंपनियों को हाथ धोना पड़ा। अमेरिका और ऑस्ट्रेलिया ने पहले ही 5जी विकसित करनेवाली कंपनी ह्वावेई पर अपने यहाँ रोक लगाई थी, अब जिस ब्रिटेन ने ह्वावेई को 2019 में 5जी का लाइसेंस दिया था, वहाँ से भी ह्वावेई का धंधा बंद होगा, क्योंकि कोरोना की वजह से ब्रिटेन में भी चीन के खिलाफ भारी गुस्सा है।

नतीजतन चीनी कंपनियों को जिस तरह विश्व बाजार से हाथ धोना पड़ रहा है, उसका असर तेजी से दौड़ रही चीन की अर्थव्यवस्था पर पड़ सकता है, जिससे चीन के सपनों पर आँच आ सकती है। चीनी माल पर निर्भरता खत्म करने के लिए जिस तरह अमेरिका से लेकर भारत में माहौल बनता जा रहा है, उससे चीनी निर्यात और चीनी निर्माण उद्योग भी काफी प्रभावित होगा। इन सबका सम्मिलित असर चीन की घरेलू राजनीति और अर्थव्यवस्था पर पड़ेगा। फलस्वरूप दुनिया भर में पाँव फैलाने की चीनी रणनीति पर आँच आएगी। 2049 तक चीन कैसे अपने सपनों को पूरा होते देखेगा, इस बारे में अब कयास ही लगाए जा सकते हैं।

□

5

चीन की सत्ता पर शी ने पकड़ मजबूत की

चीनी कम्युनिस्ट पार्टी के संस्थापक (1921) और नव चीन की स्थापना (1949) के बाद 27 साल तक आजीवन राष्ट्रपति रहे माओ त्से तुंग द्वारा किशोरावस्था में सताए गए चीन के मौजूदा राष्ट्रपति रहे शी चिन फिंग अब खुद न केवल माओ त्से तुंग के अधिनायकवादी पथ पर चल रहे हैं, बल्कि उनसे भी महान् नेता और चीनी राष्ट्र व जनता के असली हितचिंतक के तौर पर स्थापित करने पर तुले हैं, इतना ही नहीं माओ द्वारा सहयोगी नेताओं का सफाया करने की चाल में माओ से भी आगे निकल चुके हैं। अपनी राजनीतिक सत्ता का ध्वज माओ से भी ऊँचा फहराने के लिए मौजूदा राष्ट्रपति शी चिन फिंग 2018 में ही आजीवन राष्ट्रपति बनने की रणनीति को कामयाब बना चुके थे। इसलिए आगामी अक्तूबर, 2022 में चीनी कम्युनिस्ट पार्टी का हर पाँच साल पर होनेवाला महाधिवेशन यानी 20वीं पार्टी कांग्रेस का आयोजन होगा, तब शी के सिपहसालारों द्वारा रखे गए कई प्रस्ताव सर्वसम्मति से करतल ध्वनि से पारित होंगे कि शी चिन फिंग ने मध्य साम्राज्य वाली चीन की प्राचीन प्रतिष्ठा बहाल की है और 2049 तक चीन को दुनिया का सबसे विकसित देश बनाने का लक्ष्य शी चिन फिंग की अगुवाई में ही हासिल हो सकता है इसलिए उन्हें चीन की सत्ता की बागडोर न केवल तीसरे कार्यकाल के लिए, बल्कि आजीवन सौंपी जाती है।

15 जून, 1953 को जनमे शी चिन फिंग के पिता शी चुंग शुन भी चीनी कम्युनिस्ट पार्टी के संस्थापकों में थे। इस नाते वह माओ के समकालीन और समकक्ष माने जाते थे, इसलिए वह माओ त्से तुंग को अपने बराबर के नेता ही मानते थे और माओ की नीतियों की आलोचना करने में नहीं हिचकते थे। इसलिए माओ त्से तुंग उन्हें अपने लिए खतरा मानते थे। शी चिन फिंग जब पाँच साल के थे, तब उनके पिता चीन के वाइस प्रीमियर बनाए गए थे। चीनी कम्युनिस्ट नेताओं

के घर में जनमे मौजूदा चीनी कम्युनिस्ट नेताओं को 'प्रिंसलिंग' यानी नवाबजादों की संज्ञा दी जाती है, क्योंकि आज की चीनी सत्ता पर विराजमान कई राजनेता और आला नौकरशाह ऐसे ही परिवारों से निकले हैं। इन नवाबजादों को शिक्षा पार्टी के विशेष सुविधाओं वाले आभिजात्य स्कूल में दी जाती है। शी चिन फिंग भी ऐसे ही स्कूल में भरती किए गए थे।

शी चिन फिंग का बचपन चीन के राजनेताओं के निवासीय परिसर राजधानी स्थित चुंगनानहाए में बीता, हालाँकि किशोरावस्था में उन्हें उस विशिष्ट सुविधाओं वाले परिसर से निकालकर गाँव भेज दिया गया था। 1962 में सांस्कृतिक क्रांति के दौरान माओ त्से तुंग ने शी के पिता को गिरफ्तार करवाया और बेटे शी को श्रम करने गाँव भेज दिया गया, लेकिन शी चिन फिंग चीनी कम्युनिस्ट पार्टी में अपनी जगह बनाने की कोशिश करते रहे। आज वही नवाबजादा शी चिन फिंग न केवल चीन के सबसे ताकतवर नेता बन चुके हैं, बल्कि यह सुनिश्चित कर रहे हैं कि जैसे माओ ने अपनी राजनीतिक सत्ता को चुनौती नहीं उभरने दी, उसी तरह शी की सत्ता को भी कोई समकक्ष या जूनियर नेता चुनौती नहीं पैदा करे।

इसी रणनीति के अनुरूप शी चिन फिंग ने नवंबर (2021) के दूसरे सप्ताह में 19वीं सेंट्रल कमेटी का छठा प्लेनरी सेशन आयोजित करवाकर पार्टी की स्थापना के सौ साल के इतिहास की व्याख्या करनेवाला राजनीतिक प्रस्ताव पारित करवाया, जिसमें पार्टी की अब तक की मुख्य उपलब्धियों और भविष्य की दिशा तय करनेवाला प्रस्ताव शामिल था। पार्टी की स्थापना के सौ साल के इतिहास में ऐसा तीसरी बार करवाया गया है। सबसे पहले खुद चेयरमैन माओ त्से तुंग ने 1945 में ऐसा प्रस्ताव पारित करवाकर पार्टी में अपनी उपलब्धियों का गुणगान करवाया था। इसके बाद 1981 में चीन के तत्कालीन शिखर पुरुष तंग श्याओ फिंग ने इस तरह की पार्टी बैठक करवाकर माओ त्से तुंग की नीतियों की आलोचना और चीन को आर्थिक सुधार के मार्ग पर आगे ले जाने के संकल्प वाला प्रस्ताव पारित करवाया था। अब शी चिन फिंग ने ताजा शताब्दी प्रस्ताव में अपनी सोच यानी 'शी चिन फिंग थॉट' (विचारधारा) का प्रतिपादन करते हुए चीनी जनता को सपना दिखाने की कोशिश की है कि कैसे वह 2049 तक चीन को दुनिया के सबसे विकसित देश में तब्दील कर देंगे!

सारी दुनिया में चिंता है कि शी चिन फिंग दुनिया का सबसे ताकतवर और विकसित देश बनने का लक्ष्य किस तरीके से हासिल करेंगे? क्या वह अपनी सैनिक और आर्थिक ताकत के बल पर दुनिया के छोटे-बड़े देशों को अपने जाल में फाँसने

की रणनीति पर आगे बढ़ेंगे या पारदर्शी और ईमानदार प्रतिस्पर्द्धी तरीके से यह लक्ष्य हासिल करना चाहते हैं?

शी के कार्यकाल में जिस तरह से चीन ने अपनी सैनिक ताकत के बल पर अपनी जमीनी व समुद्री सीमाओं के लिए विस्तारवादी नीतियाँ अपनाई हैं, वह न केवल भारत, बल्कि यूरोपीय व अमेरिकी सामरिक क्षेत्रों में भी चिंता पैदा कर रही हैं। भारतीय व अंतरराष्ट्रीय हलकों में चिंता है कि कहीं शी यदि आजीवन राष्ट्रपति बने रहे तो दुनिया के कई देशों के साथ टकराव बढ़ेगा और दुनिया के कई क्षेत्र तनावग्रस्त हो जाएँगे। इस दौरान भारत के साथ भी तनाव व टकराव का माहौल बनेगा, जिससे भारत के रक्षा बजट पर तो दबाव बढ़ेगा ही, भारत के आर्थिक विकास की गति भी धीमी होगी।

19वीं सेंट्रल कमेटी के छठे प्लेनरी सेशन के दौरान राष्ट्रपति शी चिन फिंग ने जिस तरह चीनी कम्युनिस्ट पार्टी के इतिहास की धारा शी विचार यानी 'शी चिन फिंग थॉट' की ओर मोड़ने की कोशिश की है, वह शी चिन फिंग की राजनीतिक महत्त्वाकांक्षाओं को ही उभारती हैं।

'शी चिन फिंग थॉट' का पहली बार 2017 के मध्य में चीनी कम्युनिस्ट पार्टी की आला बैठक में जिक्र किया गया और 2018 में इसे चीन के संविधान का हिस्सा बनाया गया। इस अहम कदम के बाद चीन की सरकारी समाचार एजेंसी शिनह्वा ने लिखा कि चीनी संदर्भ में 'शी थॉट' मार्क्सवाद के अनुरूप और चीनी कम्युनिस्ट पार्टी और लोगों के व्यावहारिक अनुभवों के सामूहिक विवेक को अंगीकार करने की नवीनतम उपलब्धि है। शी थॉट में सैद्धांतिक स्तर पर आठ मौलिक मुद्दों की व्याख्या की गई है और सरकारी प्रयासों का मार्गदर्शन करने के लिए 14 मूलभूत सिद्धांतों का प्रतिपादन किया गया है।

मौलिक मुद्दों में जिन बातों का उल्लेख है, उनमें राष्ट्रीय पुनरुद्धार और समाजवादी आधुनिकीकरण के जरिए चीन को सामान्य रूप से समृद्ध समाज प्रदान करना है ताकि चीन को एक महान् आधुनिक समाजवादी देश के तौर पर विकसित किया जा सके। एक ऐसा देश, जो 21वीं सदी के मध्य तक समृद्ध, मजबूत, जनतांत्रिक, सांस्कृतिक तौर पर विकसित, समरसतापूर्ण और सुंदर देश के तौर पर बन सके।

'शी थॉट' में यह भी कहा गया है कि पार्टी एक विश्व स्तर का सैन्य बल बनाना चाहती है, जो पार्टी के आदेशों का पालन करता हो, युद्ध लड़ने और जीतने की क्षमता रखता हो और श्रेष्ठ आचरणवाला हो। यहाँ इस वाक्य पर गौर कीजिए,

जिसमें कहा गया है कि चीनी सैन्य बल का आचरण अच्छा हो और पार्टी के आदेशों का पालन करता हो। पार्टी यानी पार्टी का मुखिया यानी शी चिन फिंग। शी चिन फिंग ने इस तरह शी थॉट को पार्टी संविधान का हिस्सा बनाकर पार्टी पर अपना प्रभुत्व स्थापित करने में कामयाबी हासिल करने के लिए सैन्य बलों को अपने कमान के तहत कर लिया, ताकि पार्टी के भीतर किसी असंतोष, विद्रोह या बगावत को कुचला जा सके।

आठ में से एक और उल्लेखनीय मौलिक मुद्दा इस प्रकार है—कानून आधारित प्रशासन के इस्तेमाल का समग्र लक्ष्य यह है कि चीनी विशेषताओं वाली समाजवादी कानून प्रणाली की स्थापना और समाजवादी कानूनी प्रशासन की स्थापना की जा सके।

शी थॉट में चीनी कम्युनिस्ट पार्टी को चीनी राजनीतिक नेतृत्व की सर्वोच्च ताकत भी घोषित किया गया है।

इन लक्ष्यों को हासिल करने के लिए जिन 14 मूलभूत सिद्धांतों का प्रतिपादन किया गया है, वे इस प्रकार हैं—

1. सभी कार्यों पर पार्टी का नेतृत्व सुनिश्चित हो।
2. जनोन्मुख नीतियों के लिए प्रतिबद्धता।
3. सुधार को समग्र तौर पर जारी रखना।
4. विकास के लिए नया नजरिया अपनाना।
5. देखना कि जनता ही देश को चला रही है।
6. सुनिश्चित करना कि प्रशासन का हर पहलू कानून आधारित हो।
7. समाजवादी मूल्यों के लिए प्रतिबद्धता।
8. विकास के जरिए बेहतर जीवन-स्तर सुनिश्चित करना।
9. मानव व प्रकृति के बीच सामंजस्य स्थापित करना।
10. राष्ट्रीय सुरक्षा के प्रति समग्रता में दृष्टिकोण अपनाना।
11. जन-सेनाओं पर पार्टी नेतृत्व का पूर्ण नेतृत्व हो।
12. एक देश-दो प्रणाली को अपनाना और राष्ट्रीय एकीकरण को बढ़ावा देना।
13. पार्टी पर संपूर्ण और कठोर नियंत्रण हो।
14. मानवता के साझा भविष्य के लिए समुदाय के निर्माण को बढ़ावा देना।

शी थॉट तब जारी किया गया, जब पार्टी पर उनकी पकड़ मजबूत हो चुकी थी। शी चिन फिंग ने 2012 में कम्युनिस्ट पार्टी की कमान सँभालने के बाद से ही उन पार्टी नेताओं पर नजर डालनी शुरू कर दी थी, जो भविष्य में उनकी राजनीतिक

सत्ता को चुनौती पेश करने की ताकत रखते थे। खासकर पार्टी पर प्रभुत्वकारी भूमिका निभानेवाली चीनी 'पीपल्स लिबरेशन आर्मी' (पी.एल.ए) के आला जनरलों के खिलाफ भ्रष्टाचार उन्मूलन के नाम पर काररवाई की। इसके अलावा पार्टी के आला नेताओं को भी भ्रष्टाचार उन्मूलन के नाम पर निशाना बनाया।

2012 में चीनी कम्युनिस्ट पार्टी का मुखिया बनने के बाद से ही शी चिन फिंग ने कहना शुरू कर दिया था कि वह पार्टी और सरकार के मच्छरों और बाधों का सफाया करेंगे। मच्छरों यानी पार्टी के निचले स्तर के काडर और कर्मचारी तथा बाघ यानी पार्टी और सरकार के आला अधिकारी व नेता।

सतही तौर पर आदर्शवादी कम्युनिस्ट मूल्यों को माननेवाले देश में भ्रष्टाचार कितनी गहरी जड़ें जमा चुका है, यह शी चिन फिंग की सरकार द्वारा जारी इन आँकड़ों से उजागर होता है कि 2012 में जब शी चिन फिंग ने भ्रष्टाचार विरोधी मुहिम को तेज करने का संकल्प जाहिर किया था, तब देश में 1,73,000 अधिकारियों के खिलाफ भ्रष्टाचार विरोधी काररवाई चल रही थी, जो कि 2019 तक बढ़कर 4,85,000 हो गई। 2020 तक 29 लाख अधिकारियों के खिलाफ जाँच की गई, जिनमें 17 लाख को दंडित किया गया। सिर्फ 2019 में 62 आला पार्टी अधिकारियों के खिलाफ काररवाई करने की आधिकारिक जानकारी शी चिन फिंग ने इसलिए जारी करवाई कि वह देश के लोगों को बता सकें कि उनका भ्रष्टाचार विरोधी मुहिम कितना गंभीर है! लेकिन सच्चाई यह है कि माओ त्से तुंग के जमाने से ही भ्रष्टाचार विरोधी मुहिम (थ्री एंटी एंड फाइव एंटी—सान वू फान) छेड़ी गई, जो कि शी चिन फिंग के पूर्ववर्ती च्यांग च मिन और हू चिन थाओ के कार्यकाल में भी चलाई गई; लेकिन भ्रष्टाचार का दानव चीन में फलता-फूलता ही रहा, क्योंकि इसे हमेशा चीनी नेताओं ने अपने राजनीतिक हितों के लिए इस्तेमाल किया।

शी चिन फिंग के गुणगान

चीन की कम्युनिस्ट पार्टी की सेंट्रल कमेटी के आला नेताओं के चार दिनों तक चले सालाना अधिवेशन के बाद 29 अक्तूबर, 2020 को जो नतीजे घोषित किए गए, उससे साफ हुआ कि चीन की सत्ता पर राष्ट्रपति शी चिन फिंग की पकड़ मजबूत बनी रहेगी, जो 2013 के शुरू से चीन पर शासन कर रहे हैं। इस बैठक में शी चिन फिंग के जिस तरह गुणगान किए गए हैं, वह इशारा करता है कि शी चिन फिंग आजीवन राष्ट्रपति बने रहना चाहते हैं। पार्टी सेंट्रल कमेटी की बैठक के बाद मार्च, 2021 के पहले सप्ताह में ही कम्युनिस्ट पार्टी की 'ल्यांग हुई' यानी टू सेशंस

चीन जन राजनीतिक सलाहकार सम्मेलन (सी.पी.पी.सी.सी.) और नेशनल पीपल्स कांग्रेस (एन.पी.सी.) नाम से प्रचलित चीनी सत्तारुढ़ कम्युनिस्ट पार्टी की दो महत्त्वपूर्ण बैठकों में चीनी राष्ट्रपति शी चिन फिंग ने फिर अपना दबदबा दिखाया।

एन.पी.सी. चीन की सबसे प्रभावशाली वैधानिक संस्था है, जबकि सी.पी.पी.सी.सी. दो हजार सदस्यों वाली सलाहकार संस्था है, जो वास्तव में पार्टी के आला कमान द्वारा राष्ट्रीय महत्त्व के फैसलों पर मुहर लगाने का ही काम करती है।

रक्षा बजट

4 से 11 मार्च, 2021 तक चली टू सेशंस यानी 'ल्यांग हुई' नाम से लोकप्रिय दोनों बैठकों में से एक एन.पी.सी. की बैठक के उद्‌घाटन सत्र में ही चीन के साल 2021 का 209 अरब डालर का रक्षा बजट (भारत का रक्षा बजट करीब 50 अरब डालर) पेश किया गया, जो पिछले साल की तुलना में आधिकारिक तौर पर 6.9 प्रतिशत अधिक बताया गया। इस बजट के बारे में चीनी कम्युनिस्ट पार्टी के मुखपत्र 'ग्लोबल टाइम्स' ने कहा कि रक्षा बजट में बढ़ोतरी चीन की वास्तविक जरूरत है। सैन्य आधुनिकीकरण के नजरिए से चीन आज भी पुरानी शस्त्र प्रणालियों और सैनिक साज-सामान पर निर्भर है जिन्हें बदले जाने की जरूरत है। चीन को एडवांस्ड शस्त्र मंचों और शस्त्र प्रणालियों को हासिल करने की जरूरत है, जैसे कि नए विमानवाहक पोतों का निर्माण और जे-20 स्टील्थ लड़ाकू विमान का भारी संख्या में उत्पादन। इनके लिए भारी निवेश की जरूरत है। इसके अलावा किसी संभावित सैनिक खतरे से निबटने के लिए भी भारी निवेश की जरूरत है।

2020 अक्तूबर में पार्टी की सेंट्रल कमेटी की चार दिनों की बैठक में शी चिन फिंग ने सत्ता पर अपनी पकड़ मजबूत होने का संकेत दिया था तो इस बार एन.पी.सी. की बैठक में अपने महत्त्वाकांक्षी राजनीतिक और आर्थिक एजेंडा पर आसानी से मुहर लगवाकर यह संकेत दिया कि चीनी कम्युनिस्ट पार्टी और सरकार पर उनका ही एकछत्र राज चल रहा है। सेंट्रल कमेटी के अधिवेशन को जिस शांत तरीके से उन्होंने संचालित करवाने में कामयाबी पाई, उससे यह भी साफ हुआ कि कम-से-कम अगले 15 सालों यानी 2035 तक सत्ता पर विराजमान रहने की अपनी कुटिल रणनीति पर शी ने कोई आँच नहीं आने दी है। इस अधिवेशन के दौरान चीनी कम्युनिस्ट पार्टी ने चीन के अगले डेढ़ दशक तक का विजन-2035 जारी किया, जिससे पता चलता है कि एक राष्ट्र के तौर पर चीनी नेता दुनिया में अपनी नेतृत्वकारी भूमिका को किस तरह आगे बढ़ाने का संकल्प लेकर चलते हैं।

पार्टी बैठकों के दौरान 2021-25 के लिए 14वीं पंचवर्षीय योजना को मंजूरी दी गई, जिसमें कहा गया है कि 2035 तक चीन को दुनिया का तकनीकी नेता बना देंगे। चीनी नेताओं का लक्ष्य है कि 2035 तक चीन को तकनीक के क्षेत्रों में अग्रणी राष्ट्र बनाएँगे और तब तक चीन को विकसित देशों की कतार में खड़ा कर देंगे। हालाँकि चीन अपने 'चाइना ड्रीम' के तहत संकल्प लेकर चल रहा है कि वह 2049 तक दुनिया का सबसे विकसित देश बन जाए। कोविड महामारी से त्रस्त दुनिया के कई देश जहाँ चीन को सबक सिखाने के लिए चीन से आयात को सीमित करने का संकल्प लेते दिखे, उसके मद्देनजर ही 14वीं पंचवर्षीय योजना में चीन की अर्थव्यवस्था को निर्यात बाजार पर निर्भरता कम करने के साथ ही घरेलू माँग बढ़ाकर घरेलू उद्योंगों की उत्पादन क्षमता के पूर्ण इस्तेमाल की रणनीति पर चलने का भी इरादा जाहिर किया गया। 'विजन-2035' में कहा गया है कि 15 साल के भीतर चीन का आर्थिक, वैज्ञानिक और समग्र राष्ट्रीय विकास तेजी से होगा और तब तक चीन की प्रतिव्यक्ति आय मौजूदा सालाना 10,261 डालर से बढ़कर करीब तीस हजार डालर तक कर उसे विकसित देशों के करीब पहुँचा देंगे। फिलहाल इटली और स्पेन की सालाना प्रतिव्यक्ति आय इतनी ही है।

आम चीनी जनता का जीवन स्तर यूरोपीय देशों तक पहुँचा देने का सपना दिखाकर राष्ट्रपति शी अपना शासनकाल आजीवन चलाने के लिए माओ त्से तुंग के कदमों के अनुरूप आगे बढ़ रहे हैं। माओ त्से तुंग ने अपने को 20वीं सदी का महानतम चीनी नेता कहलवाया, तो शी चिन फिंग ने 21वीं सदी के महानतम चीनी नेता बनने के इरादे से ही चीन पर आजीवन राज करने के लिए चीन के संविधान के इस महत्त्वपूर्ण प्रावधान में यह बंदिश हटवा दी कि कोई नेता दो बार से अधिक तक राष्ट्रपति नहीं रह सकता। राष्ट्रपति शी 2012 के अंत में चीन की सत्ता पर विराजमान हुए थे और इसके बाद से ही उन्होंने चीन पर आजीवन राज करने के लिए अपनी रणनीति को अंजाम देना शुरू किया था। सत्ता सँभालने के तुरंत बाद राष्ट्रपति शी ने उन सहयोगी राजनीतिक नेताओं और आला सैन्य जनरलों का भ्रष्टाचार उन्मूलन के नाम पर सफाया करना शुरू कर दिया था, जो उनके लिए राजनीतिक चुनौती पैदा कर सकते थे।

शी की नीतियों से चिंता

इसके साथ ही राष्ट्रपति शी ने चीनी जनता के बीच अपने को लोकप्रिय बनाने के लिए अतिराष्ट्रवादी नीतियाँ भी लागू करनी शुरू कीं, जिससे न केवल चीन के

पड़ोसी इलाके, बल्कि पूरी दुनिया में तनाव और चिंता पैदा हुई है। राष्ट्रपति शी की महत्वाकांक्षी विस्तारवादी नीतियों की वजह से दक्षिण चीन सागर, ताइवान जलडमरूमध्य और हांगकांग का इलाका तनावग्रस्त हुआ है। अपने मुसलिम बहुल प्रांत शिनच्यांग पर जिस तरह शी चिन फिंग ने अमानवीय तरीके से शिकंजा कसने की कोशिश की है, उसने दुनिया का ध्यान खींचा है। इसी तरह तिब्बत पर भी चीन अपना शिकंजा कसता जा रहा है। इसके अलावा माना जाता है कि राष्ट्रपति शी के निर्देशों पर ही भारत–चीन सीमा पर पूर्वी लद्दाख के सीमांत इलाकों पर चीनी सेना ने अतिक्रमण किया। इससे भारत और चीन के बीच गत तीन दशकों से प्रगाढ़ हो रही दोस्ती पर गंभीर आँच आई है। चीन ने जहाँ हांगकांग पर चीनी कम्युनिस्ट पार्टी की पकड़ मजबूत करने के लिए हांगकांग के लोगों के अधिकारों में कटौती करनी शुरू की, वहीं ताइवान के स्वतंत्र अस्तित्व को चुनौती देने के लिए सैनिक हमले की धमकियाँ देने लगे। इसके अलावा शी के शासनकाल में ही दक्षिण चीन सागर में अपने सागरीय इलाके का विस्तार करने के लिए कृत्रिम द्वीपों का निर्माण कर वहाँ हमलावर बैलिस्टिक और रक्षात्मक मिसाइलों की तैनाती की। इन कृत्रिम द्वीपों के निर्माण के पीछे दक्षिण चीन सागर में अपने सागरीय क्षेत्र के विस्तार के इरादों को जब पड़ोसी देशों जापान, इंडोनेशिया, वियतनाम आदि ने चुनौती दी तो चीन ने दक्षिण चीन सागर में अपने नौसैनिक पोतों की तैनाती बढ़ा दी। इसके जवाब में अमेरिका ने भी अपने युद्धपोतों को वहाँ भेजना शुरू किया। भारत और अन्य देशों ने भी कहना शुरू किया कि दक्षिण चीन सागर में समुद्री नौवहन और आवाजाही पर किसी तरह की रोक नहीं लगनी चाहिए, क्योंकि यह सागरीय इलाका अंतरराष्ट्रीय समुद्री कानूनों से संचालित होता है।

चीन के मौजूदा राष्ट्रपति यदि अगले 15 सालों तक सत्ता में बने रहे तो चीन की अतिराष्ट्रवादी और विस्तारवादी नीतियों में इसी तरह की और आक्रामकता देखने के लिए विश्व समुदाय को तैयार रहना होगा। शी चिन फिंग की आक्रामक कूटनीति और समर नीतियों की वजह से ही दुनिया में टकराव की स्थिति पैदा हुई है।

राष्ट्रपति शी का और ताकतवर होते जाना भारत के लिए भी चिंताजनक साबित हो रहा है। भारतीय सामरिक हलकों में यह आम राय है कि जब से राष्ट्रपति शी सत्तारूढ़ हुए हैं, भारत को उकसाने वाली और भारत को अपने मोहपाश में फाँसने के लिए कई दोमुँही नीतियाँ उन्होंने अपनाई हैं। सत्ता सँभालने के बाद उन्होंने अपने प्रधानमंत्री ली ख छ्यांग को 19–22 मई, 2013 को भारत भेजा। दोनों देशों के बीच रिश्तों को और दोस्ताना बनाने के लिए चीन के नए नेता शी चिन फिंग

की ओर से जहाँ मीठी बातें की जा रही थीं, वहीं चीनी सेना को चीन के राजनीतिक नेतृत्व ने अप्रैल के मध्य में दौलतबेग ओल्दी के इलाके में देपसांग में घुसपैठ की तैयारी करने की हरी झंडी दे दी थी। शायद चीनी नेतृत्व ने सोचा होगा कि चीनी प्रधानमंत्री ली ख छ्यांग के भारत दौरे को खुशनुमा माहौल में भारत देपसांग के इलाके में चीमा सैन्य घुसपैठ को नज़रअंदाज कर देगा, लेकिन मई के शुरू में ही तत्कालीन भारतीय विदेश मंत्री सलमान खुर्शीद ने चीन का दौरा किया और चीन से साफ शब्दों में कहा कि चीनी सेना यदि देपसांग के इलाके से पीछे नहीं हटेगी तो चीन के प्रधानमंत्री का भारत दौरा रद्द हो सकता है। प्रधानमंत्री ली का चूँकि भारत दौरा उनका पहला विदेश दौरा होता, इसलिए इसे रद्द हो जाने की शर्मिंदगी से बचने के लिए चीनी सेना ने देपसांग से अपने सैनिक पीछे हटा लिये। लेकिन सात साल बाद चीनी सेना ने फिर देपसांग के इलाके में अपनी सैनिक भेज दिए, जो तनाव का मसला बना है।

माओ के कदम पर

चीनी राष्ट्रपति शी ने नव चीन के संस्थापक राष्ट्रपति माओ त्से तुंग के नक्शेकदम पर चलते हुए मुँह में राम और बगल में छुरी की कुटिल रणनीति अपनाई। जिस तरह पचास के दशक में जहाँ चीन ने एक तरफ भारत के साथ 'हिंदी-चीनी भाई-भाई' का नारा लगाते हुए भारत पर दोस्ती का अपना जादू चलाने की कोशिश की और इसी की आड़ में जहाँ एक ओर 1954 में पंचशील की ऐतिहासिक संधि करने के बाद तिब्बत पर अपना कब्जा मजबूत करने के लिए और अक्साई चिन के इलाके पर अपनी सैन्य बढ़त बनाते हुए कराकारोम राजमार्ग चुपचाप बना लिया। तब पड़ोसी देशों के इलाके पर और वहाँ की सेना की गतिविधियों पर नजर रखने के लिए टोही विमान या ड्रोन या उपग्रह नहीं होते थे, इसलिए चीन को बेधड़क अक्साई चिन पर अपना कब्जा जमाने में कामयाबी मिल गई; लेकिन पिछले दशक में राष्ट्रपति शी चिन फिंग ने माओ की नीति अपनाते हुए देपसांग पर कब्जा करने की कोशिश की तो भारतीय सेना को इसकी भनक लग गई और भारत ने चीन से साफ कहा कि यदि चीनी सेना देपसांग से पीछे नहीं हटेगी तो चीन के साथ भारत के दोस्ताना आदान-प्रदान पर असर पड़ेगा और चीन के प्रधानमंत्री ली का भारत दौरा स्थगित हो सकता है। लेकिन चीन ने मौका पाकर एक बार फिर देपसांग के इलाके में भारतीय सैनिकों को गश्त करने से रोककर बड़े भू-भाग पर कब्जा जमा लिया, जिसे लेकर भारत और चीन में नए सिरे से तनाव बना हुआ है।

वास्तव में प्रधानमंत्री ली ख छ्यांग का भारत दौरा सुनिश्चित करने के लिए 2013 के अप्रैल में चीनी सेना देपसांग से तो पीछे हट गई, लेकिन अगले साल 2014 में सितंबर के अंत में चीनी सेना ने पूर्वी लद्दाख के चुमार इलाके में फिर घुसपैठ की और 16 दिन तक वहाँ डटे रहने के बाद तभी हटी, जब राष्ट्रपति शी चिन फिंग ने सितंबर के मध्य में ही भारत का दौरा किया तो उसी दौरान चुमार में चीनी सेना अतिक्रमण कर रही थी। प्रधानमंत्री नरेंद्र मोदी ने चीनी राष्ट्रपति से खुद इस मसले को उठाया तो चीन चुमार से अपने सैनिक पीछे हटाने को तैयार हुआ।

सुरक्षा कानून में संशोधन

1 जनवरी, 2021 से चीन का नया संशोधित रक्षा कानून (नेशनल डिफेंस लॉ) लागू करवाकर शी चिन फिंग ने माओ त्से तुंग की उस प्रसिद्ध उक्ति पर चलने का संकेत दिया कि राजनीतिक सत्ता बंदूक की नली से निकलती है और बंदूक पर पार्टी (यानी खुद का) का नियंत्रण होना ही चाहिए। शी चिन फिंग ने एक जनवरी से चीन के राष्ट्रीय सुरक्षा कानून में संशोधन करवाकर चीन के केंद्रीय सैनिक आयोग (CMC) के अधिकारों में इजाफा किया और स्टेट काउंसिल को कमजोर किया। केंद्रीय सैनिक आयोग की अध्यक्षता शी चिन फिंग ही करते हैं। इसलिए हम समझ सकते हैं कि शी चिन फिंग ने क्यों केंद्रीय सैनिक आयोग की ताकत में इजाफा करवाया! यह चाल चलकर उन्होंने प्रधानंमत्री ली ख छ्यांग की नेतृत्वकारी भूमिका को और हाशिए पर डाल दिया।

शी चीन फिंग ने जब से सत्ता सँभाली थी, उनसे यही अपेक्षा की जा रही थी कि वह अपने अधिकारों में बढ़ोतरी करेंगे। इसके साथ ही शी चिन फिंग ने चीन सरकार की अन्य संस्थाओं-इंटरनेट का प्रशासन, सरकारी पुनर्गठन, राष्ट्रीय सुरक्षा और सैनिक सुधार को अपने नियंत्रण में कर लिया। इसके अलावा उन्होंने अदालतों, पुलिस, गुप्तचर विभाग को भी अपने हाथ में ले लिया।

अधिनायकवादी शासक

इसके पहले 2017 में ही पार्टी संविधान में उन्होंने अपनी विचारधारा और अपने योगदान को विशेष तौर पर शामिल करवा लिया। इसके साथ ही राष्ट्रपति की दो बार की कार्य अवधि की सीमा भी हटवाने के बाद वह माओ त्से तुंग के बाद सबसे ताकतवर और अधिनायकवादी शासक बन चुके हैं। चीन के राष्ट्रीय सुरक्षा कानून में संशोधन करवाने के प्रस्ताव को नेशनल पीपल्स कांग्रेस (एन.पी.सी.) की

स्थायी समिति ने पारित कर दिया। इसका उद्देश्य यह बताया कि चीन की सैनिक तैयारी और सैनिक ताकत को मजबूत करना है। इस संशोधन के तीन बड़े असर यह होंगे—पहला, सशस्त्र सेनाओं पर शी चिन फिंग की पकड़ मजबूत होगी, जिससे यह सुनिश्चित होगा कि चीन के आला सैनिक जनरल शी चिन फिंग के प्रति अपनी वफादारी साबित करने की कोशिश करेंगे। नए संशोधन के जरिए यह ताकत भी हासिल की गई है कि विदेशों में चीन की 'बेल्ट एंड रोड परियोजना' को किसी खतरे की स्थिति में चीनी सेना का इस्तेमाल किया जा सकेगा। गौरतलब है कि चीन की महत्वाकांक्षी 'बेल्ड एंड रोड परियोजना' के तहत पाकिस्तान के गैर-कानूनी कब्जेवाले गिलगित बाल्टिस्तान के इलाके से होकर गुजरने वाले चीन-पाकिस्तान आर्थिक गलियारा (सी.पी.ई.सी.) को भारत और पाकिस्तान के घरेलू विद्रोही तत्वों से चीन खतरा महसूस करता है। हालाँकि चीन के सुरक्षा कानून में सीधे तौर पर ऐसा जिक्र नहीं किया गया है। अप्रत्यक्ष तौर पर इस तरह कहा गया है कि चीन को विदेशों में अपने विकास हितों में बाधा से बचाने के लिए तैयार रहना है। इस संशोधन को देश और विदेश में राष्ट्रीय सुरक्षा हितों को खतरा पहुँचने पर बचाव करने यानी सैन्य हस्तक्षेप करने के उद्देश्य से बताया गया है।

शी का नियंत्रण

नेशनल डिफेंस लॉ में किए गए अन्य संशोधनों से चीनी राष्ट्रपति को यह अधिकार मिलेगा कि वह गैर-सरकारी राष्ट्रीय संपदा व संस्थानों और व्यक्तियों पर अपना नियंत्रण स्थापित कर सकेंगे। 2020 के अंत से चीन की 'अली बाबा' कंपनी के मालिक जैक मा को जिस तरह महीनों तक नजरबंद रखा गया, वह साफ करता है कि स्वतंत्र अस्तित्ववाली चीनी हस्तियाँ और संस्थाएँ चीन के राष्ट्रपति के लिए कभी चुनौती नहीं बनें या उनका कद राष्ट्रपति से बड़ा नहीं दिखने लगे। इस कदम का औचित्य इस तरह ठहराया गया कि राज्य प्रशासित और प्राइवेट संस्थाओं व उद्यमों के बीच समुचित तालमेल से समन्वय स्थापित कर राष्ट्र की समग्र ताकत को बढ़ाया जा सके। इस संशोधन का यह उद्देश्य भी बताया गया कि चीन को रक्षा क्षेत्र के अलावा साइबर सुरक्षा, अंतरिक्ष और इलेक्ट्रोमैगनेटिक्स के क्षेत्र में समन्वित तरीके से तकनीकी विकास को बढ़ावा देना है।

संशोधन का तीसरा उद्देश्य यह कहा जा सकता है कि इससे राष्ट्रपति अपने प्रतिद्वंद्वियों को सैन्य ताकत के इस्तेमाल की धमकी से रोक सकेंगे। इससे देश की सुरक्षा में नागरिक-सैन्य क्षमताओं को मिलाकर समग्रता से तैयार होने की शी चिन

फिंग की सोच को मजबूत किया जा सकेगा और इस इरादे से विभिन्न एजेंसियों के बीच तालमेल स्थापित करने में उन्हें आसानी होगी।

वास्तव में चीन की समर नीति इस अवधारणा पर शी चिन फिंग ने विकसित करने की कोशिश की है कि वह दुश्मन में अपनी सैन्य ताकत का खौफ पैदा करने के लिए 'एकीकृत सामरिक प्रतिरोध' (इंटीग्रेटेड स्ट्रैटजिक डिटरेंस) का इस तरह इस्तेमाल करें कि सैनिक ताकत का इस्तेमाल करने की जरूरत नहीं पड़े या फिर छोटे युद्धों के जरिए ही दुश्मन को परास्त किया जा सके। वास्तव में चीन के मौजूदा राष्ट्रपति प्राचीन चीन के ईसा पूर्व साढ़े पाँच सौ साल पहले पूर्वी चओ शासक के जनरल सुन चू (SUN TZU), के विचार, दर्शन और सामरिक सोच को आज भी व्यवहार में लाने की कोशिश करते हैं, जिनकी प्रसिद्ध उक्ति है—युद्ध में असली विजय वही है, जिसमें लड़ना नहीं पड़े। यानी लड़े बिना युद्ध जीतो! चीन ने हाल के सालों में जिस तरह एक भी गोली चलाए बिना दक्षिण चीन सागर के इलाके में अपने सागरीय इलाके का विस्तार किया है, वह इसकी एक मिसाल है। अमेरिका जैसी ताकतें केवल बयानबाजी और बंदरघुड़की ही दिखाती रह गईं, चीन ने दक्षिण चीन सागर के इलाके में कृत्रिम द्वीप बनाकर समुद्र पर अपनी संप्रभुता का विस्तार कर लिया। इन कृत्रिम द्वीपों पर चीन ने हमलावर और रक्षात्मक मिसाइलें तैनात कर दी हैं, जिसके आस-पास कोई विदेशी युद्धपोत नहीं फटक सकता।

थ्री वारफेयर

चीन की इस एकीकृत सामरिक प्रतिरोधक अवधारणा में कई सैनिक और गैर सैनिक तत्वों को शामिल किया जा सकता है। जैसे—पारंपरिक और परमाणु सैन्य क्षमता, अंतरिक्ष व सूचना युद्ध, आर्थिक, राजनयिक, वैज्ञानिक और तकनीकी क्षमता, जिन्हें मिलाकर देश की सामूहिक ताकत के तौर पर माना जाता है।

सबसे अधिक अहम बात यह है कि इन नई सामरिक अवधारणाओं से चीन की 'थ्री—वारफेयर' यानी तीन युद्ध लड़ने की क्षमता में समुचित विस्तार हो सकेगा। इसके तहत दूसरे इलाकों में अपने भू-भाग के विस्तार पर अपने दावों को मजबूत करने के लिए प्रोपेगंडा किया जाएगा और विभिन्न राष्ट्रीय व अंतरराष्ट्रीय मसलों पर चीन का रुख व नीति का औचित्य ठहराया जा सकेगा। समग्र तौर पर देखा जाए तो चीन के राष्ट्रीय सुरक्षा कानून में संशोधन का इरादा भारत-तिब्बत सीमा के दायरे के विस्तार के अलावा दक्षिण चीन सागर में अपने दावों को पुख्ता करने के लिए चीन द्वारा और आक्रामक रवैया अपनाना है। इसका तात्कालिक उद्देश्य यही लगता

है, लेकिन दीर्घकालिक नजरिए से देखा जाए तो चीन की महत्त्वाकांक्षा दुनिया पर अपना प्रभुत्व व दबदबा बढ़ाना है। चीन यदि अपनी इस सामरिक सोच को व्यवहार में लाने की कोशिश करता रहा तो इससे आनेवाले सालों में दुनिया में जगह-जगह तनाव और टकराव के क्षेत्र पैदा होंगे। इससे विश्व शांति को खतरा बढ़ता जाएगा।

चीन की सेना को जिस तरह राष्ट्रपति शी चिन फिंग हमेशा हर मौके पर युद्ध के लिए तैयार रहने को आह्वान करते रहते हैं, वह इसी इरादे से लगता है। शी अपनी सेनाओं से अकसर कहते हैं कि उन्हें लड़ने की भावना को मजबूत करते रहना होगा, ताकि चीनी कम्युनिस्ट पार्टी ने जो लक्ष्य उन्हें सौंपा है, उसे हासिल करने के लिए सेनाएँ हमेशा तत्पर रहें। अंतरराष्ट्रीय समुदाय के लिए चीन की यह खतरनाक सोच चेतावनी की तरह है, जिससे मुकाबले के लिए उसे समुचित तौर पर एकजुट होना होगा।

चीन के नए सुरक्षा कानून से चीन के प्रधानमंत्री ली ख छयांग की अगुवाई वाली स्टेट काउंसिल यानी चीन की कैबिनेट कमजोर होगी। कम्युनिस्ट पार्टी द्वारा पारित इस नए सुरक्षा कानून से चीन की रक्षा रणनीति में चीनी स्टेट काउंसिल की भूमिका गौण हो जाएगी। इस संशोधन से चीनी सैन्य आयोग राष्ट्रीय व अंतरराष्ट्रीय सुरक्षा नीति तैयार करने के लिए जिम्मेदार होगा और चीन की स्टेट काउंसिल केवल इसे लागू करने का दायित्व निभाएगी। नए संशोधित कानून में चीनी राष्ट्रपति की अगुवाई वाली चीनी सेनाओं को स्वदेश और विदेशों में चीनी राष्ट्रीय हितों की रक्षा के लिए नीति निर्धारण और क्रियान्वयन में अधिक भूमिका दी जाएगी। गौरतलब है कि 20 लाख सैनिकों वाली चीन की 'पीपल्स लिबरेशन आर्मी' चीन के केंद्रीय सैन्य आयोग (सेंट्रल मिलिट्री कमीशन-CMC) के तहत काम करती है, जिसके चेयरमैन यानी मुखिया चीन के राष्ट्रपति ही होते हैं। इस तरह चीन के राष्ट्रपति ने चीनी सेना की हर गतिविधि और हर नीति पर अपना संपूर्ण नियंत्रण स्थापित करनेवाला कदम उठाकर यह चाल चली है कि उनकी सत्ता को सेना सहित किसी भी संस्था से चुनौती नहीं मिले। इसके बाद चीनी कम्युनिस्ट पार्टी ने एक और फरमान जारी किया कि पार्टी की नीतियों से यदि असहमति हो तो उसे सार्वजनिक तौर पर व्यक्त नहीं करें।

शी चिन फिंग ने इस तरह चीनी कम्युनिस्ट पार्टी के सर्वशक्तिशाली नेता माओ त्से तुंग से भी अधिक अधिकार और शक्ति हथिया ली हैं, जिसे लेकर पार्टी में असंतोष तो है, लेकिन प्रताड़ित किए जाने के डर से कोई नेता विरोधी तेवर अपना नहीं सकता।

नवचीन की स्थापना के बाद चीनी कम्युनिस्ट पार्टी के चेयरमैन माओ त्से तुंग ने चीन पर 27 सालों तक एकछत्र राज किया और उनकी नीतियों से असहमति दिखानेवालों को या तो वैंचारिक सुधार के लिए गाँव भेज दिया या फिर उन्हें मौत के घाट उतार दिया। माओ त्से तुंग चीन में पहली क्रांति के जनक माने गए तो 1978 से चीन की सत्ता पर स्थापित होनेवाले तंग श्याओ फिंग ने अपने सुधार कार्यक्रमों और नीतियों से चीन को दुनिया में अग्रणी आर्थिक और सैनिक ताकत का तमगा पहनाने का गौरव हासिल कर चीन में दूसरी क्रांति के जनक माने गए। तंग श्याओ फिंग ने सत्ता का संचालन कमोबेश सामूहिक नेतृत्व के जरिए किया और चीन के सर्वशक्तिशाली नेता होते हुए भी चीन के राष्ट्रपति का पद अपने हाथ में नहीं लिया।

वह चीन के शिखर पुरुष कहे गए। तंग श्याओ फिंग ने चीन का शासन चलाने के लिए एक व्यवस्था खड़ी की, ताकि कोई भी चीनी राष्ट्रपति लगातार दो बार से अधिक पद पर नहीं बैठे। तंग की अगुवाई में चीनी कम्युनिस्ट पार्टी ने राष्ट्रपति पद के नामांकन के लिए एक व्यवस्था बनाई, जिस आधार पर पिछली सदी में नब्बे के दशक के बाद से मौजूदा सदी में पहले के दशक के दौरान चीनी कम्युनिस्ट पार्टी के नेता दो-दो बार ही राष्ट्रपति के पद पर बैठे। इस व्यवस्था के जरिए यह सुनिश्चित किया जा सका कि कोई राष्ट्रपति तानाशाही तरीके से शासन नहीं चलाए और व्यक्तिगत महत्त्वाकांक्षा से काम नहीं करे।

रोचक बात यह है कि चीन के नेशनल डिफेंस लॉ में संशोधन 26 दिसंबर, 2020 को चीनी कम्युनिस्ट पार्टी की नेशनल पीपल्स कांग्रेस की स्टैंडिंग कमेटी में पारित किया गया और इस फैसले को पार्टी द्वारा सार्वजनिक नहीं किया गया। इस बैठक में यह संकल्प लिया गया कि सन् 2027 तक चीन की 'पीपल्स लिबरेशन आर्मी' को अमेरिकी सेना के बराबर ताकतवर बनाएँगे।

अमेरिका की बराबरी का लक्ष्य

निश्चय ही चीन के पास इतनी समुचित तकनीकी क्षमता और आर्थिक संसाधन हैं कि वह इस दशक के अंत तक अमेरिकी सैन्य ताकत के समकक्ष होने का दावा कर सकता है। कहना अतिशयोक्ति नहीं होगा कि चीन ने यह तकनीकी ताकत पश्चिमी देशों की तकनीक चोरी कर हासिल की है और विश्व व्यापार पर उसका दबदबा विश्व व्यापार नियमों को ताक पर रखकर स्थापित हुआ है। छल-बल की अपनी इसी ताकत के बूते चीन जिस तेजी से अपनी सैन्य क्षमता को बढ़ाने में जुटा है, वह हैरान करनेवाला है। वैसे तो आज भी चीन के पास इतनी सैन्य ताकत

है कि वह अमेरिका को कहीं भी चुनौती दे सकता है, लेकिन सन् 2027 तक वह गर्व से कहने की तैयारी कर रहा है कि वह दुनिया की दूसरी बड़ी सैन्य महाशक्ति हो जाएगा।

शीतयुद्ध के काल में जब चीन के शिखर पुरुष तंग श्याओ फिंग ने अस्सी के दशक के मध्य में चार आधुनिकीकरण की नींव डाली तो उसमें सैन्य आधुनिकीकरण एक अहम हिस्सा था। बाकी तीन आधुनिकीकरण के लक्ष्य कृषि, विज्ञान एवं तकनीक और उद्योग के क्षेत्र में तय किए गए थे और यह संकल्प घोषित किया गया था कि बीसवीं सदी के अंत तक चीन चारों क्षेत्रों में चार गुना विकास हासिल कर लेगा। अस्सी के दशक के मध्य में भारत और चीन की अर्थव्यवस्था लगभग एक समान स्तर पर थी लेकिन आज चीन की अर्थव्यवस्था भारत से करीब पाँच गुना अधिक विस्तार ले चुकी है। चीन आज किसी भी मायने में किसी यूरोपीय विकसित देश से कम नहीं लगता। चीन के महानगरों की बात तो छोड़िए, चीन के छोटे शहर भी किसी बड़े यूरोपीय शहर को टक्कर देते हुए लगते हैं।

□

6

सुन चू की समर नीति

यदि आप नवचीन की स्थापना के बाद माओ त्से तुंग से लेकर आज के चीनी राष्ट्रपति शी चिन फिंग तक के चीन की समर नीति पर गौर करें तो देखेंगे कि वियतनाम, फिलीपींस, ताइवान, इंडोनेशिया, ब्रुनेई, जापान आदि के तटीय इलाके वाले दक्षिण व पूर्वी चीन सागर से लेकर भारत-चीन सीमांत इलाकों पर चीन जैसी हरकतें करता रहा है, वह सुन चू की समर नीति के अनुरूप ही हैं। भले ही चीन में भारत से आयातित बौद्ध धर्म ने चीन में जड़ें जमाई हों, लेकिन चीनी लोगों के डी.एन.ए. में भगवान् बुद्ध नहीं, बल्कि सुन चू के दर्शन के तत्त्व भरे हुए कहे जा सकते हैं। भगवान् बुद्ध शांति और प्रेम के प्रतीक कहे जा सकते हैं, लेकिन शांति की सोच को चीनी लोग अपनी ही शर्तों पर सुन चू की सामरिक सोच के अनुरूप स्वीकार करना चाहते हैं और लागू करते रहे हैं। चीनी नेता वास्तव में शांति की भावना को सुन चू के दर्शन के अनुरूप प्रतिद्वंद्वी देश पर थोपते रहे हैं। जब भी चीन मजबूत हुआ है, उसने अपने राज्य का विस्तार किया है और पड़ोसी देशों पर अपना प्रभुत्व स्थापित कर उसे अपना हिस्सा बनाया है। तिब्बत इसकी ज्वलंत मिसाल है।

ईसा पूर्व साढ़े चार सौ साल पहले पूर्वी चओ शासक के काल में रहे प्रसिद्ध चीनी जनरल सुन चू की रणनीति और समर नीति पर आधुनिक चीन के नेता अक्षरशः चलने की कोशिश करते दिखते हैं। सुन चू की समर नीति इस निम्न रणनीतिक सोच पर आधारित रही है, जिनकी वजह से उनके विचार, दर्शन, उनकी उक्तियाँ चीन और चीन के बाहर के सामरिक हलकों में काफी उद्धृत की जाती हैं। सामरिक मसलों पर उनकी कुछ प्रसिद्ध उक्तियाँ इस प्रकार हैं—

1. जब आप मजबूत हों, आप कमजोर दिखें और जब आप कमजोर हों, मजबूत दिखें।
2. यदि आपका दुश्मन सभी कोनों पर सुरक्षित है, उसका मुकाबला करने

के लिए तैयार रहो। यदि वह अधिक ताकतवर है तो उससे बचने की कोशिश करो। यदि दुश्मन गुस्सेवाला हो और बात-बात में चिढ़ जाता हो तो उसे चिढ़ाते रहो। दुश्मन के सामने कमजोर दिखने की कोशिश करो, ताकि वह घमंडी होकर आक्रामक व्यवहार करने लगे। यदि वह हलके में किसी चुनौती से निबटना चाहता हो तो उसे बैठने का मौका नहीं दो। यदि दुश्मन की सेना एकजुट है तो उसमें अलगाव पैदा करने की कोशिश करो। यदि सरकार और जनता एक राय की है तो उनके बीच भेद पैदा करने की कोशिश करो। जहाँ वह तैयार नहीं दिखे, वहाँ हमला करो, वहाँ दिखो, जहाँ आपसे अपेक्षा नहीं की जाती है।

3. युद्ध की सबसे अच्छी रणनीति वही है, जब दुश्मन लड़े बिना ही झुक जाए।
4. युद्ध में श्रेष्ठ नीति वही है, जब लड़े बिना दुश्मन की प्रतिरोध करने की ताकत को तोड़ दो।
5. विजेता योद्धा पहले जीतते हैं और तब युद्ध करने जाते हैं, जबकि पराजित योद्धा पहले युद्ध के लिए जाते हैं और तब जीतने की कोशिश करते हैं।

खुद को अपना दुश्मन बनाओ

6. दुश्मन को जानना-समझना हो, तब आपको खुद को अपना दुश्मन बनाना होगा।
7. अपने दोस्तों को नजदीक रखो और अपने दुश्मनों को और भी नजदीक रखो।
8. क्या आपका दुश्मन सोच सकता है कि मैं क्या कर सकता हूँ, जो मैं करने लायक हूँ?
9. सबसे अच्छी धारदार तलवार को भी नमकीन पानी में छोड़ दिया जाए तो उसमें जंग लग जाता है।
10. लोगों से वैसी ही बातें करो, जो वे उम्मीद करते हैं। इससे उनकी अपेक्षित भावी काररवाई का पता चलता है। उनकी सोच और दिमाग को उसी में व्यस्त रखो और इस बीच आप उस असाधारण मौके के लिए तैयार रहो, जिसकी वे कभी अपेक्षा नहीं कर सकते।
11. यदि आप अपने दुश्मन को जानते हैं और खुद को समझते हैं तो

आपको सैकड़ों युद्धों के नतीजों को लेकर डरने की जरूरत नहीं। यदि आप खुद को जानते हैं और दुश्मन को नहीं जानते, हर हासिल जीत के बाद आपको पराजय का भी सामना करना होगा। यदि आप न तो खुद को और न ही दुश्मन को जानते हैं तो आप हर युद्ध में पराजय के शिकार होंगे।

12. इस तरह हम जीत के लिए पाँच मुख्य बातों को देखते हैं—1. वही जीतेगा, जब वह जानता हो कि कब लड़ना है और कब नहीं! 2. वही जीतेगा, जो यह जानता हो कि आपसे अधिक ताकतवर और आपसे कमजोर सेना से कैसे निबटना है? 3. वही जीतेगा, जो जनरल से लेकर जवान तक के सभी रैकों में वही उन्माद भर सकता हो। 4. वही जीतेगा, जो यह जानता हो कि खुद को तैयार कर दुश्मन की तैयारी में ढील का इंतजार करे। 5. वही जीतेगा, जिसके पास सैनिक ताकत हो और शासक उसके काम में दखल नहीं देता हो।
13. दृढ़ता दिखाए बिना नरमी बरतते रहो। बेवकूफ दिखने की हद तक रहस्यमय बने रहो, तभी आप दुश्मन का भाग्य तय कर सकते हैं।
14. सैन्य काररवाई के बिना रणनीतिक सोच जीत की सबसे धीमी राह है, लेकिन सामरिक रणनीति के बिना सैन्य काररवाई पराजय के पहले हंगामा है।
15. दुश्मन जब आराम करना चाहता हो, उसके पसीने बहाओ, जब वह पूरे आक्रामक मूड में हो, उसे परेशान करो, जब वह स्थिर होकर बैठना चाहता हो, तब इसे सक्रिय रखो।

खुद को जानो, तभी युद्ध जीतोगे

16. आप खुद को जानेगो तो आप सभी युद्ध जीतोगे।
17. हवा के अनुरूप अपने को बहाओ और लकड़ी की तरह दृढ़ रहो, आग की तरह हमला करो, लेकिन पर्वत की तरह दृढ़ता बनाए रखो।
18. आपकी योजनाएँ रात के अँधेरे की तरह अभेद्य हों और जब आप आगे बढ़ रहे हों तो दुश्मन पर तूफान की तरह हावी हो जाएँ।
19. जब दुश्मन मजबूत हो तो उससे बचो, यदि उसका मनोबल काफी ऊँचा हो तो उसे हतोत्साह करो। दुश्मन की कमजोरी पर हमला करो, उसे चौंकाते रहो।

20. सभी युद्ध छल पर आधारित होते हैं, इसलिए जब हमला करने के काबिल हो तो उसे अहसास दिलाओ कि हमला नहीं कर सकते; जब अपनी फौज का इस्तेमाल करना है, तब हमें शांत और निष्क्रिय दिखना होगा; जब हम दुश्मन के नजदीक पहुँच चुके हों, तब हमें दुश्मन को यह अहसास दिलाना होगा कि हम काफी दूर हैं और जब हम काफी दूर हों तो हमें दुश्मन को बताना होगा कि हम उनके काफी नजदीक हैं।
21. ऐसी कोई भी मिसाल नहीं है, जब युद्ध लंबा खींचने से किसी देश को फायदा हुआ हो।
22. सबसे बड़ी विजय वही है, जिसमें युद्ध की जरूरत नहीं पड़े।
23. अपने सैनिकों से अपने प्रिय बेटों की तरह बरताव करो और तब वे आपके साथ सबसे गहरी घाटी तक जाएँगे।
24. जब आप दुश्मन को घेर लेते हो तो उसे निकलने का एक रास्ता छोड़ दो। एक हताश दुश्मन पर हद से अधिक दबाव नहीं डालो।

□

7

शी के सत्ता सँभालने के बाद पाँच बार घुसपैठ

वास्तव में मई 2014 में प्रधानमंत्री नरेंद्र मोदी के सत्ता सँभालने के पहले से 2013 के शुरू में शी चिन फिंग द्वारा सत्ता पर पकड़ मजबूत करने के बाद चीन ने भारत-चीन वास्तविक नियंत्रण रेखा पर सैन्य घुसपैठ का सिलसिला शुरू कर दिया था, जो 2020-21 तक कुल पाँच बार कहा जा सकता है। इसलिए यह नहीं कहा जा सकता कि अगस्त 2019 में जम्मू-कश्मीर को लेकर धारा-370 को निरस्त करने और लद्दाख को केंद्रशासित प्रदेश घोषित कर भारत का नया मानचित्र जारी करने से चीन ने बौखलाकर भारत को दंडित करने के इरादे से पूर्वी लद्दाख के सीमांत इलाकों में सैन्य अतिक्रमण किया। मई 2020 में चीन ने अतिक्रमण की जो काररवाई की, उसका सिलसिला 2013 से ही शुरू हो गया था, लेकिन पहले चार अतिक्रमणों में वह अधिक कामयाब नहीं हो सका, इसलिए ताजा अतिक्रमण के लिए चीनी रणनीतिज्ञों ने पीछे न हटने के इरादे से गहन साजिश रची।

अगस्त 2019 में जम्मू-कश्मीर और लद्दाख के संवैधानिक दर्जा को लेकर जो बदलाव किया गया और उसके बाद संसद् में गृहमंत्री अमित शाह ने अक्साई चिन को हासिल करने के लिए मरते दम तक प्रयास करते रहने का जो संकल्प जाहिर किया, वह चीन के लिए भारत के खिलाफ काररवाई करने का एक बहाना था। हालाँकि ऐसा चीन के किसी सार्वजनिक बयान में नहीं कहा गया, लेकिन चीन ने भारत के कदम का विरोध जरूर किया था। चीन की इस बारे में नाराजगी पर सफाई देने के लिए खुद भारतीय विदेश मंत्री एस. जयशंकर ने चीनी विदेश मंत्री से बात की थी।

भारत को नीचा दिखाने की रणनीति

लेकिन शी चिन फिंग का चीन तो भारत को नीचा दिखाने की एक लंबी रणनीति के तहत 2013 से ही काम कर रहा था, जिसने 2020–21 के दौरान पूर्वी लद्दाख के कोई पाँच स्थानों पर घुसपैठ कर भारत–चीन के रिश्तों में नया मोड़ लाया। चीनी सेना की यह घुसपैठ डेढ़ साल से अधिक चली है। इसमें से पैंगोंग झील के उत्तरी और दक्षिणी किनारे की चोटियों से तो दोनों सेनाएँ फरवरी 2021 में पीछे हट गईं, लेकिन बाकी तीन स्थानों पर डटी रहीं। चीनी सेना ने 2013 में देपसांग व दौलतबेग ओल्दी, 2014 में चुमार, 2015 में देपसांग के निकट बुर्त्से में घुसपैठ की थी। इसके बाद 2017 में डोकलाम में 72 दिनों तक चली घुसपैठ को खत्म करवाने में मिली कामयाबी के बाद भारत को लगा कि चीनी सेना अब भविष्य में ऐसा दुस्साहस कर भारत के साथ शांति व स्थिरता को भंग नहीं करेगी। पिछली घुसपैठों के दौरान चीनी सेना को भारत के गहन सैन्य और राजनयिक दबाव की वजह से पीछे जाना पड़ा था। 2017 के जून में भूटान के डोकलाम इलाके में घुसपैठ कर चीनी सेना ने जब अनधिकृत तौर पर सड़क बनानी शुरू की तो भारत ने इसका तीव्र विरोध किया। यह गतिरोध 72 दिनों तक चला और अंततः चीनी सेना को सड़क बनाने का काम रोकना पड़ा, लेकिन चीनी सेना ने टकराव के इलाके के पीछे अपनी मजबूत सैन्य मौजूदगी बना ली।

चीन ने सहमति तोड़ी

भारत और चीन के बीच 3,488 किमी. लंबी वास्तविक नियंत्रण रेखा निर्धारित नहीं है। 1962 में चीन की सेना, जहाँ तक पीछे चली गई थी, उसे सीजफायर लाइन कहते रहे हैं, लेकिन सीमा विवाद हल करने की कोशिश और प्रक्रिया को तेज करने के लिए दोनों देशों में यह सहमति 1993 में ही हुई थी कि जिस देश की सेना जहाँ तक तैनात है, उसे वास्तविक नियंत्रण रेखा माना जाएगा और इसका दोनों पक्ष सम्मान करेंगे तथा शांति व स्थिरता बनाए रखने के लिए इसका अतिक्रमण नहीं करेंगे।

लेकिन शी चिन फिंग के सत्ता सँभालने के बाद चीनी सेना ने पाँच बार इस सहमति का उल्लंघन किया। आखिर चीनी राजनीतिक नेतृत्व ने यह सहमति तोड़ने की अनुमति क्यों दी? क्या चीनी राष्ट्रपति भारत के साथ शांति भंग कर भारतीय इलाके में अतिक्रमण कर उस पर कब्जा करने का एक तय एजेंडा लेकर सत्ता में विराजमान हुए थे? क्या वह सोचते थे कि चीन की प्राचीन अवधारणाओं के अनुरूप

पड़ोसी देशों से लगनेवाली अपनी सीमाओं का विस्तार करने का सही वक्त आ गया है ? शी चिन फिंग ने न केवल भारत-चीन सीमा को छेड़ा, बल्कि दक्षिण चीन सागर के इलाके में भी काल्पनिक नाइन-डैश रेखा खींची और इंडोनेशिया के सुदूर नातुना समुद्री इलाके को भी इसमें शामिल करते हुए अपने सागरीय इलाके के बारे में दावा स्थापित किया। इसके अलावा जापान, वियतनाम, फिलिपींस, ब्रुनेई जैसे चीन के निकट के समुद्री इलाके से लगनेवाले तटीय देशों के सागरीय इलाके पर अपना अधिकार जताना शुरू किया। इसी वजह से चीन ने भारत सहित सभी पड़ोसी देशों के साथ पंगा मोल लिया और अपनी सैनिक और आर्थिक ताकत के बल पर 'जिसकी लाठी, उसकी भैंस' की कहावत को चरितार्थ करने की कोशिश कर रहा है।

बहरहाल, जहाँ तक भारत के साथ सीमांत इलाकों में विवाद खड़ा करने का सवाल है, शी चिन फिंग ने सत्ता सँभालने के बाद कुल पाँच बार भारतीय इलाके में अतिक्रमण कर भारत के साथ अप्रत्याशित सैन्य तनाव पैदा किया है और राजनयिक रिश्तों में कड़वाहट पैदा की है। 2017 में डोकलाम के अतिक्रमण को समाप्त करने के समझौते के बाद भारतीय राजनीतिक नेतृत्व ने चीन के साथ रिश्ते सामान्य करने की असाधारण कोशिश की। वास्तव में सत्ता सँभालने के पहले साल में ही चीन के साथ रिश्तों को सर्वोच्च प्राथमिकता देते हुए प्रधानमंत्री नरेंद्र मोदी ने चीन के राष्ट्रपति शी चिन फिंग को सितंबर 2014 में अपने गृह प्रदेश अहमदाबाद में आमंत्रित कर अभूतपूर्व आवभगत की, लेकिन इसी दौरान चीन की सेना ने लद्दाख के चुमार इलाके में अतिक्रमण किया, जिसे चीन ने तब वापस लिया, जब खुद प्रधानमंत्री मोदी ने चीनी राष्ट्रपति से इस मसले को उठाया, लेकिन चीन अपनी हरकतें करने से बाज नहीं आया और 2017 में डोकलाम के इलाके में भारत को फिर सैन्य चुनौती दी।

रिश्ते मधुर बनाने की भारत की कोशिश

डोकलाम अतिक्रमण को नजरअंदाज करते हुए चीन के साथ दो टूक वार्त्ता करने के इरादे से ही प्रधानमंत्री नरेंद्र मोदी ने चीन के साथ रिश्ते मधुर बनाने के लिए राष्ट्रपति शी चिन फिंग के साथ अनौपचारिक बातचीत का सिलसिला शुरू किया। चीन के ऊहान शहर में 27-28 अप्रैल, 2018 को प्रधानमंत्री नरेंद्र मोदी ने राष्ट्रपति शी चिन फिंग के साथ अनौपचारिक शिखर बैठक की, फिर अगले साल 11-12 अक्तूबर, 2019 को चीनी राष्ट्रपति शी चिन फिंग को चेन्नै के निकट मामल्लापुरम में आमंत्रित किया, लेकिन चीनी नेता शी चिन फिंग के मन में कुछ और चल रहा

था। शी ने समरनीति के राष्ट्रीय गुरु जनरल सुन चू की सोच के अनुरूप भारत को फिर भुलावे में रखा और जहाँ एक ओर भारतीय नेताओं के साथ मीठी बातों का सिलसिला जारी रखते हुए व्यापार (कुल 90 अरब डॉलर—भारत को निर्यात 68 अरब डॉलर और आयात 22 अरब डॉलर) को अपनी ओर एकपक्षीय झुकाया, लेकिन भारतीय निर्यात को आसान बनाने के लिए कोई रियायत नहीं दी, वहीं दूसरी ओर भारतीय इलाकों में बढ़त हासिल करने के लिए सैन्य साजिशें रचीं।

इस बीच चीन ने आतंकवाद के मसले पर संयुक्त राष्ट्र सुरक्षा परिषद् में भारत के खिलाफ पाकिस्तानी आतंकवादी मसूद अजहर का दामन बचानेवाला कड़ा रुख अपनाया और 48 देशों वाले 'न्यूक्लियर सप्लायर्स ग्रुप' (एन.एस.जी.) में भारत की सदस्यता में अड़चन बना रहा। इसके बाद चीन ने दुश्मनी निभानेवाला वह कदम उठाया, जिसने भारत और चीन के बीच विश्वास इस हद तक तोड़ा कि दोनों देशों के बीच रिश्तों को पटरी पर लाने में फिर बीसियों साल लग सकते हैं, जैसे कि 1962 के युद्ध के बाद रिश्ते सामान्य होने में तीन से चार दशक लग गए।

1962 के युद्ध की तरह ही रिश्तों पर भारी आँच डालते हुए चीन ने 2020 में रिश्तों में गहरा अविश्वास पैदा करनेवाले कई कदम उठाए। चीन ने अप्रैल 2020 में पूर्वी लद्दाख के पाँच स्थानों पर एक साथ घुसपैठ की तैयारी कर भारतीय सैन्य और राजनीतिक नेतृत्व को भारी सदमा पहुँचाया। चीन के इस कदम से यह अहसास हुआ कि चीन मुँह में राम और बगल में छुरी रखकर पीठ में घोंपनेवाले कदम उठाने की तैयारी कर रहा था। डोकलाम के पहले हुई तीन घुसपैठ दो से तीन सप्ताहों के भीतर हल कर ली गई थीं, लेकिन 2017 के मध्य जून से सितंबर तक डोकलाम के इलाके में चली 72 दिन तक सैन्य तनातनी भी युद्ध के कगार पर पहुँच गई थी। चीनी सत्तारूढ़ पार्टी ने अपने मुखपत्र 'ग्लोबल टाइम्स' के जरिए कई तरह की प्रत्यक्ष और अप्रत्यक्ष दिल दहला देनेवाली धमकियाँ भारतीय नेतृत्व को दीं, लेकिन भारतीय राजनीतिक और सैन्य नेतृत्व ने अपना दृढ़ राष्ट्रीय संकल्प दिखाया और चीन की बंदर घुड़कियों के आगे झुके नहीं।

शी की सेना ने घुसपैठ का सिलसिला शुरू किया

शी चिन फिंग के सत्ता सँभालने के कुछ महीनों के भीतर ही चीनी सेना ने 15 अप्रैल, 2013 को दौलतबेग ओल्दी के इलाके में अपने सैनिकों को 20 किमी. अंदर भेजकर वहाँ डेरा जमा लिया था। भारत और तिब्बत से होकर जानेवाले व्यापारिक मार्ग पर एक प्रमुख पड़ाव के तौर पर दौलतबेग ओल्दी भारत और चीन

के यात्रियों के लिए ऐतिहासिक विश्राम स्थल रहा है। दौलत बेग ओल्दी लद्दाख को चीन के उइगुर विद्रोही मुसलमानों वाले शिन्च्यांग इलाके के तारिम बेसिन को जोड़ता है। आजादी के बाद से दौलतबेग ओल्दी भारतीय सेना के लिए एक अहम सैनिक अड्डा रहा है, लेकिन चूँकि दौलतबेग ओल्दी का विशाल इलाका नाबाद रहता है, इसलिए चीनी सेना ने इसका फायदा उठाकर वहाँ अपने सैन्य तंबू गाड़ दिए। भारतीय सेना की गश्ती टीम ने जब इन्हें देखा तो इन पर एतराज जाहिर किया, लेकिन चीनी सेना ने हेंकड़ी दिखाते हुए वहाँ से वापस जाने से इनकार कर दिया। चीनी सेना को वह इलाका छोड़ने के लिए मजबूर करने के इरादे से भारत ने उस इलाके में भारत-तिब्बत सीमा पुलिस (आई.टी.बी.पी.) के जवानों को भेजा।

भारतीय सैनिकों की इस चुनौती के बावजूद चीनी सेना पीछे हटने को तैयार नहीं हुई तो भारतीय सैनिकों ने भी चीनी सैन्य शिविर से मात्र 300 मीटर दूर अपने तंबू गाड़ दिए। चीन कहता रहा कि उसके सैनिक वास्तविक नियंत्रण रेखा के पीछे चीनी इलाके में हैं तो भारत ने इसका प्रतिवाद किया और विवाद को दूर करने के लिए राजनयिक वार्त्ताओं का सिलसिला चला। तब पेइचिंग में भारत के राजदूत एस. जयशंकर (मौजूदा विदेश मंत्री) चीनी विदेश मंत्रालय के दफ्तर दो बार गए और इसके बाद दोनों सेनाओं के बीच कई ध्वज बैठकें हुईं। अंततः तीन सप्ताह तक चली वार्त्ताओं के बाद चीनी सेना पीछे गई और इसका हल निकला।

दौलतबेग ओल्दी से चीनी सेना के पीछे हटने के कुछ घंटे बाद ही चीनी सेना द्वारा लद्दाख के चुमार इलाके में घुसने की रिपोर्टें मिलीं। इस बार स्थानीय सैन्य गश्त दल ने रिपोर्ट दी कि 'चीनी जनमुक्ति सेना' (पी.एल.ए.) के करीब तीन सौ सैनिक चुमार इलाके में तंबू डाले हुए हैं। इसके पहले चीनी सेना ने वहाँ भारतीय सेना द्वारा डाली गई टिन शेड को लेकर एतराज किया था। चीनी सेना ने दावा किया कि पिछली सैन्य तनातनी को खत्म करने के लिए जो सहमति हुई थी, उसके अनुरूप भारतीय सेना को टिन शेड को हटाना होगा, क्योंकि चीनी सैनिकों का कहना था कि भारत ने वहाँ बंकर बनाए हैं।

चुमार जम्मू-कश्मीर के लद्दाख इलाके में अंतिम गाँव है, जो हिमाचल प्रदेश के सीमांत इलाके में पड़ता है। चुमार को लेकर चीन पहले भी अपना होने का दावा करता रहा है। इस इलाके पर अपना अधिकार जताने के लिए चीनी सेना अपने हेलीकॉप्टर भेजकर टोह लेती रही है और अपना दावा पुख्ता करती रही है; लेकिन पहली बार चीनी सेना ने चुमार की जमीन पर अपने सैनिकों से वहाँ टेंट लगवा लिये।

दबाव के बाद चीनी सेना पीछे हटी

इस मसले को सुलझाने के लिए एक बार फिर भारत और चीन के बीच राजनयिक रस्साकशी शुरू हुई। वहाँ यथास्थिति बहाल करने के लिए तब चीन में भारतीय राजदूत एस. जयशंकर ने फिर अहम भूमिका निभाई। चीन के प्रधानमंत्री ली ख छ्यांग को 19 मई, 2013 को भारत दौरा करना था और तब चीन पर भारतीय राजनयिक दबाव कामयाब हुआ, क्योंकि चीन अपने प्रधानमंत्री के भारत दौरे पर आँच नहीं आने देना चाहता था। वहाँ चीनी सैनिकों ने पाँच मई को अपने तंबू हटा लिये और फिर भारतीय सैनिकों ने भी वहाँ से अपने टिन शेड तोड़ दिए। 6 मई को दोनों सेनाओं के स्थानीय अधिकारियों के बीच ध्वज बैठक हुई और 21 दिन बाद इस मसले को सुलझा लिया गया। चीनी सेना ने इस प्रस्ताव को मान लिया कि पहले की तरह भारतीय सेना वहाँ गश्त करती रहेगी।

डेमचाक, सितंबर 2014

इसके बाद सितंबर 2014 में फिर भारत और चीन के सैनिक लद्दाख के डेमचाक इलाके में आमने-सामने हुए। रोचक बात यह है कि उसी दौरान चीनी राष्ट्रपति शी चिन फिंग के साथ प्रधानमंत्री मोदी अहमदाबाद में झूला झूल रहे थे। घुसपैठ का यह इलाका चुमार इलाके में ही पड़ता है। इस इलाके में चीनी सैनिकों की घुसपैठ से दोनों देशों के बीच नए सिरे से सैन्य तनातनी पैदा हुई। भारतीय गश्त सैनिकों ने एक दिन अचानक देखा कि चीनी सेना ने वहाँ भारतीय इलाके में सड़क बनाने के लिए हेवी मशीनरी पहुँचाई है। गश्त कर रही भारतीय सेना द्वारा इस पर एतराज करने पर जब चीनी सेना नहीं मानी तो भारतीय सेना ने वहाँ चीनी सैनिक जमावड़े के ठीक सामने अपने तंबू गाड़ दिए। 2011 की भारतीय जनगणना के मुताबिक, डेमचाक इलाके में 31 घर थे, जिसमें 78 लोगों की रिहाइश थी। इस इलाके के लोगों की भारत के साथ प्रतिबद्धता दिखाने के बावजूद चीन ने दावा किया कि डेमचाक का इलाका चीन के स्वशासी तिब्बत क्षेत्र के तहत आता है।

रोचक बात यह है कि डेमचाक को लेकर विवाद तब पैदा हुआ, जब चीन के राष्ट्रपति शी चिन फिंग सितंबर 2014 के मध्य में भारत दौरे पर थे और अहमदबाद में झूला झूलते हुए प्रधानमंत्री नरेंद्र मोदी की मेजबानी का आनंद ले रहे थे। डेमचाक में सैन्य तनातनी चल रही थी, तब भारत और चीन आपसी दोस्ताना रिश्तों को और गहराई देने के लिए 18 समझौतों पर हस्ताक्षर कर रहे थे। बताया जाता है कि इसी दौरान जब प्रधानमंत्री मोदी ने शी चिन फिंग का ध्यान डेमचाक सैन्य तनातनी की

ओर दिलाया तो वह झेंप गए और पीपल्स लिबरेशन आर्मी से अपने जवानों को वह इलाका छोड़ देने के लिए कहा; हालाँकि इसके एक सप्ताह बाद ही चीनी सेना ने वहाँ से अपने कदम पीछे किए। इसके लिए चीन के तत्कालीन विदेश मंत्री वांग ई के साथ भारत की तत्कालीन विदेश मंत्री सुषमा स्वराज ने संयुक्त राष्ट्र में न्यूयॉर्क में 26 सितंबर, 2014 को बातचीत की। अंततः चीनी सेना 10 सितंबर से पहले की स्थिति पर वापस गई।

बुर्त्से, 2015

हालाँकि 2014 के चुमार अतिक्रमण की तुलना में देपसांग के निकट बुर्त्से इलाके में चीनी सेना ने छोटी घुसपैठ की थी, लेकिन इस वजह से भी सितंबर 2015 के मध्य में भारतीय सेना तनाव में आ गई। उत्तरी लद्दाख के देपसांग मैदानी इलाके में बुर्त्से में चीनी सेना से तनातनी तब पैदा हुई, जब चीनी सेना द्वारा बुर्त्से में बनाए गए एक हट को भारतीय सेना द्वारा तोड़ दिया गया। चीनी सेना ने यह हट भारतीय सेना और भारतीय इलाके पर निगरानी रखने के इरादे से बनाई थी। चीनी सेना ने भारतीय सेना की इस काररवाई के बाद पीछे से और सैनिक बुला लिये, जिसके जवाब में भारतीय सेना ने भी और सैनिक भेजे। यह सैन्य तनातनी जमीनी स्तर पर ही स्थानीय कमांडर के स्तर पर बातचीत से खत्म की जा सकी। इस दौरान दोनों देशों के आला राजनयिक या राजनीतिक नेतृत्व के हस्तक्षेप की जरूरत नहीं पड़ी, लेकिन दोनों सेनाओं के बीच यह तनातनी एक सप्ताह तक चली।

डोकलाम, 2017

लेकिन चीनी सेना भारत-चीन सीमांत इलाकों में अपनी सैन्य स्थिति मजबूत करने पर आमादा थी और अपने विस्तारवादी रुख के अनुरूप उसने भूटान के डोकलाम इलाके से होकर भारतीय इलाके तक सड़क बनाने का काम शुरू किया, जिस पर भारत ने गंभीर एतराज किया और चीनी सेना को मनाने में 72 दिन लग गए। डोकलाम सहित तीन पॉकेटों से चीनी सैनिकों को वापस जाने के लिए समझाने के इरादे से 24 दौर की वार्त्ताएँ करनी पड़ीं।

चूँकि डोकलाम का इलाका भूटान का है, इसलिए भूटान की सेना ने पहले चीनी सेना से इसके इलाके से होकर सड़क बनाने का काम रोकने को कहा, लेकिन जब चीनी सेना ने कमजोर भूटानी सेना को झिड़क दिया तो उसने भारतीय सेना से आग्रह किया कि चीनी सेना से पीछे हटने और भूटान का इलाका छोड़ने को कहे।

इस तरह भूटान की सेना के आग्रह पर जब भारतीय सेना ने चीनी सेना को चुनौती दी तो चीन ने फिर अपनी हेंकड़ी दिखाई और वहाँ डटे रहने की जिद पर अड़ा रहा। इसका नतीजा यह हुआ कि भारत और चीन के सैनिक एक-दूसरे की आँख-से-आँख मिलाते हुए आमने-सामने की स्थिति में तैनात हुए। इसकी वीडियो तसवीर तब काफी प्रचलित हुई थी। दोनों देशों के सैनिक एक-दूसरे के ठीक 150 मीटर की दूरी पर तैनात हो गए थे। इस सैन्य तनातनी के शुरू होने के एक महीना बाद भारत के राष्ट्रीय सुरक्षा सलाहकर अजीत डोभाल जुलाई महीने में चीन की राजधानी पेइचिंग दौरे पर गए और डोकलाम में चीनी सैन्य इरादों पर चर्चा की। बताया जाता है कि चीन के विदेश मंत्री वांग ई ने जब अजीत डोभाल से कहा कि क्या डोकलाम का इलाका भारत का है, जो भारत इसे लेकर इतना परेशान है? तो अजीत डोभाल ने पलटकर जवाब दिया कि क्या वह इलाका चीन का है, जो चीन उस इलाके से होकर सड़क बनाना चाहता है? तो चीनी विदेश मंत्री मौन रह गए, क्योंकि उन्हें कोई जवाब देते नहीं बना। इस दौरान भी चीन पर भारतीय राजनयिक दबाव कामयाब हुआ और चीन को उस इलाके में सड़क बनाने का काम रोकना पड़ा, लेकिन चीन ने भूटान के इलाके में अपनी सैन्य तैनाती बढ़ा दी। इस बार भी भारत को अंतरराष्ट्रीय राजनयिक समर्थन मिला, जिससे भारत का मनोबल बढ़ा।

अंतत: 72 दिनों की राजनयिक वार्त्ता और चीन पर भारतीय सैन्य दबाव की वजह से चीनी सेना 16 जून से पहले की स्थिति बहाल करने को तैयार हुई।

इस घुसपैठ को समाप्त करने के बाद चीन की हेंकड़ी देखकर हैरानी हुई। चीन के विदेश मंत्री वांग ई ने बाद में कहा कि चीन यह उम्मीद करता है कि भारत डोकलाम मसले से सबक लेगा। करीब ढ़ाई महीने तक चली इस घुसपैठ का सीधा जवाब देने से बचते हुए वांग ई ने नसीहत दी कि भारत ऐसी वारदात दोबारा नहीं होने देगा। चोरी और सीनाजोरी इसी को कहते हैं। वांग ई ने कहा कि भारत और चीन के रिश्तों में इस तरह की बातें होना स्वाभाविक है। उन्होंने कहा कि ऐसे मसलों का दीर्घकालीन हल निकालना होगा। वांग ई भारत को नीचा दिखाने के इरादे से यह कहना भी नहीं चूके कि वास्तव में भारत द्वारा अपने सैनिकों को पीछे ले जाने की वजह से ही मसला हल हो सका।

इस तरह 2013 के बाद से भारतीय इलाके में कई बार सैन्य अतिक्रमण का सिलसिला जारी रखकर चीन ने भारत के साथ परस्पर भरोसा पैदा करने की संधियों की धज्जियाँ उड़ाईं। नब्बे के दशक में, खासकर दोनों देशों के बीच विश्वास बढ़ानेवाली जो संधियाँ हुईं, शी के शासनकाल में उनकी चीनी नेताओं और सेना ने

घोर अवहेलना की। इसके मद्देनजर भारतीय सामरिक नीति-निर्माताओं को गहन मंथन करना होगा कि राष्ट्रपति शी पर भारी पड़ने के लिए भारत को कैसी घरेलू और विदेशी रणनीति अपनानी होगी? चीन के पिछले राष्ट्रपतियों च्यांग चमिन और हू चिन थाओ के शासनकाल में भारत और चीन के बीच रिश्तों में गरमाहट लाने के इरादे से कई साझा कदम उठाए गए, जिससे भारत और चीन के बीच आपसी व्यापार करीब सौ अरब डॉलर सालाना तक पहुँच गया है, लेकिन अब भारतीय नीति निर्माताओं को देखना होगा कि अपना कोई नुकसान किए बिना चीन की अर्थव्यवस्था पर किस तरह निर्भरता कम की जाए?

□

8

चीन की रणनीति : दो कदम आगे बढ़ो और एक कदम पीछे हटने की पेशकश करो

2020-21 के दौरान पूर्वी लद्दाख में सैन्य तनातनी को चरम पर पहुँचाने के दौरान भारत और चीन की सरकारों ने एक-दूसरे पर द्विपक्षीय संधियों (1993, 1996, 2003 और 2013) को तोड़ने और विदेश मंत्रियों की 10 सितंबर, 2020 को मॉस्को में हुई सहमतियों को भंग करने के आरोप लगाए। नई दिल्ली में विदेश मंत्रालय के प्रवक्ता और भारत स्थित चीनी राजदूत सुन वेई तुंग ने अपने बयानों में तनाव भड़काने के लिए एक-दूसरे के इलाकों में घुसपैठ को जिम्मेदार ठहराया, लेकिन चीनी राजदूत के आरोपों में चीन की ओर से की जा रही यह पेशकश दुहराई गई कि वह भारत के साथ आधे पर समझौता करने को तैयार है, जैसा कि चीन की रणनीति के बारे में पहले चर्चा की गई है, वह दो कदम आगे बढ़कर एक कदम पीछे हटने को सम्मानजनक समझौता की संज्ञा देता है। इसी के अनुरूप हमें नई दिल्ली में चीनी राजदूत के इस बयान को देखना होगा—we hope the Indian side meet the Chinese side half way, यानी चीन के कहने का यह मतलब है कि दोनों सेनाएँ आधे-आधे पर समझौता कर लें। चीनी सेना जिस इलाके में जितना आगे बढ़ी है, उससे आधा पीछे हटकर मामले को सुलझा सकती है। इसके व्यावहारिक मायने यह थे कि वह पैंगोंग त्सो झील के उत्तरी क्षेत्र में फिंगर-4 और फिंगर-8 के बीच के इलाकों में भारत से गश्त करने का अधिकार ले ले। पैंगोंग झील के दक्षिणी किनारे के इलाके में कैलाश रेंज की चोटियों के बदले फिंगर-4 से फिंगर-8 तक के करीब आठ किमी. के इलाकों पर सैन्य गश्त नहीं करने का 9 फरवरी, 2021 को समझौता करवाकर चीन ने अपना लक्ष्य काफी हद तक हासिल कर लिया।

चीनी हमले का भय दिखाओ

चीन के विदेश मंत्रालय के प्रवक्ता और चीनी राजदूत द्वारा भारत पर आरोप लगाने के पीछे यही मंशा छिपी दिखी कि भारत को चीनी सैन्य ताकत का भय दिखाया जाए और जिस इलाके में जहाँ तक अतिक्रमण किया है, वहाँ से कुछ पीछे, यानी आधे इलाके तक लौटने का समझौता करने पर मजबूर किया जाए।

पड़ोसी देशों के साथ विवादों को निबटाने की चीन की दीर्घकाल से यही रणनीति रही है। चीन के प्राचीन रणनीतिकार और विचारक सुन चू के सुझावों के मुताबिक ही चीनी राजदूत ने भारत से आधे पर समझौता कर लेने की पेशकश की, यानी चीन पहले किसी इलाके पर कब्जा करे और जब दूसरा पक्ष इस पर एतराज करे तो उस पर दबाव बनाने के लिए किसी और इलाके पर चीन कब्जा करे और फिर इसे इस शर्त पर खाली किया जाए कि वह पहले किए गए कब्जे को खाली नहीं करेगा।

चीन की रणनीति

चीन ने पूर्वी लद्दाख के पैंगोंग झील इलाके पर अपनी मौजूदगी इसी रणनीति से बनाई कि इस इलाके को खाली करने के दबाव को इस पेशकश से झेल सके कि वह कब्जे के बाकी इलाकों को छोड़ देगा। इसी रणनीति से चीन पहले पैंगोंग झील इलाके की फिंगर-4 तक की पर्वतीय चोटी पर बैठ गया, हालाँकि वह यहाँ से 8 किमी. दूर स्थित फिंगर-8 चोटी तक ही सीमित रहा है। भारतीय सैनिक 1962 के भारत-चीन युद्ध के बाद से फिंगर-8 तक गश्त करते रहे हैं, जबकि फिंगर-4 चोटी पर उनका शिविर रहा है। फिंगर-4 से फिंगर-8 की दूरी आठ किमी. है, हालाँकि यह इलाका पथरीला और बंजर है तथा यहाँ कोई आबादी नहीं रह सकती, लेकिन इस इलाके की सामरिक अहमियत हाल में इसलिए बढ़ गई है कि इस इलाके में भारत ने 255 किमी. लंबी श्योक दौलतबेग ओल्दी (डी.बी.ओ.) सड़क बनाई है। इस दुर्गम इलाके में सड़क का निर्माण गत 20 सालों से भारत का सीमा सड़क संगठन (बी.आर.ओ.) कर रहा था और इसके बन जाने से भारत को यह सामरिक लाभ मिलेगा कि इस डीबीओ मार्ग की बदौलत भारतीय सेना चीन के कराकोरम राजमार्ग पर निगाह रख सकती है, जो कराकोरम से दस किमी. पहले खत्म होता है और यहाँ से इस राजमार्ग को निशाना भी बनाया जा सकता है। चीन की चिंतित नजर इस डी.बी.ओ. मार्ग पर इसलिए और गहरी हो गई थी कि यहाँ के पास से ही पाकिस्तान अधिकृत कश्मीर के भीतर गिलगिट-बाल्टिस्तान वाले इलाके से चीन-

पाक आर्थिक गलियारा (सी.पी.ई.सी.) गुजरता है, जिसे भी इस मार्ग से बाधित किया जा सकता है।

भारतीय सैन्य हलकों में सही कहा गया कि चीन ने पैंगोंग त्सो झील इलाके पर कब्जा जमाने के लिए ही गलवान घाटी, हाट स्प्रिंग और देपसांग इलाके में अपनी सैन्य बढ़त कर भारतीय इलाके में अतिक्रमण किया था। दोनों देशों के सैन्य कमांडरों के बीच जब लंबी सौदेबाजी हुई तो भारतीय पक्ष ने किसी भी भारतीय इलाके पर चीनी आधिपत्य को स्वीकार करने से मना कर दिया। 22 जून, 2020 को भारतीय बयान में कहा गया कि दोनों पक्ष टकराव के इलाकों से सैन्य तनातनी दूर करने को सहमत हो गए हैं। इसी सहमति के अनुरूप रिपोर्ट मिली कि चीनी सैनिक एक-दो किमी. पीछे हटे हैं, लेकिन पैंगोंग त्सो झील को छोड़ने की बात तो दूर, चीनी सेना वहाँ अपना सैन्य जमावड़ा बढ़ाते ही दिखी। चीन ने फिंगर-4 से फिंगर-8 चोटी के बीच बंकर और अन्य स्थायी ढाँचागत सुविधाएँ बना लीं, जहाँ सैनिक दिन-रात अपने कब्जे के इलाके की चौकसी और रक्षा करने लगे, जिसे फरवरी 2021 के शुरू में हुए समझौते के बाद ही चीनी सेना ने ध्वस्त किया।

नाक का सवाल

चीनी रणनीतिकारों को भारतीय बयानों से यह इशारा मिला कि भारत संघर्ष टालना चाहता है, इसलिए लड़ाई का तेवर दिखाकर चीनी सेना ने तेजी से हाल में कब्जा किए उन इलाकों पर सैन्य ढाँचे बना लिये, जिसे हटाना अब उनकी नाक का सवाल बन गया था। चीन की इस कुटिल रणनीति ने भारत पर दबाव बढ़ा दिया, लेकिन भारत के लिए भी यह नाक का सवाल बना रहा कि चीन से 5 मई, 2020 के पहले की यथास्थिति बहाल करवाए। चीन बाकी इलाकों देपसांग, गलवान और हॉट स्प्रिंग के अतिक्रमण वाले इलाकों के साथ पैंगोंग त्सो झील के इलाके पर अपना सैन्य प्रभुत्व बनाए रखना चाहता था, लेकिन 29-30 अगस्त, 2020 की रात को भारतीय सेना ने कैलाश रेंज की चोटियों पर अचानक रातोरात कब्जा कर चीन के मंसूबों पर पानी फेर दिया। भारत के रणनीतिकारों की यह अग्निपरीक्षा साबित हुई कि वे किस तरह पैंगोंग त्सो झील इलाके से चीनी सेना को वापस जाने को मजबूर करें? नवंबर से मार्च तक के बर्फीले महीनों में तैनात रहकर भारतीय सेना अग्निपरीक्षा में खरी तो उतरी, लेकिन भारत को इसकी भारी कीमत चुकानी पड़ी। एक अनुमान के मुताबिक पूर्वी लद्दाख की बर्फीली चोटियों पर 50 हजार से अधिक सैनिकों को तैनात करने में रोजाना एक से डेढ़ सौ करोड़ रुपए खर्च हो रहे

थे, यानी 5 मई, 2020 के बाद एक साल से अधिक तक की तैनाती के दौरान भारत को करीब 50 हजार करोड़ रुपए से अधिक खर्च करने पड़े होंगे।

इन इलाकों पर भारत से चीन का कब्जा मनवाने की कोशिश चीन द्वारा 1962 का वह इतिहास दुहराने की कोशिश थी, जब चीनी सेना ने लद्दाख के अक्साई चिन इलाके पर चुपचाप अपना कब्जा जमाते हुए कराकोरम राजमार्ग बना लिया। भारत ने साफ कर दिया कि पैंगोंग त्सो झील के फिंगर-4 से फिंगर-8 के इलाके पर चीन का कब्जा जब तक बना रहता है, तब तक भारत को कोई भी समझौता मान्य नहीं हो सकता। अंततः 9 फरवरी, 2021 के समझौते के बाद चीन को झुकना पड़ा और उन इलाकों से अपनी सैन्य ढाँचागत सुविधाएँ हटाकर पीछे जाना पड़ा, हालाँकि चीन के नजरिए से अनुकूल बात यह हुई कि फिंगर-4 से फिंगर-8 तक के इलाकों पर भारत ने चौकसी का अधिकार छोड़ दिया।

□

9

जब चीन के पाँवों तले जमीन खिसकी

सुन चू के बताए सामरिक रास्ते पर चलनेवाले चीनी समर नीति विशेषज्ञों ने यह कल्पना नहीं की थी कि भारतीय सेना भी चीनी सेना को समुचित मुँहतोड़ जवाब देने की तैयारी कर रही है, जो चीनी सेना के पाँवों तले जमीन खिसका देगी। पैंगोंग त्सो झील के दक्षिणी किनारे की कैलाश रेंज की चोटियों पर कब्जा करने के लिए भारतीय सेना ने अपनी स्पेशल फ्रंटियर फोर्स की उस बटालियन को चुना, जिसमें तिब्बती और गुरखा जवान भरती किए गए थे।

29–30 अगस्त, 2020 की रात को पूर्वी लद्दाख के पैंगोग झील इलाके के दक्षिणी छोर की कैलाश रेंज की काला टॉप, हेलमेट टॉप, रछिन ला आदि पर्वतीय चोटियों पर रातोरात कब्जा जमानेवाले जाँबाज तिब्बती और गुरखा ज़वान भारतीय सेना की स्पेशल फ्रंटियर फोर्स के थे, जिसे 'विकास बटालियन' कहा जाता है। स्पेशल फ्रंटियर फोर्स को भारत की गुप्तचर एजेंसी रिसर्च ऐंड एनालिसिस विंग (रॉ) का अंग माना जाता है, लेकिन जब यह सैन्य काररवाई के लिए तैनात होता है तो इसे सेना के ऑपरेशनल कमांड में रहना होता है।

पैंगोंग झील के दक्षिणी छोर की चोटियों के इलाके में चीनी सेना को आगे बढ़ने से रोकने की साहसी काररवाई करनेवाली इस बटालियन की स्थापना 1962 के युद्ध के दौरान प्रधानमंत्री जवाहरलाल नेहरू ने तब के खुफिया ब्यूरो (आई.बी.) प्रमुख भोलानाथ मलिक की सलाह पर की थी। इस बटालियन में तिब्बती युवाओं को भरती करने की सिफारिश की गई थी, ताकि वे तिब्बत के भीतर छापामार और खुफिया गुप्तचर की भूमिका निभा सकें, लेकिन बाद में इस बटालियन में गुरखा जवानों को भी भरती किया जाने लगा। शुरू से ही इस फोर्स को खुफिया ब्यूरो और बाद में रिसर्च ऐंड एनालिसिस विंग के अधीन रखा गया।

सबसे घातक कमांडो

दुश्मन सेना पर बंदरों की तरह कूदकर हमला करने में माहिर इस बटालियन के जवान पर्वतीय और जंगल युद्ध के लिए प्रशिक्षित किए जाते हैं और इन्हें ऐसे इलाकों में ही तैनात किया जाता है। फिलहाल इनका मुख्यालय उत्तराखंड के चकराता सैन्य अड्डे पर है, जहाँ से इस बटालियन को खासकर पूर्वी लद्दाख में चीनी सैनिकों से मुकाबले के लिए भेजा गया था। इस बटालियन के जवान भारतीय सेना के सबसे घातक कमांडो के तौर पर जाने जाते हैं और इन्हें विशेष गोपनीय भूमिका में भी तैनात किया जाता है। इस बटालियन में महिला सैनिकों को भी भरती किया जाता है, जिन्हें विशेष भूमिका दी जाती है। स्पेशल फ्रंटियर फोर्स के जवानों ने 1971 के भारत–पाकिस्तान युद्ध के बाद 1999 के करगिल युद्ध में भी अपने शौर्य का प्रदर्शन किया था।

शुरू में स्पेशल फ्रंटियर फोर्स की इस बटालियन का नाम 'इस्टैब्लिशमेंट–22' रखा गया था, लेकिन बाद में इसे 'विकास बटालियन' कहा जाने लगा। 'इस्टैब्लिशमेंट–22' का नाम इसलिए दिया गया था कि इसे खड़ा करने की जिम्मेदारी 22–माउंटेन रेजिमेंट के कमांडर मेजर जनरल सुजान सिंह उबन को सौंपी गई थी। इसलिए उन्होंने इस नई गुप्तचर लड़ाकू इकाई का नाम अपनी रेजीमेंट के नाम पर रखा। इस फोर्स में वे तिब्बती जवान भरती किए गए, जो तिब्बत में चीन के शासन के खिलाफ विद्रोह कर रहे थे। इन खंपा विद्रोहियों को स्पेशल फोर्स में भरती करने के लिए भारतीय खुफिया ब्यूरो द्वारा तिब्बती विद्रोहियों के नेता चुशी गांगद्रुक से संपर्क किया गया था। गौरतलब है कि पचास के दशक में तिब्बतियों को चीनियों के खिलाफ गुरिल्ला युद्ध में ट्रेनिंग देने के लिए अमेरिकी खुफिया एजेंसी सी.आई.ए. ने भारतीय इंटेलीजेंस ब्यूरो के साथ मिलकर नेपाल के मुस्तांग इलाके में अपना गोपनीय अड्डा बनाया था। मुस्तांग के विद्रोहियों ने ही ल्हासा में 1959 में तिब्बत विद्रोह के बाद 14वें दलाई लामा को भारत लाने में कामयाबी पाई थी। इसी सहयोग का नतीजा है कि बाद में तिब्बती विद्रोहियों को साथ लेकर स्पेशल फ्रंटियर फोर्स खड़ा करने की प्रेरणा तब के खुफिया प्रमुख बी.एन. मलिक में पैदा हुई।

स्पेशल फ्रंटियर फोर्स को, हालाँकि थलसेना की ऑपरेशनल भूमिका में सेवारत रखा गया है, लेकिन इसका प्रशासन कैबिनेट सचिवालय, जो कि प्रधानमंत्री कार्यालय से निर्देशित होता है, द्वारा किया जाता है। इसकी कमान इंस्पेक्टर जनरल रैंक के अफसर को सौंपी जाती है। यह पद थलसेना के मेजर जनरल रैंक के अधिकारी को दिया जाता है। इस फोर्स की करीब दस बटालियनें, यानी करीब दस

हजार सैनिक हैं। इस फोर्स के जवानों को किसी भी घटनास्थल पर आपात स्थिति में तैनात करने के लिए अपना गल्फस्ट्रीम विमान, मालवाही हेलीकॉप्टर, टोही हेलीकॉप्टर और इजराइल से आयातित टोही विमान सर्चर और हेरोन के अलावा भारत में विकसित रुस्तम टोही विमान भी सौंपे गए हैं। इस कमांडो फोर्स के जवानों को दुनिया के आधुनिकतम संहारक अमेरिकी सब मशीनगन एम-1, एम-2 और एम-3 से लैस किया गया है।

स्पेशल फ्रंटियर फोर्स को कई गोपनीय और खुली सैन्य काररवाई में तैनात किया गया है। इसमें 1971 के भारत-पाक युद्ध, अमृतसर में स्वर्ण मंदिर के ऑपरेशन ब्लू स्टार, करगिल युद्ध और प्रतिविद्रोही काररवाई में तैनात किया गया। 1971 के युद्ध में इन्हें तब के पूर्व पाकिस्तान में चटगाँव में पाकिस्तानी सेना को तबाह करने के लिए भेजा गया था। 1971 के युद्ध में स्पेशल फ्रंटियर फोर्स के तीन हजार जवान तैनात किए गए थे। 1971 के युद्ध में बांग्लादेश के इलाके में स्पेशल फ्रंटियर फोर्स के जवानों की उल्लेखनीय भूमिका रही है।

तिब्बती युवा आधुनिक भारतीय सेना के हिस्सा रहे हैं, इसलिए आजादी के बाद भी भारतीय सेना में इनकी भरती जारी रखी गई, लेकिन बाद में तिब्बती युवकों की कमी होने की वजह से इनके साथ गुरखा युवाओं को भी भरती किया जाने लगा। इस बटालियन की स्थापना चकराता में इसलिए की गई थी कि वहाँ भारी संख्या में तिब्बती शरणार्थी आबादी रहती है। चकराता एक पर्वतीय शहर है, जहाँ के तिब्बती युवक बर्फीले पर्वतों की कठिनाई भरी जिंदगी के आदी होते हैं। इसलिए इन तिब्बती युवकों को लेकर भारतीय थलसेना की सबसे खूँखार यूनिट के तौर पर खड़ा किया गया है। 'विकास बटालियन' के जवानों को हवाई छाताधारी कमांडो की विशेष ट्रेनिंग दी जाती है, जो जरूरत पड़ने पर किसी घटनास्थल पर विमानों से हवाई छतरी से उतारे जाते हैं।

तिब्बत कार्ड

भारतीय सेना द्वारा खड़ा किया गया सैन्य बल, स्पेशल फ्रंटियर फोर्स के तिब्बती जवान कंपनी लीडर न्येमा तेंजिन की लद्दाख के सीमांत इलाकों में 29-30 अगस्त, 2020 की रात को गश्त करने के दौरान जब बारूदी सुरंग फटने से मौत हुई, तब इसके अंतिम संस्कार के दौरान भारत ने चीन को एक बड़ा संदेश दिया। सत्तारूढ़ भारतीय जनता पार्टी के वरिष्ठ नेता और सांसद राम माधव को 7 सितंबर, 2020 को तेंजिन के अंतिम संस्कार के दौरान मौजूद रहने के लिए भेजकर

भारत सरकार ने चीन को यह चिढ़ानेवाला संदेश दिया कि चीन से लगी वास्तविक नियंत्रण रेखा की रक्षा में भारतीय सेना में भरती किए गए तिब्बती युवकों को चीन के खिलाफ सैन्य काररवाई में तैनात किया जा रहा है। भारत ने इस तरह 'तिब्बत कार्ड' खेलते हुए चीन को अप्रत्यक्ष संदेश दिया कि चीन के खिलाफ तिब्बती सैन्य बल भारत ने खड़ा किया है। भारत ने यह दिखाया कि तिब्बती शरणार्थी युवकों का भारत चीन के खिलाफ किस तरह इस्तेमाल कर रहा है और कर सकता है।

लेह के बाहर चोकलामसार तिब्बती शरणार्थी बस्ती के रहनेवाले युवक तेनजिन की जब अंत्येष्टि की जा रही थी, तब तिब्बती युवक—'तिब्बत देश की जय, भारत माता की जय' आदि के नारों के साथ स्पेशल फ्रंटियर फोर्स (एस.एफ. एफ.) की 'विकास रेजिमेंट की जय' के भी नारे लगा रहे थे।

तिब्बती जवान का राजकीय सम्मान

पूर्ण राजकीय सम्मान के साथ सेना का बिगुल बजने के बाद अंत्येष्टि संपन्न होने के साथ ही राम माधव ने एक ट्वीट जारी कर इसकी जानकारी दी कि तिब्बती युवक ने लद्दाख की सीमाओं की रक्षा करते हुए अपने जीवन की आहुति दी। बाद में राम माधव ने इस ट्वीट को डिलीट कर दिया था, जिसमें उन्होंने कहा था कि ऐसे बहादुर तिब्बती युवकों का बलिदान भारत-तिब्बती सीमा पर शांति बहाल करने में योगदान करे। इस ट्वीट में अंतिम संस्कार के फोटो भी संलग्न किए गए थे। डिलीट किए गए ट्वीट में राम माधव ने लिखा था—"एस.एफ.एफ. कंपनी लीडर न्येमा तेंजिन के संस्कार में शामिल हुआ। तेंजिन एक तिब्बती है, जिसने लद्दाख में हमारी सीमाओं की रक्षा करते हुए अपनी जान की कुरबानी दी। उसके लिए श्रद्धासुमन अर्पित किए। ऐसे बहादुर सैनिक का त्याग भारत-तिब्बत सीमांत इलाके में शांति बहाल करे। यह शहीदों का वास्तविक सम्मान होगा।" इस ट्वीट में गौर करनेवाली बात है कि राम माधव ने भारत-चीन सीमा लिखने के बदले भारत-तिब्बत सीमा का जिक्र किया।

राम माधव का ट्वीट

राम माधव ने यह ट्वीट संदेश और चित्र अपने एकाउंट से हटा दिया, लेकिन इसकी कोई वजह नहीं बताई। भारतीय विदेश मंत्रालय ने तिब्बती जवान की अंत्येष्टि में राम माधव के भाग लेने पर कोई टिप्पणी करने से इनकार कर दिया और कहा कि राम माधव सरकार के प्रतिनिधि नहीं हैं। अंत्येष्टि को लेकर सरकारी

स्तर पर कोई चित्र या बयान नहीं जारी किया गया। एक अधिकारी ने कहा कि इससे तिब्बत को लेकर सरकार की नीति या स्थिति में बदलाव का सूचक नहीं कहा जा सकता।

भारत और चीन के सैनिक जब लद्दाख के सीमांत इलाकों में आमने-सामने की स्थिति में बंदूकें ताने तैनात हों, तब ऐसे गरम तनाव भरे माहौल में तिब्बती जवान के शहीद होने पर सत्तारूढ़ दल भारतीय जनता पार्टी के वरिष्ठ सदस्य को मौजूद रहने के लिए भेजा जाना चीन के लिए तिब्बत को लेकर एक बड़ा संदेश तो था ही, यह भी कि भारत ने चीनी सेना के खिलाफ तिब्बती युवकों से भरे स्पेशल फ्रंटियर फोर्स (एस.एफ.एफ.) के जवानों का इस्तेमाल किया है। पहली बार भारत द्वारा तिब्बती बटालियन को चीन के खिलाफ तनातनी का मुकाबला करने के लिए इस्तेमाल की बात को सार्वजनिक तौर पर उजागर किया जाना काफी अहम माना गया। वास्तव में इसके जरिए चीन को यह संदेश दिया गया कि यदि चीन भारत की संवेदनशीलताओं का खयाल नहीं रखेगा तो भारत भी चीन की संवेदनशीलताओं को लेकर चिंतित नहीं रहेगा। तिब्बत चीन की दुखती रग है, इसलिए भारतीय सामरिक हलकों में यह माँग तेजी से उठने लगी है कि यदि कश्मीर को लेकर चीन भारत की संवेदनशीलता का ध्यान नहीं रखने को तैयार है तो भारत को भी अपनी तिब्बत नीति की समीक्षा कर चीन पर दबाव बढ़ाना चाहिए। आखिरकार चीन तिब्बत के जल संसाधनों का जिस तरह अपने लिए इकतरफा इस्तेमाल के इरादे से दुरुपयोग कर भारत को दीर्घकालीन नुकसान पहुँचाने की तैयारी कर रहा है, इसके मद्देनजर भारत को भी चीन को साफ संदेश देने का वक्त आ गया है। तिब्बत में ब्रह्मपुत्र नदी का जल बहाव भारत के उत्तर-पूर्वी राज्यों से मोड़कर अपनी ओर कर लेने की चीनी योजनाएँ भारत के लिए भारी चिंता का विषय हैं; लेकिन ऐसा लगता है कि तिब्बत में चीन की सैनिक ताकत के आगे भारत चीन के खिलाफ कोई ठोस काररवाई करने की स्थिति में नहीं है।

तिब्बत नीति में बदलाव

हालाँकि भारत की तिब्बत नीति में बदलाव नरेंद्र मोदी के शासनकाल में महसूस किया गया है। मई 2014 में जब वह प्रधानमंत्री पद का शपथ ग्रहण कर रहे थे, तब आमंत्रितों में तिब्बत की निर्वासित सरकार के प्रधानमंत्री लोबसांग सांगे भी शामिल थे। 2016 में राष्ट्रपति भवन में एक समारोह में तिब्बती धार्मिक नेता दलाई लामा भी आमंत्रित किए गए थे, लेकिन 2018 में, जब चीन सरकार ने भारत

से नजदीकियाँ बढ़ानेवाले कदम उठाए तो सरकार ने तिब्बत को लेकर चीन को चिढ़ानेवाला रवैया त्यागने जैसा कदम उठाया, जब विदेश मंत्रालय ने सरकारी अधिकारियों को आगाह किया कि भारत में तिब्बती समुदाय के कार्यक्रम में भाग नहीं लें। बाद में दलाई लामा के ल्हासा से पलायन कर भारत आने के साठ साल मनाने के लिए नई दिल्ली में आयोजित समारोह और तिब्बत पर अंतरराष्ट्रीय संसदीय सम्मेलन को भारत सरकार ने अनुमति नहीं दी। गौरतलब है कि भारत ने तिब्बती स्वशासी क्षेत्र को चीन का हिस्सा माना है, हालाँकि भारत में तिब्बत के एक लाख से अधिक शरणार्थी रहते हैं, भारत सरकार यही कहती है कि उन्हें राजनीतिक गतिविधियाँ करने की इजाजत नहीं दी जाती।

□

10

गलवान : आखेट युग की याद

15 जून, 2020 को पूर्वी लद्दाख की गलवान घाटी के इलाके में निहत्थे भारतीय सैनिकों पर चीनी सैनिकों द्वारा जिस बर्बर तरीके से घेरकर हमला किया गया, उसकी वजह से भारत और चीन के राजनयिक रिश्तों में असाधारण कड़वाहट पैदा हुई। निस्संदेह चीनी सेना ने जिस तरह धोखा देकर भारतीय सैनिकों पर हमला किया, उसने चीनी लोगों के बारे में यह धारणा न केवल भारत, बल्कि दुनिया भर में पक्की हो गई कि चीन अपनी विस्तारवादी नीति को लागू करने के लिए किस हद तक नीच हरकत कर सकता है। इस वजह से दोनों देशों के राजनयिक रिश्तों का स्तर सबसे न्यूतनम पायदान पर चला गया। गलवान की खूनी वारदात की वजह से पूरे भारत में सनसनी फैल गई और राजनीतिक नेतृत्व से लेकर आम आदमी तक अभूतपूर्व गुस्सा देखा गया। इस घटना के बाद सरकार को सर्वदलीय बैठक भी बुलानी पड़ी।

भारत और चीन के बीच 1962 के युद्ध के बाद पहली बड़ी झड़प 1967 में सिक्किम के नाथु ला और चो ला इलाके में हुई थी, जिसमें चीनी सेना को मुँह की खानी पड़ी थी। इसके बाद दोनों सेनाओं के बीच 1975 में अरुणाचल प्रदेश के इलाके में झड़प हुई, जब असम राइफल्स के जवानों पर चीनी सैनिकों ने तब घात लगाकर हमला किया था, जब वे वास्तविक नियंत्रण रेखा पर गश्त कर रहे थे; लेकिन 1967 की सिक्किम झड़प के बाद गलवान झड़प को भारत-चीन सैन्य रिश्तों के इतिहास में सबसे खूनी, रोंगटे खड़ी करनेवाली और भारतीय सैनिकों की वीरता की अनूठी दास्तान वाला माना जाएगा।

जहाँ तक 1967 में सिक्किम के इलाके में हुई झड़प का सवाल है, इसमें भारतीय सेना के मुताबिक चीन के 340 सैनिक मारे गए थे और 450 घायल हुए थे, जबकि भारतीय सेना ने अपने 88 जवानों के मारे जाने और 163 के घायल होने

की बात कबूल की थी। सिक्किम के दो इलाकों में हुई इस झड़प को पूर्ण युद्ध की संज्ञा नहीं दी गई थी, क्योंकि यह केवल दो सैन्य चौकियों तक ही सीमित थी। इसे स्थानीय युद्ध, यानी 'लोकेलाइज्ड वार' कहा गया।

चीनी सेना को सबक सिखानेवाली नाथु ला झड़प 11 सितंबर, 1967 को शुरू हुई, जब नाथु ला और सेबू ला के इलाके में भारतीय सैनिक वास्तविक नियंत्रण रेखा पर कँटीली बाड़ लगा रहे थे। उस दौरान चीनी सैनिकों ने एतराज जाहिर किया और भारतीय चौकियों पर हमला बोल दिया। इसके बाद भारतीय सैनिकों ने भी करारा जवाब दिया, जिसमें दोनों पक्षों के सैनिक हताहत हुए और चीनी सेना को पीछे हटना पड़ा।

इस घटना के बाद 1975 में दोनों सेनाओं के बीच तब तनाव पैदा हुआ, जब चीनी सेना ने अरुणाचल प्रदेश के सीमांत इलाकों में गश्त कर रहे भारतीय सैनिकों पर घात लगाकर हमला किया था, जिसमें चार भारतीय सैनिकों की जान गई थी। ये सैनिक असम राइफल्स के थे।

पीठ पर वार

पूर्वी लद्दाख के सीमांत इलाकों में सैनिकों की तनातनी किसी बड़ी झड़प में बदल सकती है, इस बात की शंकाएँ जाहिर की जा रही थीं, लेकिन यह झड़प दोनों सेनाओं के बीच पीछे हटने के लिए हुई सहमति के लागू होने के दौरान घटित होना हैरान करनेवाली बात थी। गलवान नदी घाटी के इलाके में मुठभेड़ तब हुई, जब दो दिनों पहले दोनों सेनाएँ परस्पर सहमति के मुताबिक पीछे हटने के फैसले को लागू कर रही थीं। इस दौरान दोनों सेनाएँ कहाँ तक पीछे हटें, इसे लेकर विवाद पैदा हुआ, जो झड़प में बदल गया। इस दौरान चीनी सैनिक भारतीय सेना को घेरकर मारने की तैयारी करके पहुँचे थे। वे कँटीली बेंतों, लोहे की छड़ों और लाठी, भालों से लैस थे। इस हमले में शुरुआती नुकसान झेलने के बाद भारतीय सैनिक दोबारा वहाँ चीनी सैनिकों की तरह ही आखेट युगवाले हथियारों से लैस होकर पहुँचे और चीनी सैनिकों पर इस तरह हमला किया कि उन्हें सिर छुपाने की जगह नहीं मिली। चीनी सैनिक पैंगोंग घाटी में गिरकर मौत का सामना करने लगे। इस घटना में भारतीय सेना ने अपनी इन्फैंट्री बटालियन के कमांडिंग अधिकारी कर्नल संतोष बाबू सहित 20 सैनिकों के मारे जाने की बात स्वीकार की, जबकि चीन की ओर से उसकी सेना में हताहत होने की बात तो कही, लेकिन इसकी निश्चित संख्या नहीं बताई गई, हालाँकि भारतीय रक्षा सूत्रों ने कहा कि चीनी सेना

के 40 से अधिक जवान हताहत हुए। चीनी सेना के कितने सैनिक मारे गए होंगे, इस बारे में भारतीय सेना ने कोई आधिकारिक आकलन या संख्या नहीं बताई, लेकिन अंतत: इस घटना के नौ महीनों बाद 19 फरवरी, 2021 को चीन के रक्षा मंत्रालय ने काफी झिझक के साथ यह स्वीकार किया कि उसने स्थानीय कमांडर सहित चार सैनिकों को वीरता के लिए सम्मानित किया है। रोचक बात यह है कि चीनी बयान में यह नहीं कहा गया कि कुल कितने सैनिक मारे गए? केवल वीरता के लिए अलंकृत होनेवाले चार सैनिकों के बारे में ही जानकारी दी गई। रोचक बात यह भी है कि रूस की सरकारी एजेंसी 'तास' ने गलवान घटना में 45 चीनी सैनिकों के मारे जाने की रिपोर्ट फरवरी, 2021 में ही जारी की, जिस पर विवाद छिड़ने के बावजूद 'तास' ने कोई खंडन या स्पष्टीकरण नहीं जारी किया। गलवान में खूनी झड़प में चीनी हताहतों की जानकारी देते हुए भारतीय थलसेना के उत्तरी कमांड के कमांडर लेफ्टिनेंट जनरल वाई.के. जोशी ने मीडिया से कहा कि चीनी सेना को साठ स्ट्रेचरों पर सैनिकों को ले जाते हुए देखा गया था, हालाँकि उन्होंने कहा कि यह निश्चित नहीं कहा जा सकता कि सभी 60 स्ट्रेचरों पर मृतक चीनी सैनिक थे या वे घायल थे?

गलवान नदी इलाके में हालात तनावपूर्ण और गंभीर स्थिति होने की जानकारी चीनी कम्युनिस्ट पार्टी के मुखपत्र 'ग्लोबल टाइम्स' की रिपोर्टों में देकर संकेत दे दिया गया था, जिसमें इशारों में इतना ही कहा गया कि वहाँ दोनों सेनाओं के बीच भारी तनातनी का माहौल पैदा हुआ, लेकिन चीनी सेना ने किस शैली में भारतीय सैनिकों पर हमला किया, उसका खुलासा नहीं किया गया।

बेमिसाल बर्बरता

भारत और चीन के बीच 3,488 किमी. लंबी वास्तविक नियंत्रण रेखा पर बारूद के ढेर पर बैठी सेनाओं के बीच कोई भी चिनगारी बड़ी आग में बदल सकती है। इस आशय की गहरी शंका सामरिक हलकों में जाहिर की जाती रही है, इसलिए राहत की बात थी कि 15 जून की शाम को गलवान नदी के इलाके में जो चिनगारी छूटी, वह किसी बड़े अग्निकांड में नहीं बदली। खूनी झड़प की अगली सुबह से ही दोनों पक्षों के आला अधिकारियों ने शांति बैठकें शुरू कीं, हालाँकि यह बैठक तू-तू-मैं-मैं के स्वर में ही हुई और इस दौरान दोनों पक्षों ने एक-दूसरे पर आरोप लगाए कि दोनों ने वास्तविक नियंत्रण रेखा पर शांति व स्थिरता बनाए रखने की सहमति का उल्लंघन किया है। गलवान नदी इलाके में पिछली बार 1962 में

ही भारत-चीन के सैनिक भिड़े थे और इसके बाद से इस इलाके की वास्तविक नियंत्रण रेखा पर कोई विवाद पैदा नहीं हुआ था।

2017 के मध्य जून से सितंबर महीने के शुरू तक चीनी सेना ने जब भूटान के डोकलाम इलाके में अतिक्रमण किया तो दोनों सेनाएँ 72 दिनों तक आमने-सामने तैनात रहीं, लेकिन एक भी गोली नहीं चली, इसलिए इस बार भी ऐसा ही लग रहा था कि जैसे पिछली बार चीनी कम्युनिस्ट पार्टी का मुखपत्र 'ग्लोबल टाइम्स' भारत को तबाह करने की धमकियाँ दे रहा था और इस बार भी वैसी ही धमकियाँ 'ग्लोबल टाइम्स' के जरिए जिस अंदाज में जारी करवाई जा रही थीं, वे केवल बंदरघुड़की हैं और चीन को पता है कि भारत के साथ युद्ध के बुरे नतीजे भारत को तो झेलने पड़ेंगे ही, चीन को भी कम नुकसान नहीं होगा। भारत और चीन के बीच खुला युद्ध कहाँ जाकर रुकेगा, कहना मुश्किल है, लेकिन दोनों देश सैकड़ों परमाणु हथियारों से लैस हैं और खुले युद्ध में हारनेवाले पक्ष द्वारा इनका इस्तेमाल करना कोई हैरानी की बात नहीं होगी।

भारत और चीन के बीच पूर्वी लद्दाख के सीमांत इलाकों में गलवान नदी, हॉट स्प्रिंग और पैंगोंग त्सो झील के इलाके के अलावा सिक्किम के नाकू ला इलाके में सैन्य तनातनी गत 5 मई, 2020 से ही शुरू हुई, जब भारतीय इलाके में घुसपैठ कर रही चीनी सेना को भारतीय सैनिकों ने चुनौती दी और दोनों देशों के सैनिकों के बीच आपस में मुठभेड़ें हुईं। इस दौरान दोनों देशों के सैनिकों के बीच गोलियों का आदान-प्रदान तो नहीं किया गया, लेकिन जिस तरह चीनी सेना द्वारा गलवान घाटी में कँटीली बेंतों और धारदार हथियारों का इस्तेमाल धोखाधड़ी से किया गया, वह घोर कायराना और चौंकानेवाला था।

सुविचारित रणनीति

चीनी सेना ने सोची-समझी रणनीति के तहत लद्दाख के विशाल सीमांत पर्वतीय इलाकों में एक साथ कई जगहों पर अतिक्रमण किया था और रणनीतिक महत्त्व के ऊँचाईवाले पर्वतीय इलाकों में अपने सैनिकों को उसी तरह बैठा दिया था, जैसा कि 1999 में पाकिस्तानी सेना ने करगिल युद्ध के पहले किया था। चीनी सेना ने श्योक नदी से दौलतबेग ओल्दी मार्ग पर सैनिक नजर रखने के लिए अपने सैनिकों को ऊँची पर्वतीय चोटियों पर तैनात किया था, जहाँ से वे भारतीय सैनिकों की दौलतबेग ओल्दी तक आवाजाही को निशाना बना सकते थे। 255 किमी. लंबा यह मार्ग चीन के सामरिक तौर पर अहम कराकोरम राजमार्ग के ठीक दस किमी.

पहले ही समाप्त होता है, जहाँ से भारतीय सेना चीन–पाक कराकोरम राजमार्ग पर चीनी सैनिकों की आवाजाही को प्रभावित कर सकती है।

भारतीय सेना को उम्मीद थी कि पैंगोंग झील को छोड़कर पहले बाकी इलाकों में यथास्थिति बहाल कर ली जाएगी और फिर पैंगोंग झील इलाके से चीनी सैनिकों को पीछे जाने को कहा जाएगा। चीनी सेना इस स्थिति से बचना चाह रही थी और उसे लग रहा था कि उस पर पैंगोंग झील में अतिक्रमण वाले इलाके से पीछे हटने को कहा जाएगा, इसलिए चीनी सेना ने गलवान घाटी इलाके में अप्रिय स्थिति पैदा की।

अहम सवाल

सामरिक हलकों में कहा गया कि शुरू में गलवान इलाके से पीछे हटने की सहमति देने के बाद चीनी सेना के कमांडरों ने इस सहमति को सामरिक भूल की तरह लिया, इसलिए इसे जमीन पर लागू होने से रोकने के लिए निशस्त्र भारतीय सैनिकों को घेरकर मारने की साजिश को अंजाम दिया। 15 जून की खूनी रात को लेकर जब भारत ने अपनी गहरी नाराजगी जाहिर की और पूरी दुनिया में चीनी करतूत पर थू–थू की जाने लगी तो 19 जून को चीनी विदेश मंत्रालय ने एक बयान जारी कर गलवान घाटी इलाके पर अपनी संप्रभुता का दावा किया और कहा कि गलती किसकी है, यह साफ है। सवाल फिर यही उठा कि यदि चीन की गलवान घाटी इलाके पर संप्रभुता है तो छह जून को सैन्य कमांडरों के बीच वार्त्ता में क्यों सहमति दी कि चीनी सेना इस इलाके से अतिक्रमण समाप्त कर पीछे चली जाएगी और वास्तविक नियंत्रण रेखा के पार भारतीय इलाके में नए सिरे से सैन्य ढाँचागत निर्माण नहीं करेगी? 15 जून की रात को भारतीय सेना चीनी अतिक्रमण वाले इलाके में यही देखने गई थी कि चीनी सेना ने समझौते के अनुरूप नए ढाँचागत निर्माण को तोड़ा है या नहीं?

अंततः 19 जून, 2020 को चीनी विदेश मंत्रालय द्वारा गलवान घाटी इलाके पर चीनी संप्रभुता के दावे वाला बयान जारी किया गया, जिसका खंडन भारतीय विदेश मंत्रालय ने अगले दिन करते हुए कहा कि गलवान घाटी इलाके को लेकर स्थिति ऐतिहासिक तौर पर साफ रही है। वास्तविक नियंत्रण रेखा को लेकर चीनी पक्ष द्वारा अतिशय और न टिकनेवाले दावे करने की कोशिश स्वीकार नहीं की जा सकती। वास्तव में चीन अब जो दावे कर रहा है, वह विगत में किए गए दावों के विपरीत है।

विदेश मंत्रालय के प्रवक्ता अनुराग श्रीवास्तव ने कहा कि गलवान घाटी सहित

भारत–चीन सभी इलाकों में वास्तविक नियंत्रण रेखा के मिलान के अनुरूप भारतीय सेना पूरी तरह पालन करती है, जैसे वास्तविक नियंत्रण रेखा के दूसरे इलाकों में भारतीय सेना पालन करती है, वैसे ही गलवान घाटी में पालन करती रही है। भारतीय पक्ष ने कभी भी वास्तविक नियंत्रण रेखा के पार कोई काररवाई नहीं की है। वास्तव में इस इलाके में बिना किसी घटना के भारतीय सेना पूरे इलाके में गश्त करती रही है। भारतीय पक्ष ने जो ढाँचागत निर्माण किए हैं, वे वास्तविक नियंत्रण रेखा के भारतीय इलाके में ही हैं।

प्रवक्ता ने कहा कि मई 2020 के शुरू से ही चीनी पक्ष द्वारा पारंपरिक और सामान्य तौर पर गश्त कर रहे भारतीय सैनिकों को रोका जाने लगा। इस वजह से टकराव पैदा हुआ, जिसे द्विपक्षीय संधियों और प्रोटोकाल के अनुरूप जमीनी कमांडरों द्वारा हल कर लिया गया था। प्रवक्ता ने कहा कि हम चीन के इस कथन को स्वीकार नहीं करते कि भारत ने एकपक्षीय तौर पर यथास्थिति को बदला। इसके विपरीत भारतीय पक्ष ने यथास्थिति को बनाए रखा।

लेकिन मई (2020) के मध्य में चीनी सेना ने भारत–चीन सीमांत इलाकों के पश्चिमी सेक्टर के अन्य इलाकों में अतिक्रमण करना शुरू किया। इन कोशिशों का भारतीय सेना ने समुचित जवाब दिया। इसके बाद दोनों पक्षों के बीच स्थापित राजनयिक और सैनिक माध्यम से बातचीत का दौर चला, ताकि वास्तविक नियंत्रण रेखा पर चीनी सेना की हरकतों से पैदा हालात से निबटा जा सके।

इसी प्रक्रिया के तहत दोनों सेनाओं के सीनियर कमांडरों ने 6 जून, 2020 को बैठक की और वास्तविक नियंत्रण रेखा पर डिएस्केलेशन और डिसइनगेजमेंट की प्रक्रिया पर सहमति दी, जिसमें दोनों पक्षों द्वारा उठाए जानेवाले कदम शामिल थे। दोनों पक्षों ने सहमति दी थी कि वास्तविक नियंत्रण रेखा का आदर व पालन करेंगे और यथास्थिति बदलने वाली कोई काररवाई नहीं करेंगे, लेकिन गलवान घाटी इलाके में चीनी पक्ष इस सहमति से पीछे हट गया और वास्तविक नियंत्रण रेखा के ठीक पार ढाँचे बनाने शुरू किए जब इस कोशिश को नाकाम कर दिया गया तो चीनी सेना ने 15 जून, 2020 को हिंसक काररवाई की, जिससे दोनों पक्षों के बीसियों सैनिकों की जान गई।

इस घटना से पैदा तनाव के बाद 17 जून, 2020 को भारतीय विदेश मंत्री एस. जयशंकर और चीन के विदेश मंत्री वांग ई ने वार्त्ता की, जिसमें 15 जून की रात को हुए सैन्य टकराव की वजहों का कठोर शब्दों में विरोध दर्ज किया। उन्होंने चीनी पक्ष द्वारा लगाए गए निराधार आरोपों और सीनियर कमांडरों के बीच हुई सहमतियों

को गलत तरीके से पेश करने को नामंजूर कर दिया। उन्होंने इस बात पर जोर दिया कि यह चीन पर है कि वह अपनी काररवाई का आकलन करे और इसमें सुधार लाने के कदम उठाए।

इस वार्त्ता के दौरान दोनों विदेश मंत्रियों ने सहमति दी कि समग्र हालात को जिम्मेदारी से सँभाला जाएगा और दोनों पक्ष 6 जून, 2020 को डिसइनगेजमेंट के लिए जो सहमति हुई थी, उसे गंभीरता से लागू करेंगे। प्रवक्ता ने यह उम्मीद जाहिर की थी कि विदेश मंत्रियों के बीच जो सहमति बनी है, उसे दोनों पक्ष लागू करेंगे, और सीमांत इलाकों में शांति व स्थिरता को बनाए रखेंगे, जो समग्र आपसी रिश्तों के विकास के लिए काफी जरूरी है।

चीनी सेना की पोल खुली

15 जून, 2020 की रात को जिस तरह पूर्वी लद्दाख की गलवान घाटी में भारतीय सैनिकों पर चीनी सैनिकों ने जंगली मानवों की तरह हमला किया, उसने हताश चीनी सेना के मनोबल की पोल खोल दी। इस हमले ने चीन के खिलाफ भारतीय राजनीतिक और सैनिक नेतृत्व का संकल्प और दृढ़ किया। गलवान घाटी के दर्दनाक वाकया का जब खुलासा होने लगा तो ऐसा लगा कि चीनी सेना को अपनी आधुनिकतम शस्त्र प्रणालियों की खौफनाक ताकत पर भरोसा नहीं रहा, बल्कि वह आदिम युग की शैली में कँटीली गदाओं, लोहे की छड़ों आदि से भारतीय सैनिकों को लहूलुहान कर, उन्हें रणक्षेत्र में वहीं जमींदोज कर देने या घुटने टेकने को मजबूर कर देने की साजिश को अंजाम देना चाहती थी, लेकिन भारतीय सैनिकों ने जिस बहादुरी, साहस और संकल्प के साथ चीनी सैनिकों पर उन्हीं की शैली में जवाबी हमला किया, उसका नतीजा स्वीकार करने में चीनी सेना इतनी शर्मिंदा हुई कि इस घटना को खुले शब्दों में स्वीकार भी नहीं करना चाहती।

5 मई (2020) को ही सिक्किम के सीमांत नाकुला इलाके में भी भारत और चीन के सैनिक आपस में गुत्थम-गुत्था हुए थे और एक-दूसरे पर पत्थर भी फेंके थे। भारत-चीन सीमा पर 1967 के सिक्किम संघर्ष के बाद से गोली नहीं चली, इसलिए कहने को चीनी सेना ने गलवान घाटी में बंदूक नहीं चलाई, लेकिन जिस शैली में भारतीय सैनिकों पर हमला किया गया, उसकी मिसाल आधुनिक युग में नहीं मिलती। तब तक यही कहा जाता रहा था कि वास्तविक नियंत्रण रेखा पर गोलियों का न चलना दोनों देशों के राजनीतिक नेतृत्व की परिपक्व समझ का प्रतीक है, लेकिन आज का चीनी नेतृत्व इस समझ को नजरअंदाज करने पर तुला हुआ लगता है।

1967 के बाद से पहली बार भारत-चीन वास्तविक नियंत्रण रेखा पर 2013 में तनाव का माहौल पैदा करना शुरू किया गया और इसके बाद से नियमित अंतराल पर ही खुले तौर पर अतिक्रमण का दौर चीनी सेना ने शुरू किया। 2017 में डोकलाम के बाद लद्दाख की पेंगोंग झील के इलाके में भारत और चीन के सैनिक फिर आमने-सामने हुए, लेकिन इससे भी चीनी सेना का मन नहीं भरा तो लद्दाख के गलवान नदी घाटी इलाके में भारतीय सेना पर कायरतापूर्ण हमला किया। इस इलाके में चीनी सेना अकसर गश्त लगाते हुए भारतीय इलाके में घुस जाती थी, जिसे रोकने के लिए भारतीय सेना ने कुछ ढाँचागत सुविधाएँ बनाईं, जिस पर चीन ने एतराज किया और चीनी सेना ने इस इलाके के पीछे अपने सैनिक भारी संख्या में तैनात कर दिए। चीनी सैनिक कथित तौर पर अपने भू-भाग की रक्षा के लिए वहाँ लगाए गए टेंटों में रहने लगे।

'ग्लोबल टाइम्स' ने दावा किया था कि गलवान घाटी के चीनी इलाके में भारत ने हाल में सैन्य सुविधा बढ़ानेवाले अवैध ढाँचागत निर्माण किए, जिसका चीनी सेना ने दृढ़ता से जवाब दिया। इसके साथ ही चीन के सीमांत सैनिकों ने इस इलाके पर अपना नियंत्रण मजबूत करने के लिए जरूरी कदम उठाए। 'ग्लोबल टाइम्स' के मुताबिक मई महीने के शुरू से ही भारतीय सेना गलवान घाटी में सीमारेखा पार करती रही है और चीनी इलाके में घुसती रही है। इस इलाके में भारतीय सेना ने रक्षा-किलेबंदी की थी और चीनी सेनाओं की गतिविधियों और गश्त में अड़चन पैदा करने के लिए बाधाएँ खड़ी की थीं।

चीन का दावा

'ग्लोबल टाइम्स' ने चीनी सैन्य सूत्रों के हवाले से कहा कि भारतीय सेना ने जान-बूझकर चीनी सेना के साथ टकराव शुरू किया और एकपक्षीय तौर पर सीमांत इलाकों की नियंत्रण स्थिति बदलने की कोशिश की। गलवान घाटी का जिक्र करते हुए 'ग्लोबल टाइम्स' ने कहा कि गलवान घाटी इलाका चीनी भू-भाग है और स्थानीय सीमा नियंत्रण स्थिति पूरी तरह साफ है। भारतीय सेना की कारवाई ने भारत-चीन सीमा पर हुए समझौतों का हनन किया है, चीनी प्रादेशिक इलाके का उल्लंघन किया है और दोनों देशों के बीच सैन्य संबंधों को नुकसान पहुँचाया है।

'ग्लोबल टाइम्स' के मुताबिक मौजूदा माहौल के अनुरूप चीनी सेना ने घटनास्थल पर जवाब देने के लिए उपाय मजबूत किए और सीमांत इलाकों पर नियंत्रण बनाए रखा। चीनी सेना चीनी भू-भाग की दृढ़ता से रक्षा कर रही है और

इलाके में शांति व स्थिरता बनाए रखने के लिए कृतसंकल्प है। चीनी सैन्य सूत्रों के मुताबिक भारत और चीन के सीमांत सैनिक बैठकों एवं प्रतिनिधियों के जरिए आपस में संपर्क बनाए रखेंगे।

आमतौर पर भारत-चीन सीमा पर अतिक्रमण और तनाव की खबरें 'ग्लोबल टाइम्स' में प्रकाशित नहीं होती हैं, लेकिन गलवान नदी के इलाके में चीनी सेना द्वारा दृढ़ कदम उठाए जाने का इरादा चीनी सैन्य सूत्रों के हवाले से जाहिर कर चीन ने यह संकेत दिया कि गलवान नदी इलाके में भारतीय सेना ही तनाव के लिए जिम्मेदार है, ताकि चीनी लोगों का ध्यान कोरोना महामारी की असली वजह से हटाकर भारत के साथ सैन्य तनाव पर लगाया जाए। कोरोना के दौर में चीनी कम्युनिस्ट पार्टी अपनी जनता को यह संदेश भी देना चाहती थी कि चीन सरकार राष्ट्रीय संप्रभुता की रक्षा में कैसे कदम उठा सकती है! चीन के इस रवैए से भारत-चीन सीमा पर नए सिरे से तनाव पैदा हुआ, जिससे निबटने के लिए भारतीय राजनीतिक नेतृत्व को काफी मशक्कत करनी पड़ी। इसकी परिणति 15 जून, 2020 की खूनी रात के रूप में देखी गई, हालाँकि गलवान के नतीजे चीन की सोच के काफी विपरीत रहे। चीनी सेना इतनी शर्मिंदा हुई कि अपनी जनता को इस संघर्ष में शहीद होनेवाले सैनिकों के बारे में जानकारी देने से भी कतराती रही। चीनी सेना ने इसकी सीमित जानकारी तब दी, जब चीन कोरोना के दौर से बाहर निकल चुका था और चीन सरकार अपनी जनता के बीच इसकी वाह-वाही लूट रही थी।

भारतीय सैनिक चीन के साथ 1993 और 1996 में हुए विश्वास निर्माण समझौते के अनुरूप अपने साथ बंदूक या किसी तरह का हथियार लेकर नहीं गए थे। इन निहत्थे भारतीय सैनिकों पर चीनी सेना ने पीठ पीछे वार किया तो उस हमले का जाँबाज भारतीय सैनिकों ने जिस वीरता से जवाब दिया, इसे सदियों तक उल्लेख किया जाता रहेगा। हिंसक झड़प से गुस्साए भारतीय जनमानस को ढाँढ़स देने के लिए प्रधानमंत्री नरेंद्र मोदी ने 19 जून, 2020 को सर्वदलीय बैठक बुलाई, जिसमें उनका एक बयान विवादास्पद हो गया कि वास्तविक नियंत्रण रेखा पर न तो कोई घुसा है और न ही घुस आया है। इस बयान ने न केवल भ्रम पैदा किया, बल्कि विदेशों में भी इसे लेकर हैरानी पैदा हुई। स्वाभाविक था कि चीन ने इस भ्रामक बयान का अपनी बात और अपना दावा सही साबित करने के लिए इस्तेमाल किया। देश के विपक्षी नेताओं ने इस बयान को लपक लिया और प्रधानमंत्री को आड़े हाथों लिया।

प्रधानमंत्री के बयान के एक दिन बाद देश भर में हो रही चर्चा के मद्देनजर

प्रधानमंत्री नरेंद्र मोदी के कार्यालय ने सफाई दी कि उनके बयान के गलत मायने निकाले गए हैं। प्रधानमंत्री कार्यालय ने स्पष्टीकरण जारी किया और तब जाकर यह विवाद थमा।

प्रधानमंत्री का बयान

संक्षेप में प्रधानमंत्री कार्यालय का बयान इस प्रकार है—

सर्वदलीय बैठक में प्रधानमंत्री नरेंद्र मोदी की टिप्पणी के कुछ हलकों में शरारतपूर्ण अर्थ निकाले जा रहे हैं।

प्रधानमंत्री ने साफ कहा था कि वास्तविक नियंत्रण रेखा को पार करने की किसी भी कोशिश का भारत सख्ती से जवाब देगा। वास्तव में उन्होंने यह बात जोर देकर कही कि विगत में इस तरह की चुनौतियों को नजरअंदाज करने के विपरीत भारतीय सैन्य बल अब वास्तविक नियंत्रण रेखा के किसी उल्लंघन को निर्णायक तौर पर चुनौती देते हैं। प्रधानमंत्री ने कहा था—उन्हें रोकते हैं, उन्हें टोकते हैं।

सर्वदलीय बैठक को जानकारी दी गई कि इस बार चीनी सेना वास्तविक नियंत्रण रेखा पर काफी अधिक ताकत से आई थी और भारतीय जवाब इसी के अनुकूल था। जहाँ तक वास्तविक नियंत्रण रेखा पर अतिक्रमण की बात है, यह साफ कहा गया था कि 15 जून को गलवान में हिंसा इसलिए हुई कि चीनी सेना वास्तविक नियंत्रण रेखा के ठीक पार ढाँचे खड़ा करना चाह रही थी और उसने इसे रोकने से मना कर दिया।

सर्वदलीय बैठक में प्रधानमंत्री के बयान का मुख्य जोर 15 जून को गलवान में हुई वारदात पर था, जिसमें 20 भारतीय सैनिकों ने अपनी जानें दीं। भारतीय सैनिकों की वीरता और साहस और राष्ट्रभक्ति को प्रधानमंत्री ने स्मरण करते हुए श्रद्धांजलि दी, जिन्होंने चीनी साजिशों को विफल कर दिया।

प्रधानमंत्री की यह टिप्पणी कि वास्तविक नियंत्रण रेखा के हमारे इलाके में कोई चीनी मौजूदगी नहीं थी, का संबंध भारतीय सैनिकों की बहादुरी से पैदा स्थिति से संबंधित थी। 16 बिहार बटालियन के सैनिकों के त्याग ने ढाँचा खड़े करने की चीनी कोशिशों को नाकाम कर दिया और उस दिन घुसपैठ की कोशिशों को भी विफल कर दिया।

प्रधानमंत्री के ये शब्द, 'जिन लोगों ने हमारी जमीन पर अतिक्रमण किया, उन्हें हमारे वीर भूमि पुत्रों ने मुँहतोड़ जवाब दिया।' यह बयान हमारी सशस्त्र सेनाओं के आचार का समुचित निचोड़ है। प्रधानमंत्री ने फिर जोर देकर कहा, 'मैं आपको

यह भरोसा दिलाना चाहता हूँ कि अपने भू-भाग की रक्षा के लिए हमारी सेनाएँ कोई भी कसर बाकी नहीं छोंड़ेगी।'

"भारत के मानचित्र से यह साफ है कि भारतीय भू-भाग क्या है। सरकार इससे मजबूती से और दृढ़ता से प्रतिबद्ध है। जहाँ तक कुछ अवैधानिक कब्जा की बात है, सर्वदलीय बैठक को विस्तार से बताया गया कि कैसे गत 60 सालों में किन हालात में 43 हजार वर्ग किमी. भू-भाग को छोड़ दिया गया! इससे देश अच्छी तरह अवगत है। यह भी साफ किया गया कि सरकार वास्तविक नियंत्रण रेखा के किसी भी एकपक्षीय बदलाव की अनुमति नहीं देगी। ऐसे वक्त जब हमारे बहादुर जवान हमारी सीमाओं की रक्षा कर रहे हैं, यह दुर्भाग्यपूर्ण है कि सैनिकों के मनोबल को तोड़ने के लिए एक अनावश्यक विवाद खड़ा किया गया है; हालाँकि सर्वदलीय बैठक में मुख्य भावना यही थी कि राष्ट्रीय संकट के इस वक्त सेना और सरकार को संपूर्ण समर्थन दिया जाए। हमें भरोसा है कि प्रेरित प्रोपेगंडा से भारतीय जनता की एकता पर आँच नहीं आएगी।"

□

11

शी के शासनकाल में तनाव बढ़ने शुरू हुए

शी चिन फिंग ने चीन की सत्ता सँभालने के बाद न केवल भारत से लगी सीमाओं पर सैन्य तनाव बढ़ाने के लिए अपने सैनिकों को उकसाया, बल्कि अंतरराष्ट्रीय संगठनों और संस्थाओं में भी भारत के खिलाफ मोरचा खोला। चीन ने इस दौरान संयुक्त राष्ट्र सुरक्षा परिषद् से लेकर 'न्यूक्लियर सप्लायर्स ग्रुप' में भारत की सदस्यता की जायज माँग का विरोध किया तथा आतंकवाद के मसले पर भी भारत को कूटनीतिक मात देने की कोशिश की।

जैसा कि पहले चर्चा की गई है, सीमाओं पर शांति व स्थिरता भंग कर दो दशक से चले आ रहे सौहार्दपूर्ण माहौल को बनाए रखनेवाली संधियों को चीन ने तोड़ा। चीन ने वास्तविक नियंत्रण रेखा की मान्य स्थिति को नकारना शुरू किया।

वास्तविक नियंत्रण रेखा पर शांति व स्थिरता का माहौल बनाए रखने के लिए दोनों पक्षों ने 1993 और 1996 के बाद 2005 और फिर 2013 में परस्पर सहमति विकसित की थी, जिसका 2013 तक समुचित तरीके से पालन किया जा रहा था और दोनों देशों के सैनिक एक-दूसरे के राष्ट्रीय पर्वों और दिवसों पर एक-दूसरे को बधाइयाँ और मिठाइयों का आदान-प्रदान करने लगे थे, लेकिन जब से शी चिन फिंग चीन के राष्ट्रपति बने (2013), चीनी सेना ने भारत के साथ लगी सीमाओं पर भारतीय सेना को तंग करना शुरू किया। 2013 में लद्दाख के ही देपसांग और फिर 2014 में चुमार इलाकों में अतिक्रमण कर शांति व स्थिरता भंग करने का कदम उठाया, लेकिन भारतीय राजनयिकों और सैन्य अधिकारियों ने बड़ी चतुराई से चीनी सेना को पीछे जाने को मजबूर किया।

शी चिन फिंग के शासनकाल में चीनी सेना ने अपना रुख आक्रामक बनाया

और यही वजह है कि चीन ने भारत को न केवल सीमांत इलाकों में, बल्कि विश्व राजनयिक मंचों पर भी नीचा दिखाने की रणनीति पर काम करना शुरू किया। चीन ने जहाँ 48 देशों के न्युक्लियर सप्लायर्स ग्रुप में भारत की सदस्यता रोकी, आतंकवाद के मसले पर भारत के खिलाफ संयुक्त राष्ट्र सुरक्षा परिषद् में मसूद अजहर को आतंकवादी घोषित करने के प्रस्ताव का वीटो किया, सुरक्षा परिषद् में भारत की स्थायी सदस्यता का जोरदार विरोध बनाए रखा आदि। इसके अलावा चीन ने दक्षिण एशिया में भारत को अलग-थलग करने के लिए पड़ोसी देशों को तरह-तरह से लुभाकर अपने प्रभाव में लाने और भारत विरोध का झंडा उठाने को प्रेरित किया। नेपाल, श्रीलंका और म्याँमार में जिस तरह से चीन ने इन देशों के राजनेताओं को अपने चंगुल में लाने की कोशिश की है, वह सर्वविदित है।

भारत द्वारा जम्मू-कश्मीर में धारा-370 को निरस्त करने और लद्दाख को केंद्रशासित प्रदेश घोषित करने को लेकर चीन ने संयुक्त राष्ट्र सुरक्षा परिषद् में भारत को घेरने की कोशिश की। भारतीय गृहमंत्री द्वारा संसद् में इस आशय का बयान दिया जाना भी चीन के लिए भारतीय इलाके में घुसपैठ करने का बहाना बना। चीन के सामरिक हलकों में इसे भारत का भड़काने वाला कदम बताया गया, जिसमें अमित शाह ने कहा था कि हम अक्साई चिन का इलाका मरते दम तक वापस लेकर रहेंगे। इस बारे में विदेश मंत्री एस. जयशंकर को खुद चीनी विदेश मंत्री वांग ई से सफाई देनी पड़ी, लेकिन चीन नहीं माना और लद्दाख के इलाके में वह मौके का इंतजार कर रहा था कि कैसे भारत को दबाया जाए? 2020 के शुरू में चीन ने पूर्वी लद्दाख के सीमांत इलाकों में भारी संख्या में सैनिकों का जमावड़ा किया और इसके बारे में यह सफाई दी कि चीनी सेना वहाँ अपना सालाना अभ्यास कर रही है, जिस पर भारतीय रणनीतिकारों ने भरोसा कर लिया।

भारत का भरोसा बढ़ा

हैरान करनेवाली बात यह भी है कि इस सदी की शुरुआत से भारत और चीन ने परस्पर विश्वास बढ़ानेवाली कई संधियों के साथ-साथ आपसी दोस्ती को गहरा करने के लिए भी वार्त्ता प्रक्रियाएँ, यानी डायलॉग मेकेनिज्म स्थापित की, जिससे चीन पर भारत का भरोसा बढ़ता गया। इनमें द्विपक्षीय राजनीतिक, आर्थिक, सांस्कृतिक, जनता के बीच आदान-प्रदान, काउंसेलर मसलों के अलावा क्षेत्रीय और अंतरराष्ट्रीय मसलों पर आपसी सलाह-मशविरा के लिए वार्त्ताओं का सिलसिला भी शुरू किया जाना शामिल था, लेकिन शी चिन फिंग की पीपल्स

लिबरेशन आर्मी ने भारत-चीन के बीच दोस्ती के जो प्रयास पूर्व राष्ट्रपतियों च्यांग च मिन (1993-2003) और हू चिन थाओ (2003-2013) के शासनकाल में शुरू किए गए थे, उन्हें पूरी तरह मिट्टी में मिला दिया।

चीन और भारत के शिखर नेताओं शी चिन फिंग और नरेंद्र मोदी के बीच अनौपचारिक शिखर बैठकों का सिलसिला शुरू करने के पहले दोनों देशों के शिखर नेता सालाना शिखर बैठकें भी करते रहे हैं। इसके साथ ही दोनों देशों के विदेश मंत्रियों और राष्ट्रीय सुरक्षा सलाहकारों—स्टेट काउंसेलरों के बीच भी नियमित वार्त्ताएँ होती रही हैं। सीमा मसलों पर सर्वोच्च स्तर की राजनीतिक वार्त्ता के 22 दौर दोनों देशों के प्रधानमंत्रियों के विशेष प्रतिनिधियों के बीच हो चुके हैं। पिछले दौर की वार्त्ता 21 दिसंबर, 2019 को हुई थी, लेकिन इन सब वार्त्ताओं का कोई असर आपसी रिश्तों में वास्तविक गरमी लाने में नहीं देखा गया। क्या ये सब वार्त्ताएँ भारत को भुलावे में रखने की चीन की रणनीति थी? इन वार्त्ताओं के दौर चलने से भारत इस गलतफहमी में आ गया कि चीन के साथ रिश्तों में अब तनाव का दौर नहीं रहेगा, इसलिए चीन सीमा पर तैनाती के लिए जो माउंटेन कोर खड़ी की जा रही थी, इसके तहत केवल एक डिवीजन सेना ही खड़ी की जा सकी। इस कोर को खड़ा करने का बाकी काम भारत ने बीच में ही रोक दिया, क्योंकि भारतीय नेतृत्व ने यह महसूस किया कि चीन के साथ रिश्तों का हाल ऐसा प्रतिकूल नहीं है कि चीन सीमा पर भारी खर्चीली पर्वतीय डिवीजन को खड़ा किया जाए।

भारत की पीठ में छुरा

इन वार्त्ताओं के बावजूद चीन का नेतृत्व भीतर-ही-भीतर भारत की पीठ में छुरा घोंपने की रणनीति बना रहा था, ठीक वैसे ही, जैसे फरवरी 1999 में एक तरफ तत्कालीन प्रधानमंत्री अटल बिहारी वाजपेयी लाहौर का दौरा कर आपसी दोस्ती का नया युग शुरू करने की बात कर रहे थे और दूसरी ओर पाकिस्तान की सेना करगिल में घुसपैठ की रणनीति को अंजाम दे रही थी।

भारत और चीन ने तो आपसी सामरिक समझ को बेहतर बनाने के लिए सामरिक वार्त्ता का दौर भी शुरू किया था। यह वार्त्ता विदेश सचिव के स्तर पर 2017 से लेकर 2019 के बीच सालाना चली। चीन के रक्षामंत्री वेई फंग ह ने अगस्त 2018 में भारत का दौरा किया और दोनों रक्षा मंत्रियों के बीच शंघाई सहयोग संगठन (एस. सी.ओ.) के सम्मेलन के दौरान भी 4 सितंबर, 2020 को बैठक हुई।

इसके पहले सचिव स्तर की भारत-चीन सालाना रक्षा व सामरिक वार्त्ता का

नौवाँ दौर भी नवंबर 2018 में आयोजित किया गया। इसके पहले फरवरी 2016 में विशाखापत्तनम में आयोजित इंटरनेशनल फ्लीट रिव्यू में चीनी नौसेना के दो युद्धपोतों ने भाग लेकर भारत के साथ बेहतर होती सामरिक समझ और दोस्ती का संकेत दिया। इसी सिलसिले को जारी रखते हुए भारतीय नौसेना के दो युद्धपोतों ने चीनी नौसेना द्वारा छिंगताओ (शानतुंग) में अप्रैल 2019 में आयोजित इंटरनेशनल फ्लीट रिव्यू में भाग लिया।

भारत और चीन की थलसेनाओं के बीच हैंड इन हैंड का साझा युद्धाभ्यास का आठवाँ संस्करण भारत में आयोजित किया गया। इसके बाद जनवरी 2020 में भारतीय थलसेना के उत्तरी कमांड के जनरल ऑफीसर कमांडिंग इन चीफ लेफ्टिनेंट जनरल रणबीर सिंह ने चीन का दौरा किया।

इन उच्चस्तरीय रक्षा व सैन्य अधिकारियों के एक-दूसरे के यहाँ दौरों के अलावा दोनों देशों ने प्रति आतंकवाद और सुरक्षा के मसलों पर भी वार्त्ताएँ कीं। फरवरी 2016 में हुई इन वार्त्ताओं में भारत की संयुक्त गुप्तचर समिति के चेयरमैन ने भारत की अगुवाई की, जबकि चीनी पक्ष से चीनी कम्युनिस्ट पाटी के सेंट्रल पॉलिटिकल ऐंड लीगल अफेयर्स कमीशन के सेक्रेटरी जनरल ने भाग लिया।

चीन के सार्वजनिक सुरक्षा मंत्री चाओ खछी ने अक्तूबर 2018 में भारत का दौरा किया और भारतीय रक्षामंत्री राजनाथ सिंह के साथ द्विपक्षीय सुरक्षा सहयोग पर भारत-चीन हाई लेवल मीटिंग की सह-अध्यक्षता की। इसके बाद सुरक्षा और कानून पालन पर सहयोग पर सहमति के ज्ञापन पर भी हस्ताक्षर किए गए।

उच्चस्तरीय आदान-प्रदान

उच्चस्तरीय आदान-प्रदान का सिलसिला दोस्ती के माहौल में जारी रहा। भारत और चीन के पार्टी नेताओं और मुख्यमंत्रियों द्वारा एक-दूसरे के यहाँ दौरे भी किए गए। इसके अलावा गैर-सरकारी स्तर पर भी प्रतिष्ठित विशेषज्ञों, अकादमीशियनों के दौरे और थिंक टैंकों के बीच आपसी गोष्ठियों का आयोजन कर दोनों देशों के बीच सद्भाव और सौहार्द का माहौल बनाने का सिलसिला चलता रहा, लेकिन इसे पूर्वी लद्दाख में चीन की ताजा हरकत से जोड़कर देखें तो यही प्रतीत होगा कि चीन दोस्ती का भ्रम पैदा कर भारत को भुलावे में रखने की कोशिश कर रहा था।

□

12

लद्दाख की बर्फीली चोटियों पर सेना

पूर्वी लद्दाख के सीमांत भारतीय इलाकों में मई 2020 से चीनी सेना द्वारा घुसपैठ कर अड्डा जमाए डेढ़ साल से अधिक होनेवाले हैं और अब तक चीन इसी जिद पर अड़ा है कि भारत मसले के हल के लिए बीच का कोई रास्ता तलाश कर समझौता कर ले; हालाँकि पैंगोग त्सो झील के उत्तरी और दक्षिणी किनारे से सैनिकों की वापसी का सीमित समझौता 9 फरवरी, 2021 को संपन्न होकर लागू हो चुका है, लेकिन भारतीय सामरिक पर्यवेक्षकों की चिंता दौलतबेग ओल्दी के नजदीक देपसांग इलाके को लेकर है, जहाँ चीनी सेना कुछ साल से अतिक्रमण कर बैठी है और भारतीय सैनिकों को उस इलाके में गश्त करने से रोक रही है।

चीनी सेना के इस अड़ियल रुख की वजह यह है कि उसे पता है कि भारतीय सेना उसे पीछे धकेलने के लिए बिना उकसावे के अपनी ओर से युद्ध छेड़ने जैसी कोई सैनिक काररवाई करने की हिम्मत नहीं कर सकती। खुद भारतीय सेना ने इस आशय के संकेत दिए हैं कि वह युद्ध नहीं चाहती, जिससे चीनी सेना का दुस्साहस और बढ़ गया है। भारतीय सेना ने सार्वजनिक तौर पर कहा कि चीनी सेना को पीछे हटने के लिए मजबूर करने के लिए लंबा वक्त लगेगा। चीनी सेना पर दबाव बनाने के लिए भारतीय सेना को वास्तविक नियंत्रण रेखा पर और इसके पीछे के इलाके में दो डिवीजन, यानी करीब 50 हजार जवानों को तैनात करना पड़ा; हालाँकि पैंगोंग झील के उत्तरी और दक्षिणी छोर के इलाके में विसैन्यीकरण के बाद सेनाओं को पीछे करने की प्रक्रिया पूरी हो गई, लेकिन देपसांग सहित बाकी इलाकों में महीनों और भारतीय सेना को तैनात रखना होगा, जब तक कि चीनी सेना पीछे नहीं चली जाती। भारतीय सेना ने चीन से साफ कहा है कि जब तक टकराव के सभी इलाकों से चीनी सेना पीछे नहीं चली जाती है, तब तक भारतीय सेना चीनी सेना के सामने डटी रहेगी।

चीन पर सैन्य दबाव बनाने की रणनीति

लेकिन सामरिक हलकों में चीन पर सैन्य दबाव बनाने की इस रणनीति की कामयाबी पर शक जाहिर किए गए। सैन्य पर्यवेक्षकों का कहना था कि वास्तव में चीनी सेना को इस वजह से भारतीय सेना को होनेवाली दिक्कतों को देखकर खुशी ही होगी कि भारतीय सेना को अपने 50 हजार से अधिक सैन्य और मानव संसाधन को पहाड़ी इलाकों पर तैनात रखने में कितनी परेशानी उठानी पड़ रही है और इस पर सैकड़ों करोड़ रुपए रोज खर्च किए जा रहे हैं।

पूर्व लद्दाख के पहाड़ी इलाके पूरी तरह बंजर हैं और वहाँ ऊँची-नीची सँकरी पहाड़ियाँ हैं, जहाँ पचासों हजार सैनिकों को उनके सैनिक साज-सामान के साथ शून्य से 20-40 डिग्री नीचे तापमान में तैनात रखना एक पहाड़ जैसी चुनौती का जाँबाज भारतीय सैनिकों ने बहादुरी के साथ सामना किया है। भारतीय सैनिकों के लिए न केवल चीनी सैनिक सबसे बड़े दुश्मन थे, बल्कि वहाँ का शून्य से नीचे तापमान वाला बर्फीला मौसम भारतीय सेना के लिए उतना ही बड़ा दुश्मन साबित हुआ है। इस चुनौती के अनुरूप अपने को तैयार करने के लिए थलसेना को आपात तैयारी और खरीद करनी पड़ी। इन्हें अमेरिका से आयातित वैसे ही परिधान दिए गए, जो सियाचिन ग्लेशियर पर रहनेवाले सैनिकों को दिए जाते हैं। सियाचिन पर करीब तीन हजार भारतीय सैनिकों को तैनात रखने का भारतीय सेना का करीब चार दशकों का लंबा अनुभव हासिल हो चुका है, लेकिन पूर्वी लद्दाख की बंजर बर्फीली पहाड़ियों पर इससे करीब 15 गुना अधिक सैनिकों को कुछ दिनों के भीतर ही तैनात कर देना और वहाँ उनकी रोजमर्रा की जरूरतों को मुहैया कराना एक अभूतपूर्व चुनौती भारतीय सेना के सामने पेश हुई, जिसे आनन-फानन में भारतीय सेना ने पूरा कर दिखाया।

सैनिकों के स्वास्थ्य की चिंता

सबसे बडी चुनौती थी, बर्फीले पर्वतीय इलाकों में तैनात सैनिकों के स्वास्थ्य की कैसी देखभाल हो, ताकि एक भी सैनिक प्रतिकूल मौसमी हालात के आगे हार नहीं जाए। वास्तव में वहाँ सैन्य तैनाती की सियाचिन जैसी व्यवस्था करने पर ही यदि भारतीय सेना का फोकस रहे तो उसका इस दौरान समाघात तैयारी से ध्यान हटेगा। इससे चीनी सेना के मंसूबे पूरे होंगे। चीनी सेना को पता है कि भारतीय सेना उसे पीछे धकेलने के लिए कोई सीधी काररवाई नहीं करनेवाली। यह तो भारतीय सेना है, जिसे हमेशा इस बात का डर रहेगा कि वास्तविक नियंत्रण रेखा के पीछे के

इलाकों को अरक्षित छोड़ा तो चीनी सेना उन पर अपने कदम बढ़ाकर कब्जा कर लेगी। इसलिए भारतीय सेना को वहाँ हमेशा चौकस रहना होगा।

भारतीय राजनेताओं के लिए यह सार्वजनिक बयान देना आसान है कि भारतीय सेना चीन की चुनौती का मुकाबला करने के लिए वास्तविक नियंत्रण रेखा पर हमेशा मुस्तैद रहेगी, लेकिन जमीनी हालात देखकर किसी के भी रोंगटे खड़े हो जाएँगे। वास्तविक नियंत्रण रेखा के इलाके में तैनात सैनिकों को खुले टेंटों में तैनात रखना मौसम और सुरक्षा नजरिए से ठीक नहीं होता, इसलिए उनके लिए फौलादी फाइबर और कंक्रीट के बंकर बनाने पड़े। विशेष किस्म के फाइबर वाले रिहायशी शेड खड़े किए गए। यह सब अक्तूबर (2020) तक, यानी बर्फ गिरना शुरू होने के पहले ही पूरा कर लिया गया था।

सबसे बड़ी चिंता की बात यह थी कि महीनों तक वहाँ हजारों भारतीय सैनिकों को टिकाने के लिए किस तरह की रिहायशी व्यवस्था की जाए? बर्फीले मौसम में वहाँ खास तरह के फाइबर वाली निवासीय इकाइयाँ और टेंट तो लगाए ही गए, वहाँ एक साथ हजारों सैनिकों के नहाने-धोने और शौच की व्यवस्था करना भी काफी दुष्कर साबित हुआ। उन्हें डिब्बाबंद भोजन तो सप्लाई हो सकता है, लेकिन दूध की चाय पीने के आदी भारतीय सैनिकों को गरम चाय-नाश्ता और पेयजल का इंतजाम करना भी बेहद परेशानी भरा था। हालाँकि पूर्वी लद्दाख के इलाकों में कई नदियाँ हैं, लेकिन वहाँ से पानी निकालकर सैन्य तैनाती के स्थानों तक पहुँचाना और उनका भंडारण जैसी बड़ी समस्या का सामना भारतीय सेना ने किया। भारतीय सेना के लिए इस इलाके में एक ऐसा बड़ा इलाका खोजना मुश्किल दिखा, जहाँ हजारों भारतीय सैनिकों को एक साथ तैनात रखकर उनके रहने के लिए अस्थायी ढाँचागत निर्माण किया जाए, जो शून्य से 40 डिग्री नीचे तापमान में सैनिकों को सिहरने से बचा सके।

सियाचिन से भी कठिन

सियाचिन की चौकियों पर तो एक साथ केवल दो-तीन दर्जन सैनिक होते हैं और बेस कैंप पर उनके लिए बनाई गई रोजमर्रा की सामग्री हेलीकॉप्टरों से पहुँचाई जाती है। इन हेलीकॉप्टरों की एक उड़ान पर ही करीब चालीस-पचास हजार रुपए का ईंधन खर्च हो जाता है, लेकिन पूर्वी लद्दाख में वास्तविक नियंत्रण रेखा पर चोटियों की चौकसी के लिए तैनात एक साथ हजारों भारतीय सैनिकों को इन सबकी नियमित सप्लाई करना एक भारी चुनौती साबित हुई।

एक सवाल यह भी पैदा हुआ कि विभिन्न शस्त्र प्रणालियों और हथियारों की

नियमित देख–रेख कैसे करेंगे, ताकि उन्हें सक्रिय रखा जा सके ? इसके लिए उन्हें ट्रेनिंग का खुला इलाका चाहिए था, जो लद्दाख के पहाड़ी इलाकों पर खोजना मुश्किल है। केवल सैनिक ही नहीं, बल्कि उनके हथियारों को भी उनसे बेहतर तरीके से सहेजकर रखने का भारी इंतजाम करना पड़ा, ताकि वे दुश्मन में इनके समुचित इस्तेमाल का खौफ पैदा कर सकें। वहाँ सैनिकों को तैनात रखने की भारी चुनौती से भी बड़ी चुनौती उनके लिए इस्तेमाल की जानेवाली तोपों, मशीनगनों, असाल्ट राइफलों, टैंकों, बख्तरबंद वाहनों आदि का रख–रखाव साबित हो रही है। इन हथियारों को भी विशेष किस्म के कैनवास में ढककर रखना पड़ता है, ताकि बर्फीले माहौल में वे काम करना बंद न कर दें।

□

13

चीन की कथनी और करनी में फर्क

महीनों तक भारत-चीन के बीच सैन्य, राजनयिक, राजनीतिक और आर्थिक रिश्तों में भारी तनातनी पैदा करने के बाद चीन को यह समझ में आ गया कि पूर्वी लद्दाख में भारत से लगे सीमांत इलाकों में वास्तविक नियंत्रण रेखा का इकतरफा उल्लंघन कर जबरदस्ती घुसना उसके लिए महँगा पड़ेगा। क्या यही वजह थी कि 10 जुलाई, 2020 को नई दिल्ली में चीन के राजदूत को अपनी ओर से एक विशेष वीडियो जारी कर भारतीयों को यह संदेश देना पड़ा कि भारत और चीन के बीच दो हजार साल से पड़ोसी देशों का दोस्ताना रिश्ता रहा है, इसलिए भारत चीन को दुश्मन और सामरिक खतरा नहीं समझे, लेकिन इसके साथ ही चीनी राजदूत ने फिर दोहराया कि दोस्ताना रिश्तों के लिए दोनों बीच का रास्ता तलाशें। चीनी राजदूत ने अहम बयान दिया कि दोनों देश रिश्तों को फिर पटरी पर वापस लाएँ।

चीनी राजदूत के इस बयान के जारी होने के कुछ देर बाद ही भारत ने एक बयान जारी कर दोनों देशों के बीच सीमा मसलों पर संयुक्त सचिव स्तर की बातचीत (वर्किंग मेकेनिज्म फॉर कंसल्टेशन ऐंड कोऑर्डिनेशन ऑन इंडिया चाइना बॉर्डर अफेयर्स) का विवरण जारी करते हुए उम्मीद जाहिर की कि दोनों पक्ष वास्तविक नियंत्रण रेखा तक अपने सैनिकों को पूरी तरह पीछे हटा लेंगे। इसके अलावा, भारत-चीन सीमांत इलाकों से उकसाने वाली सैन्य तैनाती को खत्म करेंगे और द्विपक्षीय समझौतों और सहमतियों के अनुरूप सीमांत इलाकों में शांति व स्थिरता को बहाल करेंगे। दोनों पक्ष इस बात से भी सहमत हुए कि द्विपक्षीय रिश्तों के समग्र विकास के लिए दोनों देशों के सीमांत इलाकों में शांति व स्थिरता का बना रहना जरूरी है। सीमांत इलाके में दोनों देशों के विशेष प्रतिनिधियों के बीच 5 जुलाई को हुई बातचीत के दौरान विकसित सहमति को गंभीरता से लागू करने के लिए दोनों देशों के सैन्य कमांडरों के बीच अगली बैठक जल्द करने का ऐलान भी किया गया।

भारत–चीन मौजूदा सैन्य तनातनी को लेकर भारतीय मीडिया और जनमानस में चीन के इरादों को लेकर की जा रही अटकलों को नोटिस में लेते हुए चीन ने पहली बार अपने तेवर नरम करने के संकेत दिए और कहा कि गत 5 जुलाई, 2020 को दोनों देशों के सीमा मसले पर विशेष प्रतिनिधियों की वार्त्ता में जो आम सहमति बनी है, वह लागू की जाएगी। चीनी राजदूत सुन वेई तुंग का 10 जुलाई को जारी बड़ा बयान भारतीयों को नसीहत देता है कि दो हजार साल के सहयोगपूर्ण रिश्तों के मद्‌देनजर विवादों को झगड़ों में नहीं बदलें।

चीनी राजदूत के मुताबिक, भारत और चीन का दो हजार सालों का मैत्रिपूर्ण आदान–प्रदान का इतिहास रहा है और इस दौरान दोस्ताना सहयोग का माहौल ही छाया रहा। भारत और चीन दोनों के लिए विकास और पुनरुद्धार ही सबसे बड़ी प्राथमिकता है, क्योंकि हम दोनों एक समान दीर्घकालीन सामरिक हितों को साझा करते हैं। राजदूत के मुताबिक, नब्बे के दशक से ही भारत और चीन के नेताओं में यह अहम सहमति बनी है कि भारत और चीन एक–दूसरे के लिए खतरा नहीं पैदा करते हैं। चीनी राजदूत ने अप्रैल 2018 में ऊहान शिखर बैठक का हवाला देते हुए कहा कि दोनों देश एक–दूसरे के लिए विकास की संभावनाएँ पैदा करते हैं, न कि खतरा पैदा करते हैं।

चीनी राजदूत ने भारतीय हलकों में चल रही चर्चा के मद्‌देनजर कहा कि उन्होंने नोटिस किया है कि सीमा से जुड़ी घटनाओं के मद्‌देनजर भारत–चीन दोस्ताना रिश्तों की भावनाओं के प्रतिकूल बातें की जा रही हैं। इन चर्चाओं में चीन के इरादों को लेकर गलत आकलन किया जा रहा है, संघर्षों को बढ़ा–चढ़ाकर पेश किया जा रहा है, टकरावों को उकसाया जा रहा है और हजारों साल से एक नजदीकी पड़ोसी को दुश्मन तथा सामरिक खतरे के तौर पर पेश किया जा रहा है। राजदूत ने कहा कि इसमें सचाई नहीं है और यह वास्तव में नुकसानदेह है, यह रिश्तों में मददगार नहीं है।

टकराव से बचने की नसीहत

भारत के साथ सीमा पर अकसर सैन्य तनातनी पैदा करने के लिए इकतरफा कदम कई बार उठानेवाले चीन के राजदूत ने कहा कि भारत और चीन ने संयुक्त तौर पर शांतिपूर्ण सहअस्तित्व के सिद्धांत का पालन और प्रतिपादन किया है, इसलिए हमें एक–दूसरे को विश्व परिदृश्य में सकारात्मक भागीदार और विकास के अपने सपनों को हासिल करने में साझेदार समझना चाहिए। इसलिए भारत और

चीन को शांति की जरूरत है, न कि टकराव की।

चीनी राजदूत ने कहा कि परस्पर भरोसा बनाने के लिए हमें एक-दूसरे का परस्पर सम्मान करना होगा और हमें एक-दूसरे के साथ बराबरी का रिश्ता रखना होगा। हमें एक-दूसरे के प्रति खुला और समावेशी होना होगा। हमें मतभेदों को किनारे रखते हुए समान विचारों को प्रमुखता देनी होगी और एक-दूसरे पर एक-दूसरे की इच्छाओं को नहीं थोपना होगा। हमें एक-दूसरे के साथ किए गए वायदों का सम्मान करना होगा, बातचीत के जरिए मतभेदों का प्रबंध करना होगा और दोनों देशों के नेताओं द्वारा अपने वायदों का आदर करना होगा, साथ-साथ चलते हुए नेताओं के बीच बनी सहमति का अक्षरशः पालन करना होगा।

भारत-चीन के राजनयिक रिश्तों की स्थापना की 70वीं सालगिरह मनाने का जिक्र करते हुए चीनी राजदूत ने कहा कि हम एक-दूसरे से बीच रास्ते में मिलें, सहयोग के सकारात्मक पहलुओं का विस्तार करें, नकारात्मक बातों का दायरा कम करें और आपसी भरोसा और सहयोग को नुकसान पहुँचाने से बचें।

राजदूत ने कहा कि जब तक हम नेताओं के दिशा-निर्देशों का पालन करते रहेंगे और विशेष प्रतिनिधियों के बीच बनी सहमतियों को लागू करते रहेंगे, दोस्ती और सहयोग पर जोर देते रहेंगे, शंकाओं और गलतफहमियों को दूर करेंगे और मतभेदों और संवेदनशील मसलों का ठीक से प्रबंध करेंगे, हम आपसी रिश्तों में आज जिन चुनौतियों का सामना कर रहे हैं, उनका समुचित तरीके से मुकाबला कर सकेंगे और द्विपक्षीय रिश्तों को ठोस और सतत विकास के लिए पटरी पर वापस ला सकेंगे।

भारत-चीन के विदेश मंत्रालयों के संयुक्त सचिव स्तर की बातचीत के खत्म होने के साथ ही चीनी राजदूत के इस बयान के पीछे यदि कोई छिपी मंशा नहीं हो तो इससे संकेत मिला कि चीन को अपनी सामरिक भूल का अहसास हुआ और अब उसने भारत के साथ शांति एवं सहयोग की बातें कर विश्व रंगमंच पर अपनी खराब होती छवि को और खराब होने से बचाने की कोशिश की।

चीनी झूठ का खुलासा

लेकिन चीन के ऐसे कई बयानों को जमीन पर उतरते नहीं देखकर ही 11 दिसंबर, 2020 को भारतीय विदेश मंत्रालय के प्रवक्ता अनुराग श्रीवास्तव को यह कहना पड़ा कि चीन अपनी कथनी और करनी एक जैसा ही रखे। चीन किस तरह झूठ बोलता है, इसका खुलासा भारतीय प्रवक्ता ने सार्वजनिक तौर पर किया। यह

चीन के इस दावे के संदर्भ में किया गया कि भारत–चीन राजनयिक रिश्तों की स्थापना की 70वीं सालगिरह मनाने के लिए भारत और चीन ने डाक टिकट जारी करने के लिए आयोजित कार्यक्रम को बिना बताए रद्द कर दिया। इसके जवाब में भारतीय प्रवक्ता ने कहा कि भारत–चीन राजनयिक रिश्तों की स्थापना की 70वीं सालगिरह के कई आयोजनों में यह कार्यक्रम भी शामिल था, लेकिन इसकी कोई तिथि तय नहीं हुई थी। वास्तव में भारतीय प्रवक्ता ने कहा, 70वीं सालगिरह मनाने के लिए जो उद्घाटन कार्यक्रम होना था, वह भी नहीं आयोजित हुआ तो साल भर के कार्यक्रम के तहत अन्य कार्यक्रम कैसे हो सकते हैं?

वास्तव में इसी बयान के बाद भारतीय विदेश मंत्री एस. जयशंकर ने भी कहा कि जब सीमा पर भारत और चीन के सैनिकों के बीच तनातनी चल रही हो तो अन्य क्षेत्रों में रिश्तों को सामान्य तौर पर कैसे चलाया जा सकता है? चीन यह अहसास देना चाहता है कि भारत–चीन सीमा विवाद को भारत अन्य क्षेत्रों में रिश्तों को विकसित करने में अड़ंगा नहीं डाले।

लेकिन चीन को जरूर यह पता है कि सीमा विवाद के जारी रहने के बावजूद भारत और चीन के रिश्ते इतने प्रगाढ़ हुए कि आपसी व्यापार सौ अरब डॉलर तक पहुँच गया, जो चीन के पक्ष में काफी झुका हुआ है। दोनों देशों के लाखों पर्यटक एक–दूसरे के यहाँ आने–जाने लगे। भारत के हजारों छात्र चीन में पढ़ने जाने लगे। दोनों देशों के बीच सांस्कृतिक आदान–प्रदान काफी बढ़ गया। चीन ने भारत के शिक्षण संस्थानों में अपना कन्फ्यूसियस संस्थान खोलने में कामयाबी पाई। बाद में जब इसकी वास्तविक मंशा का अहसास भारतीय अधिकारियों को हुआ तो भारत ने इन पर कड़ी निगरानी करने और इनकी गतिविधियों को सीमित करने के निर्देश दिए।

□

14

कोरोना के आरोपों से ध्यान हटाने के लिए चीन ने तनाव बढ़ाया?

ऐसे वक्त जब भारत कोरोना महामारी से राष्ट्रीय स्तर पर जूझ रहा था, भारत और चीन की सीमा के कई इलाकों में दोनों देशों के सैनिकों के बीच तनातनी का माहौल पैदा होना भारत के लिए हैरत पैदा करनेवाला और चिंताजनक था। ऐसे दौर में चीन भारत के साथ हुए विभिन्न शांति समझौतों की भावना को तोड़ते हुए भारतीय इलाके में अतिक्रमण कर चढ़ बैठेगा, इसकी कल्पना भारतीय सामिरक कर्णधारों ने शायद इसलिए नहीं की होगी कि उसने चीनी नेताओं की मीठी बातों पर भरोसा किया, शायद यह भी कि भारतीय मानसिकता कुटिल कूटनीति से दूर रही है। चीनी कम्युनिस्ट पार्टी के अंग्रेजी मुखपत्र 'ग्लोबल टाइम्स' की एक रिपोर्ट इस बात की ओर इशारा कर रही थी कि चीन भारत की सीमाओं पर तनाव का माहौल पैदा कर भारत पर सैन्य दबाव बढ़ाना चाहता है। 'ग्लोबल टाइम्स' की रिपोर्ट से साफ होता है कि लद्दाख की गलवान नदी के इलाके में चीनी सेना अपने टेंट लगाकर फिर डोकलाम जैसी स्थिति पैदा करने का इरादा रखती थी, जब 2017 के जून में भारत और चीन के सैनिक 72 दिनों तक आमने सामने तैनात हो गए थे और 'ग्लोबल टाइम्स' अखबार भारत को धमकियाँ दे रहा था कि भारत को काफी बुरे और अकल्पनीय नतीजे भुगतने होंगे। 15 जून, 2020 की रात को गलवान घाटी में जो हुआ, उसकी अप्रत्यक्ष चेतावनी चीन ने 'ग्लोबल टाइम्स' के जरिए उक्त शब्दों में पहले ही दे दी थी।

सामरिक हलकों में सवाल यह उठा कि इसके पीछे चीन की क्या रणनीति हो सकती है? चीन ने सीमांत इलाकों में अपनी हरकतें फरवरी महीने से ही शुरू कर दी थीं, जब कोरोना की वजह से चीन पर घरेलू और अंतरराष्ट्रीय राजनीतिक हमले शुरू हो चुके थे। कहा जाता है कि कोरोना को लेकर अपनी चाल छुपाने

के इरादे से चीन ने अपने नागरिकों और दुनिया का ध्यान हटाने के लिए भारत सहित अपने निकट के सागरीय इलाके में सैन्य हलचल तेज की। चीन ने न केवल भारत–चीन सीमा, बल्कि दक्षिण चीन सागर के इलाके में भी इसी तरह कई द्वीपों को अपना प्रशासनिक इलाका बतानेवाला नाम घोषित किया और इस समुद्री इलाके के तटीय देशों की संप्रभुता को चुनौती दी है। सवाल यह उठता है कि क्या चीनी कम्युनिस्ट नेतृत्व की मंशा कोरोना की वजह से दबी जुबान से घरेलू आलोचना की दिशा मोड़नी थी? आखिर क्यों कोरोना के खिलाफ चल रहे विश्वव्यापी युद्ध के दौर में चीन दक्षिण चीन सागर से लेकर भारतीय सीमा तक सैन्य तनाव पैदा करने लगा? क्या उसे लगा कि अपने प्रादेशिक दावे के विस्तार का यह स्वर्णिम मौका है? या फिर चीनी राष्ट्रपति शी चिन फिंग अपने देशवासियों को यह बताना चाहते हैं कि वह चीन के चक्रवर्ती सम्राट् हैं, जिनकी आक्रामक राष्ट्रवादी नीतियों की वजह से पूरी दुनिया पर चीन का प्रभुत्व स्थापित होगा?

असली मंशा

कहा जाता है कि गलवान घाटी में भारतीय सेना के खिलाफ चीनी सेना का शौर्य दिखाने के इरादे से उनके खिलाफ करवाए गए कायरतापूर्ण हमले की यही असली मंशा थी, ताकि चीनी जनता के बीच चीनी सेना के साहसी कारनामों का गुणगान कर चीनी जनता को राष्ट्रवादी लहरों में बहने दिया जाए। चीनी कम्युनिस्ट पार्टी इस तरह कोरोना को फैलने से सरकार की नाकामी की ओर से जनता का ध्यान हटाना चाहती थी।

चीन पर निशाना साधा

हालाँकि साल 2020 के शुरू में जब चीन से कोरोना वायरस भारत सहित पूरी दुनिया में फैल रहा था, तब चीनी सेना ने भारतीय इलाके में अतिक्रमण नहीं किया था, लेकिन कोरोना फैलने को लेकर चीनी राजनीतिक नेतृत्व को न केवल अपने घरेलू, बल्कि विश्व समुदाय द्वारा दोषी होने के आरोप लगाए जाने का खतरा महसूस होने लगा था। कोरोना वायरस को फैलने से रोकने में नाकामी या चीनी जैव–प्रयोगशाला से कोरोना वायरस के निकलकर पूरी दुनिया में छितराने के आरोपों से अपनी जनता और बाकी दुनिया का ध्यान हटाने के इरादे से चीन ने भारत सहित दक्षिण चीन सागर के कई इलाकों में सैन्य तनाव पैदा किया।

इसलिए इस माहौल में चीन पर अप्रत्यक्ष निशाना साधना चीन को चिढ़ाने

के लिए काफी था। भारत ने कहा कि जैव हथियार संधि का सख्ती से पालन होना चाहिए और इसके पालन पर समुचित निगरानी होनी चाहिए। जैव हथियार संधि के सख्ती से पालन और इसके तहत एक कड़ी अंतरराष्ट्रीय निगरानी व जाँच व्यवस्था बनाने की भारत की यह माँग दुनिया ने अनसुनी कर दी, लेकिन इसी बहाने भारत ने चीन को घेरने की कोशिश की। भारत ने यह माँग तब की थी, जब चीनी सेना ने पूर्वी लद्दाख के इलाके में अतिक्रमण नहीं किया था। भारत की यह माँग इसलिए भी अहम कही जा सकती है कि चीन की सेना दुश्मन पर जैव हथियारों के जरिए इस तरह का अदृश्य हमला करने की तैयारी करती रही है।

भारत की सामयिक माँग

चीन के ऊहान से निकले कोविड-19 वायरस द्वारा दुनिया भर में कोहराम मचाने के मद्देनजर भारत की यह माँग काफी सामयिक रही; खासकर चीन के राजनयिक हलकों के कान खड़े करनेवाली थी। 26 मार्च, 2020 को बायोलॉजिकल ऐंड टाक्सिक वेपेंस कन्वेंशन (बी.डब्ल्यू.सी.) की 45वीं सालगिरह थी, जिसे केवल भारत ने याद किया और इस बहाने कोविड-19 वायरस की वजह से मानवीय और सामाजिक तबाही जैसी वैश्विक समस्याओं से निबटने के लिए अंतरराष्ट्रीय सहयोग का माहौल बनाने के साथ-साथ यह भी आग्रह किया कि ऐसी समस्याओं के स्रोत का पता लगाने के लिए एक जाँच व्यवस्था होनी चाहिए।

गौरतलब है कि भारत ने यह माँग ऐसे वक्त की, जब राजनयिक और सामरिक हलकों में दबी जुबान से यह कहा जा रहा था कि कोविड-19 वायरस का जन्म ऊहान स्थित 'इंस्टीट्यूट ऑफ वायरोलॉजी' में चल रहे शोध कार्यों के दौरान हुआ। (मई 2021 में अमेरिकी विदेश विभाग के दस्तावेज से इन आरोपों को बल मिलता है कि चीनी सेना (पी.एल.ए.) के रक्षा वैज्ञानिकों ने जैव युद्ध के हथियार के तौर पर कोविड-19 वायरस के विकास पर काम किया, जो गलती से प्रयोगशाला से लीक हो गया। कथित तौर पर तीसरे विश्व युद्ध के लिए महाविनाशक जैविक हथियार के तौर पर इसके विकास की हरी झंडी 2015 में चीन सरकार ने दी थी। साफ है कि इस तरह के निर्देश चीन के राष्ट्रपति शी चिन फिंग के कार्यालय से ही जारी किए गए होंगे।)

इन आरोपों से बचने के लिए चीन ने एंक अंतरराष्ट्रीय प्रोपेगंडा अभियान चलाया और यह सुनिश्चित किया कि नोवेल कोरोना वायरस का नाम चीन या ऊहान से जोड़कर नहीं प्रचारित किया जाए। जैव हथियार और जहरीले हथियार

संधि की 45वीं सालगिरह के बहाने भारत ने चीन से निकले कोविड-19 वायरस द्वारा अंतरराष्ट्रीय स्तर पर फैलाई गई अप्रत्याशित तबाही की ओर ध्यान खींचा।

इसके पहले भारत ने विश्व स्वास्थ्य संगठन की कार्यप्रणाली में सुधार और इसे और सशक्त बनाए जाने की माँग कर कोविड-19 वायरस से पैदा विश्व संकट की ओर ध्यान दिलाया था। ऐसे वक्त में जब विश्व समुदाय और बड़ी ताकतें कोविड-19 वायरस को सीधे चीन से जोड़कर बताने में संकोच कर रही थीं, भारत ने लगातार दूसरी बार चीन पर यह अप्रत्यक्ष हमला किया। भारत की इन माँगों के विशेष मायने राजनयिक हलकों में निकाले गए, लेकिन पर्यवेक्षकों का सही मानना था कि सुरक्षा परिषद् का वीटो अधिकार प्राप्त सदस्य होने के नाते चीन ऐसे किसी भी प्रस्ताव को चर्चा के विषय में शामिल नहीं होने देगा।

जैव व जहरीले हथियार संधि

भारत ने कहा कि साल 2021 में जैव और जहरीले हथियार संधि के होनेवाले नौवें समीक्षा सम्मेलन में भारत द्वारा उठाए गए मसलों पर गौर किया जाए। खेद की बात यह है कि जैव हथियारों पर रोक लगानेवाली संधि के बावजूद न केवल चीन, बल्कि अमेरिका और अन्य विकसित देशों में कई तरह के जैव हथियारों के विकास पर काम हो रहा है। सबसे बड़ा खतरा यह भी है कि इस तरह के जैव हथियार किसी आतंकवादी गुट के हाथ लग सकते हैं, जो महज एक टेस्ट ट्यूब में किसी भी जगह लेकर छोड़ा जा सकता है और इससे किसी भी देश की आर्थिक और सामाजिक रीढ़ को तोड़ा जा सकता है। कोरोना वायरस इसकी सटीक मिसाल है, जिसने अमेरिका जैसे विकसित देशों को भी नहीं बख्शा। वास्तव में यदि चीन के इन आरोपों को सच माना जाए कि ऊहान शहर में जो वायरस निकला, वह अमेरिकी सैनिकों द्वारा ही अक्तूबर 2019 में ऊहान में विश्व सैनिक खेलों के दौरान छोड़ा गया था, तब इसके मद्देनजर जैव संधि के सख्ती से पालन के लिए और कड़े प्रावधान होने की जरूरत महसूस की जानी चाहिए। चीन ने यह आरोप तब लगाया, जब अमेरिकी राष्ट्रपति डोनाल्ड ट्रंप ने कोविड-19 वायरस को 'चीनी वायरस' कहा। अमेरिका और चीन के आरोपों का यही मतलब निकाला जा सकता है कि कोविड-19 वायरस का विकास मानव इंजीनियरी द्वारा जैव हथियार कार्यक्रम के तहत किया गया। इसके मद्देनजर इन आरोपों की सत्यता की जाँच की और भी जरूरत पैदा होती है।

पर्यवेक्षकों का कहना है कि जिस तरह परमाणु अप्रसार संधि (एन.पी.टी.)

जैसी अंतरराष्ट्रीय संधि के तहत सदस्य देशों को अपने परमाणु कार्यक्रम में पारदर्शिता बरतनी होती है और अंतरराष्ट्रीय परमाणु ऊर्जा एजेंसी (आई.ए.ई.ए.) को किसी भी देश में जाकर उसकी परमाणु सुविधाओं के औचक निरीक्षण के अधिकार की व्यवस्था की गई है, उसी तरह जैव हथियार संधि के सख्ती से पालन और निगरानी व्यवस्था के लिए भी एक अंतरराष्ट्रीय निगरानी व्यवस्था होनी चाहिए।

औचक निरीक्षण

यदि आज इस तरह की कोई औचक निरीक्षण व्यवस्था होती तो अंतरराष्ट्रीय विशेषज्ञों की टीम को ऊहान इंस्टीट्यूट ऑफ वायरोलोजी की प्रयोगशाला में जाँच करने की अनुमति देनी होती, लेकिन पर्यवेक्षकों का मानना है कि कोई भी देश नहीं चाहेगा कि उसकी जैव प्रयोगशाला का निरीक्षण संयुक्त राष्ट्र के तहत कोई अंतरराष्ट्रीय जाँच दल द्वारा हो।

भारत ने कहा कि जनसंहार के हथियारों के विकास और उत्पादन की यह पहली ऐसी अंतरराष्ट्रीय संधि है, जो भेदभाव रहित है, जिसमें जनसंहार के सभी किस्मों के हथियारों के उत्पादन पर रोक लगाने की बात है। भारत ने इस अंतरराष्ट्रीय संधि को हमेशा अहमियत प्रदान की है। भारत की ओर से रखे गए इस प्रस्ताव के बारे में कहा गया है कि इस संधि के वैश्वीकरण और पूर्ण और प्रभावी तरीके से व्यवहार में लाने को हम सर्वोच्च प्राथमिकता देते हैं।

भारतीय विदेश मंत्रालय के एक बयान के मुताबिक भारत यह दृढ़तापूर्वक मानता है कि जैव हथियार संधि को नई उभरती वैज्ञानिक घटनाओं द्वारा पैदा चुनौती से निबटने के लिए सख्ती से मुकाबला करने को तैयार रहना होगा। इसी के मद्देनजर इस संधि के 2021 में होनेवाले नौवें समीक्षा सम्मेलन के दौरान इस संधि को संस्थागत मजबूती प्रदान करने की जरूरत पर भारत ने जोर दिया। चीन का नाम लिये बिना अंतरराष्ट्रीय समुदाय को संबोधित भारतीय बयान में यह भी कहा गया कि कोविड-19 महामारी की वजह से जो वैश्विक आर्थिक और सामाजिक असर हम देख रहे हैं, इसने इस बात की जरूरत बताई है कि हमारे बीच विश्व स्वास्थ्य संगठन (WHO) को मजबूत करने के अलावा अंतरराष्ट्रीय सहयोग को और मजबूत करने की जरूरत है। आतंकवादियों द्वारा सूक्ष्म जीवों का जैविक हथियार के तौर पर इस्तेमाल करने के खतरों के बारे में भारत संयुक्त राष्ट्र को आगाह करता रहा है। इसके लिए भारत हर साल संयुक्त राष्ट्र में प्रस्ताव पेश करता रहा है। यह प्रस्ताव 'जनसंहार के हथियारों के आतंकवादियों तक पहुँचने से रोकने के उपाय' नाम से 2002 से हर साल पेश किया गया है।

विश्व स्वास्थ्य संगठन में सुधार की माँग

इसके साथ ही भारत ने विश्व स्वास्थ्य संगठन (डब्ल्यू.एच.ओ.) में सुधार की माँगकर इशारों में चीन को फिर लपेटा। इस बारे में राजनयिक हलकों में ये टिप्पणियाँ की गईं कि क्या विश्व स्वास्थ्य संगठन की कार्यप्रणाली में सुधार की माँग करके प्रधानमंत्री नरेंद्र मोदी ने चीन पर इशारों में निशाना साधा है? ऐसे वक्त जब अमेरिका और यूरोपीय देश चीन के ऊहान शहर से दुनिया भर में फैले कोरोना वायरस के कहर से त्रस्त हो रहे थे और ये देश चीन की लापरवाही के लिए चीन को दोषी ठहराने में संकोच कर रहे थे, भारत ने 26 मार्च, 2020 को जी-20 के शिखर सम्मेलन के दौरान विश्व स्वास्थ्य संगठन को और ताकत प्रदान करने की माँग कर क्या अप्रत्यक्ष तौर पर यह नहीं कहा कि यदि चीनी सरकार के दबाव में डब्ल्यू.एच.ओ. नहीं आता तो कोरोना वायरस के प्रकोप से बचने के लिए एहतियाती काररवाई दिसंबर 2019 में ही होने लगती और कोरोना वायरस को चीन से बाहर जाने से रोका जा सकता था?

वास्तव में डब्ल्यू.एच.ओ. के प्रमुख टेड्रोस अधेनोम पर आरोप लगाया गया था कि उन्होंने कोरोना वायरस से निबटने के लिए चीन सरकार के प्रयासों की सराहना की और इस तरह कोरोना वायरस को चीन से बाहर फैलने से रोकने में नाकाम रहे। चीन यदि शुरू में ही कोरोना वायरस को फैलने से रोकने की जरूरी काररवाई कर लेता तो यह वायरस आज पूरी दुनिया पर कहर नहीं ढा रहा होता!

चीन सरकार की कोशिश रही कि कोरोना वायरस फैलने का दोष अंतरराष्ट्रीय समुदाय द्वारा चीन पर नहीं डाला जाए, हालाँकि डोनाल्ड ट्रंप की अगुवाई वाले अमेरिकी प्रशासन ने चीन को खूब कोसा और उसे ही कोरोना वायरस दुनिया भर में फैलने के लिए जिम्मेदार ठहराया, लेकिन चीन बाकी ताकतवर देशों पर दबाव डालने में कामयाब रहा कि कोरोना वायरस का नाम चीन से जोड़कर नहीं प्रचलित किया जाए। ऐसे वक्त प्रधानमंत्री नरेंद्र मोदी ने जी-20 के शिखर नेताओं के सामने यह प्रस्ताव रखकर चीन को आड़े हाथों लिया कि उसकी नाकामी को छिपाने में डब्ल्यू.एच.ओ. ने साथ दिया। प्रधानमंत्री मोदी के कहने का तात्पर्य यह था कि यदि संयुक्त राष्ट्र के तहत काम करनेवाली संस्था के पास स्वायत्त अधिकार होता तो वह सुरक्षा परिषद् के स्थायी सदस्य चीन के दबाव में नहीं आता। वास्तव में चीन ने तो कोरोना वायरस की वजह से पैदा विश्व संकट पर चर्चा करने के लिए 15 सदस्यों वाली सुरक्षा परिषद् की

बैठक बुलाने का प्रस्ताव भी आगे नहीं बढ़ने देकर 'चोर की दाढ़ी में तिनका' वाली कहावत चरितार्थ की।

चीन की शर्मिंदगी

वास्तव में कोरोना वायरस की उत्पत्ति चीन के ऊहान में होने के आरोपों और इसे फैलने में नाकाम रहने की वजह से अंतरराष्ट्रीय समुदाय के बीच हो रही छीछालेदर से चीन काफी परेशान और शर्मिंदा हुआ। अपनी आर्थिक ताकत के बलबूते चीन इस बात की भरसक कोशिश करता रहा कि कोरोना वायरस का दाग चीन के दामन पर नहीं लगे। जहाँ चीनी सोशल मीडिया पर कोरोना वायरस की वजह से चीन को बदनाम करनेवाले सभी पोस्ट सेंसर किए गए वहीं विदेशी सोशल मीडिया और वेबसाइटों को भी चीन में सेंसर किया जा रहा है।

अपने प्रभावों का इस्तेमाल कर चीन ने विश्व स्वास्थ्य संगठन को पहले तो शुरू के सप्ताहों में वायरस को महामारी के तौर पर घोषित करने से रोका और उसकी कोशिश थी कि कोरोना वायरस के नाम में चीन नहीं जुड़ा हो। 24 मार्च, 2020 को चीन के विदेश मंत्री वांग ई ने जब भारतीय विदेश मंत्री एस. जयशंकर को फोन किया तो कोरोना वायरस के बारे में विशेष चर्चा करते हुए कहा कि कोरोना वायरस का नाम चीन से जोड़ना ठीक नहीं होगा; हालाँकि भारतीय विदेश मंत्री ने इससे सहमति जताई कि वायरस का नाम किसी देश या समुदाय से नहीं जोड़ा जाना चाहिए, लेकिन इसके बावजूद नई दिल्ली में चीनी राजदूत सुन वेई तुंग ने ट्वीट जारी कर भारत से कहा कि इसका विरोध करे। चीनी राजदूत ने कहा कि कोरोना वायरस का नाम चीन से जोड़ना तंग मानसिकता का परिचायक है।

वास्तव में सदियों से कई तरह के वायरस जनित रोग और महामारी देशों के नाम पर रखे जाते रहे हैं, क्योंकि उनकी उत्पति उन देशों से होकर दुनिया भर में फैली। इनमें कुख्यात जर्मन मीजल्स, जापानी इन्सेफैलाइटिस, स्पेनिश फ्लू, ग्रेट लंदन प्लेग आदि आज तक प्रचलित हैं, लेकिन चीन के ऊहान शहर से फैले कोरोना वायरस को 'चीनी वायरस' या 'ऊहान वायरस' के नाम से चर्चा किए जाने पर चीन ने गहरा एतराज किया। अमेरिकी राष्ट्रपति डोनाल्ड ट्रंप ने जब कोरोना वायरस को 'चीनी वायरस' के नाम से पुकारा और अमेरिकी विदेश मंत्री माइक पोंपियो ने कोरोना वायरस को 'ऊहान वायरस' के नाम से पुकारा तो चीन इतना चिढ़ गया कि उसने अमेरिका पर आरोप लगा दिया कि अमेरिकी सेना ने

ही ऊहान शहर में जानलेवा कोरोना वायरस छोड़ा।

लेकिन चीन के आरोपों से अमेरिका भी चिढ़ गया और उसने वाशिंगटन में चीनी राजदूत को अपने विदेश मंत्रालय में बुलाकर फटकार भी लगाई। भले ही विश्व स्वास्थ्य संगठन ने कोरोना वायरस को 'नोवेल कोविड-19' की संज्ञा दी है और चीन को इन आरोपों से बरी कर दिया कि कोरोना वायरस का जन्म चीन के ऊहान में मानव इंजीनियरी की वजह से हुआ, हालाँकि यह सिद्ध नहीं हो सकेगा कि इस वायरस का जन्म कैसे हुआ, लेकिन इस सच्चाई से चीन भी कैसे इनकार कर सकेगा कि कोरोना वायरस पहली बार ऊहान में ही फैला, जहाँ तीन हजार से अधिक लोग इसकी चपेट में आ गए? इसलिए अंतरराष्ट्रीय समुदाय द्वारा कोरोना वायरस को चीन से जोड़कर देखना गलत नहीं कहा जा सकता, फिर भी चीन की आर्थिक और सैनिक ताकत के आगे दुनिया का कोई भी देश यह हिम्मत नहीं कर सका कि वह कोरोना वायरस को चीन के नाम से पुकारे। ऐसे में जी-20 शिखर सम्मेलन में प्रधानमंत्री मोदी द्वारा डब्ल्यू.एच.ओ. पर टिप्पणी करना काफी अर्थ रखता है।

इन विवादों के बीच अमेरिकी राष्ट्रपति जो बाइडन द्वारा गत 27 मई, 2021 को अपनी खुफिया एजेंसियों को दिए गए इस आदेश ने चीन को चिढ़ाया कि तीन महीने के भीतर यह जाँच कर बताएँ कि कोरोना वायरस के प्रसार में चीन की ऊहान जैविक प्रयोगशाला की कितनी जिम्मेदारी है? बाद में भारतीय विदेश मंत्रालय ने भी अमेरिका सहित अंतरराष्ट्रीय समुदाय की इस माँग के अनुरूप कहा कि कोरोना वायरस के स्रोत का पता लगाने और उसपर अध्ययन करने की जरूरत है।

□

15

ढाँचागत निर्माण चीनी धुसपैठ के लिए बहाना

कोरोना महामारी के खिलाफ भारत सहित दुनिया भर में चल रहे युद्ध के बीच पूर्वी लद्दाख के सीमांत इलाकों में सैन्य तनातनी खत्म करने के लिए चली बातचीत को उलझाने और लंबा खींचने में चीन निस्संदेह कामयाब रहा। उसने सीमांत इलाकों में भारत द्वारा, चीनी विदेश मंत्रालय के मुताबिक, सैन्य इरादों से ढाँचागत निर्माण का मसला उठाया और इस तरह यह सवाल खड़ा कर पूरे विवाद को नया मोड़ देने की कोशिश की। चीन ने साफ कहा कि दोनों देशों के बीच, जो मौजूदा सैन्य तनाव चल रहा है, उसकी जड़ में भारत द्वारा ढाँचागत निर्माण ही वजह है। चीन ने यह टिप्पणी रक्षामंत्री राजनाथ सिंह द्वारा 12 अक्तूबर, 2020 को चीन के सीमांत इलाकों में बने 44 पुलों का वीडियो द्वारा किए गए ऑनलाइन उद्घाटन के बाद की थी।

12 अक्तूबर, 2020 को सातवें दौर की सैन्य कमांडरों की वार्त्ता चलने के दौरान ही चीन द्वारा लद्दाख और अरुणाचल प्रदेश के इलाकों पर भारत की संप्रभुता का सवाल खड़ा कर चीन ने प्रादेशिक और भू भागीय विवाद का मसला, फिर उठाकर यह संकेत दिया कि भारत यदि प्रादेशिक विवाद को दूर करने के लिए चीन के साथ वार्त्ता कर दोनों पक्षों को मान्य हल निकाले तो सीमांत इलाकों में वास्तविक नियंत्रण रेखा पर चल रही सैन्य तनातनी की वजह दूर हो सकती है। इसके दो सप्ताह पहले ही चीन ने इस आशय से 1959 में चीन के तत्कालीन प्रधानमंत्री चाऊ एन लाई द्वारा रखे गए प्रस्ताव को दोहराकर इसके संकेत दिए थे। 1959 में चीन द्वारा इकतरफा तौर पर रखे गए वास्तविक नियंत्रण रेखा के प्रस्ताव को भारत ने सिरे से खारिज कर दिया था।

लेकिन ठोस नतीजों के नजरिए से देखा जाए तो कहा जा सकता है कि पूर्वी लद्दाख के सीमांत इलाकों में सैनिकों को पीछे हटाने के मसले पर फरवरी 2021 में

सैन्य कमांडरों के बीच नौवें दौर की बातचीत के बाद ही कुछ प्रगति दर्ज की गई, जब भारत और चीन ने पैंगोंग त्सो झील के उत्तरी और दक्षिणी किनारे की चोटियों से सैनिकों को पीछे हटाने पर सहमति दी। वास्तव में चीन अपनी जिद पर अड़ा रहा था कि भारत अपने इलाके में ढाँचागत निर्माण कार्य बंद करे और पैंगोंग झील के दक्षिणी किनारे पर जिन चोटियों पर गत 29-30 अगस्त, 2020 को कब्जा किया था, उन्हें खाली कर दे। छठे दौर की वार्त्ता गत 21 सितंबर, 2020 को हुई थी और इसके बाद सातवें दौर की वार्त्ता के साथ ही सीमा मसले को नया मोड़ देकर पूरे विवाद को उलझाने की कोशिश चीन ने की।

मतभेदों को झगड़ों में नहीं बदलेंगे

चीनी अतिक्रमण को समाप्त करने के लिए भारत और चीन के सैन्य कमांडरों और आला राजनयिकों के बीच चली गहन वार्त्ताओं के बाद भारत और चीन द्वारा जारी साझा बयानों में पुरानी बातें दुहराने का सिलसिला जारी रहा। इन बयानों के बाद यही कहा जाता रहा कि दोनों पक्षों ने वार्त्ता को उपयोगी और सकारात्मक माना। बयानों के मुताबिक दोनों पक्षों ने गंभीरता से और गहराई से विचारों का आदान-प्रदान किया, जिससे पश्चिमी सेक्टर में वास्तविक नियंत्रण रेखा को लेकर एक-दूसरे के विचारों की बेहतर समझ बनी। दोनों पक्षों ने माना कि ये बैठकें रचनात्मक रहीं और दोनों सहमत हुए कि दोनों देशों के नेताओं के बीच बनी महत्त्वपूर्ण सहमति को जल्द लागू करेंगे और मतभेदों को झगड़ों में नहीं बदलेंगे। इसके साथ ही दोनों पक्ष मिलकर सीमांत इलाकों में शांति व स्थिरता को सुनिश्चित करेंगे। दोनों पक्ष सहमत हुए कि सैनिक और राजनयिक माध्यमों से वार्त्ता और संवाद बनाए रखेंगे और जितना जल्द हो सके, एक जायज, उचित और परस्पर स्वीकार्य समाधान पर पहुँच सकेंगे।

लेकिन इसके साथ ही चीनी पक्ष अलग बयान जारी कर इस दावे पर भी जोर देता रहा कि चीन लद्दाख केंद्रशासित प्रदेश को मान्यता नहीं देता है, जो भारत द्वारा गैरकानूनी तरीके (चीन के मुताबिक) से स्थापित किया गया है। चीन अरुणाचल प्रदेश को भी मान्यता नहीं देता है। सीमांत इलाकों में सैन्य इरादे से ढाँचागत निर्माण का चीन विरोध करता है। चीन ने आगाह किया कि दोनों पक्षों के बीच हुई सहमति के आधार पर कोई भी पक्ष हालात भड़काने वाले कदम नहीं उठाए। चेतावनी देते हुए चीन ने यह भी कहा कि इससे हालात शांत करने के प्रयासों पर आँच आएगी। चीन ने कहा कि पिछले कुछ वक्त से भारतीय पक्ष ने सीमांत इलाकों में ढाँचागत विकास किया है और सैनिक तैनाती को बढ़ा रहा है। दोनों देशों के बीच सैन्य तनाव

की जड़ में यही वजह है। चीनी बयान के मुताबिक चीन भारत से यह माँग करता है कि दोनों देशों के बीच बनी सहमति को गंभीरता से लागू करे और शांति व स्थिरता को बढ़ावा देने के लिए ठोस कदम उठाए।

ढाँचागत निर्माण क्यों खटकता है चीन को?

भारत और चीन के बीच सीमाएँ अनिर्धारित होने की वजह से दोनों देशों के बीच 3488 किमी. लंबी वास्तविक नियंत्रण रेखा की निरंतर चौकसी करनी पड़ती है, ताकि चीनी सेना एक-एक इंच खिसकती हुई भारतीय इलाकों पर अपना कब्जा न बढ़ाती जाए, लेकिन इसके बावजूद चीन इसमें कामयाब होता रहा, जो भारत द्वारा चीन को शंका की निगाह से देखने का बड़ा आधार रहता है। चीन से लगे सीमांत राज्यों अरुणाचल प्रदेश, सिक्किम, उत्तराखंड, हिमाचल, लद्दाख व जम्मू-कश्मीर की सीमाएँ बर्फीली, वीरान व जंगली पर्वतों वाली हैं, जबकि सीमा पार चीन के इलाके अधिकतर पठारीय हैं।

चीन से लगे सीमांत इलाकों से होकर सड़कों और पुलों के निर्माण को शुरू के पाँच दशकों तक भारतीय नेतृत्व ने इसलिए नजरंदाज किया कि भारतीय रक्षा कर्णधारों को डर था कि जैसे 1962 के युद्ध में चीनी सेना असम के तेजपुर के नजदीक तक पहुँचने की अफवाहों के बीच तेजपुर शहर से लोगों ने पलायन कर दिया था और चीनी सेना तेजपुर से 150 किमी. दूर बोमडिला तक अपने पाँव जमाने में कामयाब हो सकी थी, उसी तरह भारतीय नेतृत्व को लगा कि चीन के साथ फिर से युद्ध छिड़ा तो चीनी सेना सरसराती हुई भारत द्वारा बनाई गई सीमांत सड़कों का ही इस्तेमाल कर भारतीय इलाके में अपने टैंकों और तोपों के साथ आसानी से घुस जाएगी। इसलिए चीन से लगे सीमांत इलाकों में भारत ने अपनी सेना की सुगमता से आवाजाही के लिए ढाँचागत निर्माण नहीं किया।

लेकिन चीन के साथ रिश्तों के समुचित प्रबंध के लिए 1975 में इंदिरा गांधी द्वारा गठित 'चाइना स्टडी ग्रुप' ने देश के शीर्ष राजनीतिक स्तर पर बनी इस धारणा को तोड़ा और नब्बे के दशक के अंत में चीन से लगे सीमांत इलाकों में आवागमन को आसान बनाने के लिए सड़कों का जाल बिछाने की महत्त्वाकांक्षी योजना को हरी झंडी दिखाई, लेकिन इसके बाद भी ढाँचागत निर्माण को गति नहीं मिली। राजनीतिक इच्छाशक्ति के अभाव में समुचित वित्तीय आवंटन नहीं होने से प्रोजेक्टों पर तेजी से काम नहीं हो रहा था।

ढाँचागत निर्माण में दिक्कतें दूर कीं

भारत के इलाके में पड़नेवाली जंगली पर्वतीय चोटियों और बर्फीली बंजर पहाड़ियों के बीच से नागरिक और सैन्य आवागमन के लिए सड़कों और पुलों का निर्माण अत्यधिक दुष्कर समझा जाता था, जिसकी जिम्मेदारी सीमा सड़कों के विकास के लिए गठित विशेष सैन्य एजेंसी 'सीमा सड़क संगठन' (बॉर्डर रोड्स ऑर्गेनाइजेशन) को सौंपी गई है, लेकिन शुरू के दशकों में 'सीमा सड़क संगठन' को वित्तीय और तकनीकी दिक्कतों और इसके अलावा पर्यावरणीय मंजूरी की अड़चनों की वजह से सरकार द्वारा स्वीकृत ढाँचागत परियोजनाओं को वक्त पर पूरा नहीं किया जा सका।

लेकिन नरेंद्र मोदी की अगुवाई में मौजूदा एन.डी.ए. सरकार ने सीमांत सड़कों, पुलों और भारी खर्चीले टनलों को जल्द-से-जल्द पूरा करने के लिए 'सीमा सड़क संगठन' को सभी वित्तीय और पर्यावरणीय अड़चनों को दूर करने का भरोसा दिलाया, जिसका नतीजा है कि पिछले कुछ सालों के भीतर सीमा सड़क संगठन ने कई महत्त्वपूर्ण प्रोजेक्टों को पूरा कर अपने लक्ष्य को हासिल करने की दिशा में अहम प्रगति दिखाई है।

चीन से लगे सीमांत बर्फीले पर्वतीय इलाकों में सड़कों, पुलों और टनलों को बनाना एक बड़ी इंजीनियरी चुनौती रही है, लेकिन सीमा सड़क संगठन ने इनसे निबटते हुए देश की सुरक्षा और सीमांत इलाकों की चौकसी में अहम योगदान दिया है।

इनकी वजह से चीन से लगे सीमांत इलाकों के निकट ही समुचित सैनिक साज-सामान और भारी हथियारों जैसे लड़ाकू टैंकों, होवित्जर तोपों, बख्तरबंद वाहनों और सैनिकों की रिहायश की समुचित व्यवस्था करने में सेना का काम काफी आसान हो गया है। इससे सीमांत इलाकों में भारतीय सेना की रक्षात्मक और प्रहारक क्षमता में भारी इजाफा हुआ है। यही वजह है कि भारतीय सेना की ताकत बढ़ानेवाली इन सीमांत ढाँचागत परियोजनाओं को लेकर चीन ने पिछले कुछ सालों से भारी एतराज जताया है।

रोचक बात यह है कि खुद चीन ने सीमांत इलाकों के पीछे बड़ी सैन्य ढाँचागत सुविधाएँ खड़ी की हैं। चीन भारत की तुलना में लाभ की स्थिति में इसलिए है कि वह सीमाओं के काफी पीछे अपने सैनिकों को तैनात रखने के लिए ढाँचागत निर्माण कर सका है और इन सैन्य सुविधाओं को वास्तविक नियंत्रण रेखा तक आसानी से पहुँचाने के लिए सड़क निर्माण पहले ही कर चुका है।

चीन से सबक

चीन के ढाँचागत निर्माण से सबक लेते हुए ही मनमोहन सिंह सरकार ने चीन से लगे सीमांत इलाकों में 4643 किमी. लंबी सामरिक तौर पर महत्त्वपूर्ण 73 रोड-प्रोजेक्टों को मंजूरी दी थी, जिसमें से दो-तिहाई को नरेंद्र मोदी सरकार ने शीर्ष स्तर पर निगरानी कर पूरा करवाने में कामयाबी पाई है। सरकार ने सीमा सड़क संगठन को निर्देश दिया है कि 2022 तक इनमें से सामरिक तौर पर अहम 61 सड़कों को पूरा कर ले। इन 61 सामरिक सड़कों की कुल लंबाई 3417 किमी. है। इनमें अरुणाचल प्रदेश में तवांग तक पहुँच को सुगम बनाने के लिए अहम सेला पास टनल बनाने का दायित्व सीमा सड़क संगठन को 2018 के बजट में समुचित वित्तीय प्रावधान कर सौंपा गया था। 2017 में डोकलाम के इलाके में चीनी सेना के साथ चली 72 दिनों तक की सैन्य तनातनी के बीच सेला टनल सहित सामरिक तौर पर अहम अन्य सड़कों के निर्माण कार्य में तेजी लाने का निर्देश दिया गया था। भारत का लक्ष्य है कि 2025 तक सीमांत ढाँचागत संपर्कों को चीन के समकक्ष कर लिया जाए। 2017 के सितंबर महीने में डोकलाम सैन्य तनातनी समाप्त होने के बाद भारत सरकार ने डोकलाम तक पहुँच को आसान बनाने के लिए 35 किमी. लंबी सड़क बनाने का निर्देश दिया था, जो पूरा हो चुका है।

44 प्रोजेक्टों पर काम

इसके अलावा सामरिक तौर पर अहम 44 अन्य प्रोजेक्टों को भी शुरू करने का निर्देश सीमा सड़क संगठन को दिया गया है। ढाँचागत सड़क सुविधा को पूरा करने के काम को तेज करने के लिए सरकार ने सेंट्रल पब्लिक वर्क्स डिपार्टमेंट (सी.पी.डब्ल्यू.डी.) को भी दायित्व सौंपा है। यह एजेंसी चीन सीमा से लगे इलाके में सामरिक तौर पर महत्त्वपूर्ण 12 सड़क प्रोजेक्टों को पूरा कर रही है।

मिसाल के तौर पर सीमा सड़क संगठन द्वारा चीन से लगे सीमांत इलाकों को सड़कों, पुलों और टनलों से जोड़ने का एक अहम प्रोजेक्ट 3 अक्तूबर, 2020 को 'अटल सुरंग' के तौर पर पूरा हुआ था, जिसे पूरा करना एक इंजीनियरी चमत्कार जैसा है। रोहतांग दर्रा के नीचे इस 'अटल टनल' को बनाने का काम तत्कालीन प्रधानमंत्री अटल बिहारी वाजपेयी के कार्यकाल में सन् 2000 में शुरू हुआ था, इसलिए इसके पूरा होने पर इसका नाम 'अटल टनल' रखा गया। रोहतांग में बननेवाला यह टनल सामरिक तौर पर अहम् दुनिया में सर्वाधिक ऊँचाई पर बननेवाली सुरंग मानी जाती है।

अटल सुरंग (स्रोत : विकिपीडिया कॉमंस)

'अटल टनल' बनाने के लिए संभावना अध्ययन पहली बार 1990 में संपन्न हुआ था। 'न्यू आस्ट्रिया टनल मेथड' से बनी यह सुरंग 9.02 किमी. लंबी है, जो मनाली को लाहौल स्पीति से जोड़ती है। 32 सौ करोड़ रुपए की लागत से बनी इस सुरंग से बर्फीले महीनों सहित साल भर आवागमन हो सकता है। इस सुरंग ने मनाली और लेह के बीच दूरी को 46 किमी. कम कर दिया है। इस वजह से लेह और मनाली के बीच यात्रा समय भी चार-पाँच घंटा कम हो गया है। यह सुरंग न केवल लद्दाख के इलाकों तक सेना के साल भर आवागमन को सुगम बनाएगी, बल्कि पर्यटन को भी भारी बढ़ावा देगी।

वास्तव में लद्दाख तक जमीनी मार्ग से पहुँचने के लिए दो प्रमुख राजमार्ग हैं, लेकिन ये साल में करीब चार महीने सर्दियों के मौसम में बंद रहते हैं। लद्दाख तक पहुँचने के लिए इस दौरान केवल हवाई मार्ग ही उपलब्ध रहता है, जो काफी खर्चीला साबित होता है, फिर हवाई मार्ग से भारी सैनिक साज-सामान नहीं ले जाए जा सकते हैं। इसलिए जब चीन से लगी सीमाओं पर हजारों सैनिकों को भारी सैनिक साज-सामान के साथ तैनात करने की जरूरत पड़ी, तब सीमांत इलाकों में ढाँचागत विकास की अहमियत समझ में आई।

इसलिए लद्दाख के इलाके में नियोजित 283 किमी. लंबी एक और सड़क के निर्माण कार्य को तेजी दी जा रही है। भारत की मुख्य भूमि और लद्दाख को जोड़नेवाला निर्माणाधीन तीसरा राजमार्ग निम्मू-पदम-दोरचा हाइवे (एन.पी.डी.) के नाम से ज्ञात इस राजमार्ग को 2024 तक पूरा कर लेने की उम्मीद है। इसे सालों भर आवागमन के लायक बनाने के लिए इसके बीच में एक सुरंग भी बनाई जा रही

है। लेह और लद्दाख को जोड़ने के लिए अब तक केवल दो राजमार्ग–रोहतांग दर्रा से होकर 490 किमी. लंबा लेह–मनाली राजमार्ग और 434 किमी. लंबा श्रीनगर–करगिल–लेह रास्ते पर है, जो जोजिला पास से होकर जाता है। वास्तव में चीन और पाकिस्तान के सीमांत इलाकों तक अपनी सैन्य स्थिति को मजबूत करने के लिए सेना के लिए साल भर खुले रहनेवाले कई राजमार्गों की जरूरत महसूस करती है।

तीसरे राजमार्ग (एन.पी.डी.) को बनाने की जरूरत 1999 में करगिल युद्ध के बाद ही महसूस की गई थी। सेना ने उन्हीं दिनों सरकार से इस राजमार्ग को बनाने का प्रस्ताव रखा था, क्योंकि पाकिस्तान ने करगिल युद्ध के दौरान लेह–श्रीनगर राजमार्ग को बाधित करने में कामयाबी पाई थी। पाकिस्तान की सेना इसी राजमार्ग के निकट ऊँचाई वाली चोटियों पर तैनात हो गई थी, जहाँ से वह तोपों से भारतीय सैन्य वाहनों को निशाना बना रही थी।

जंस्कार नदी पर सड़क

जंस्कार नदी के ऊपर से होकर रास्ता सबसे छोटा है, लेकिन इस रास्ते सड़क बनाना काफी दुष्कर लग रहा था। इस वजह से इस प्रोजेक्ट को पूरा करने में देरी हो रही थी, लेकिन बाद में सीमा सड़क संगठन ने इस रास्ते से निर्माणाधीन सड़क का काम तेज किया जब यह तीसरा मार्ग बनकर पूरा हो जाएगा, तब लद्दाख के ऊँचाई वाले इलाकों तक सेना के लिए रसद, ईंधन और सैनिक साज–सामान अधिक सुगमता से पहुँचाया जा सकेगा। सैनिक अधिकारी इस तीसरे रास्ते को लद्दाख के लिए गेम चेंजर, यानी खेल का पासा पलटने वाला बताते हैं। लेह–जंस्कार रास्ते पर इस तीसरे राजमार्ग को साल भर यातायात के लिए खुला रखने के इरादे से जंस्कार नदी के नजदीक शिंकु ला पर्वतीय दर्रा के नीचे करीब 4.5 किमी. लंबी सुरंग पर भी काम चल रहा है। □

16

तिब्बत : दाईं हथेली और इसकी पाँच उँगलियाँ

नवचीन की स्थापना (1949) के एक दशक पहले ही माओ त्से तुंग ने भूटान और नेपाल को चीन के सहायक राज्य के तौर पर बताया था। वास्तव में माओ त्से तुंग के पहले के चीनी शासकों ने भी नेपाल, सिक्किम और भूटान पर अपना राजनीतिक आधिपत्य जमाने का दावा किया था। 1908 में ही तिब्बत में चीन के शाही प्रतिनिधि ने दावा किया था कि नेपाल, सिक्किम और भूटान तिब्बत के विस्तार ही हैं। माओ त्से तुंग द्वारा प्रतिपादित चीन की विदेश नीति में तिब्बत की 'पाँच उँगलियों वाला सिद्धांत' चीन की विस्तारवादी नीति, रवैया और महत्त्वाकांक्षाओं का प्रतीक कहा जा सकता है। भारत से लगे तिब्बत को माओ त्से तुंग ने अपनी दाईं हथेली की संज्ञा दी थी। इसका विस्तार करते हुए उन्होंने कहा था कि तिब्बत के किनारे स्थित पाँच राज्य लद्दाख, नेपाल, सिक्किम, भूटान और नेफा (अरुणाचल प्रदेश) इसकी पाँच उँगलियाँ हैं। साफ है कि चीन न केवल भारत के राज्यों, बल्कि पड़ोसी देशों नेपाल और भूटान पर भी नजर गड़ाए हुए था। 2017 में भूटान के डोकलाम इलाके में सैन्य तनातनी के बाद चीनी कम्युनिस्ट पार्टी की एक पत्रिका में इस नीति का अस्तित्व स्वीकार किया गया है।

देश की सीमाओं को लेकर चेतना का अभाव

दूसरी ओर आजादी के पहले भारतीय राजनीतिक नेतृत्व में अपनी भौगोलिक सीमाओं को लेकर चेतना और जागरूकता की कमी ही कही जा सकती है, शायद इसलिए कि 1947 में आजादी तक भारत संप्रभु राष्ट्र राज्य नहीं रहा है, इसलिए भारत की भौगौलिक सीमाओं के निर्धारण और चौकसी के लिए राष्ट्रीय स्तर पर

स्पष्ट सामरिक सोच और चेतना नहीं रही है। अंग्रेजों ने अपने भारतीय उपनिवेश की सीमाओं का निर्धारण अपने राष्ट्रीय और सामरिक हितों के नजरिए से किया। भारत और चीन के सीमांत इलाके, चूँकि अत्यधिक दुर्गम कहे जा सकते हैं और वहाँ केवल बर्फीले, वीरान, बंजर पर्वतीय इलाके होने की वजह से वहाँ नगण्य आबादी ही रहती थी, इसलिए राष्ट्रीय नेताओं का ध्यान इन दुर्गम इलाकों की चौहद्दी तय करने और सुरक्षा नजरिए से इसकी देखभाल की ओर नहीं गया; लेकिन जैसे-जैसे इन इलाकों की सामरिक अहमियत का अहसास शासकों को होता गया, इन इलाकों के अधिक-से-अधिक क्षेत्रों को अपना बताने की होड़ भी बढ़ती गई। जहाँ एक ओर भारत पर अंग्रेजों का शासन था, जो केवल अपने औपनिवेशिक हितों की रक्षा के नजरिए से ही सोचते थे, वहीं चीन में राष्ट्रवादी सरकार रही है, जिसकी दूरदृष्टि वाली नजर अपने भौगोलिक इलाके के विस्तार पर सामरिक सोच और नजरिए से निर्देशित होती रही है।

यही वजह है कि जहाँ ब्रिटिश-भारत सरकार ने भारत के सीमांत इलाकों पर कमजोर या लचीला रुख अपने राष्ट्रीय हितों के नजरिए से अपनाया, वहीं 20वीं सदी से ही चीन के राष्ट्रवादी शासकों ने दूरदृष्टि वाला विस्तारवादी और दृढ़ रुख अपनाया और अपने दावेवाले कथित प्रादेशिक इलाकों को लेकर ठोस दावा किया और इसके अनुरूप कदम उठाते हुए भारतीय राजनीतिक नेतृत्व के ढीले रवैए का लाभ उठाया।

भारत और चीन के बीच सीमा विवाद की जड़ में तिब्बत पर चीन का कब्जा कहा जा सकता है। तिब्बत को हथियाने को चीन ने तिब्बत की शांतिपूर्ण मुक्ति का नाम दिया। तिब्बत यदि स्वतंत्र मुल्क होता और तिब्बत पर चीन यदि कब्जा नहीं करता तो चीन की सीमाएँ भारत से नहीं मिलतीं। नवचीन की स्थापना के बाद तिब्बत पर चीन के कब्जे के लिए चीन द्वारा सेनाएँ भेजने का जवाहरलाल नेहरू दृढ़ता से विरोध करते और तिब्बत में चीन की सेना के प्रवेश को लेकर अंतरराष्ट्रीय समुदाय का ध्यान आकर्षित करते तो तिब्बत को चीन के चंगुल में जाने से बचाया जा सकता था, लेकिन तब नेहरू की भी समस्या थी कि उन्हीं दिनों जम्मू-कश्मीर पर पाकिस्तान की गिद्ध दृष्टि पड़ चुकी थी और उससे निबटने में उलझे हुए थे। ऐसे में नेहरू चीन के साथ एक और मोरचा नहीं खोल सकते थे और चीन की सेना, जो कम्युनिस्ट क्रांति की आग में तपी थी, से मुकाबला करने के लिए भारतीय सेना को तिब्बत की सरकार को मदद के लिए ल्हासा भेजा नहीं जा सकता था।

तिब्बत पर छिंग राजवंश का शासन

तिब्बत चीन के छिंग राजवंश के अधीन 1720 में लाया गया था, तब चीनी सेना ने तिब्बत में जुंगर (मंगोल मूल के कबीले) खनाते की सेना को ल्हासा से निकालने में कामयाबी पाई थी, तब मंगोलिया से लेकर मध्य एशिया के बड़े इलाके में फैले जुंगर खनाते (खान का इलाका या राज्य) और चीन के छिंग साम्राज्य की सेनाओं के बीच दशकों तक युद्ध चला, जिसमें छिंग साम्राज्य के सैनिकों ने 1687 से 1757 के बीच अपने शासन के विशाल इलाके में विस्तार करने में कामयाबी पाई। इसे हम 'जुंगर-छिंग युद्ध' के तौर पर भी जानते हैं। इस दौरान छिंग साम्राज्य ने सबसे पहले 17वीं सदी के अंत में मंगोलिया के बड़े इलाके पर कब्जा किया, फिर 1720 में तिब्बत पर कब्जा किया, 1723 में तिब्बत के छिंगहाए इलाके पर कब्जा किया और 1755 में छिंग सेना ने जुंगर खनाते (Dzungar Khanate) को परास्त कर शिन्च्यांग इलाके पर कब्जा किया। इस तरह चीन के छिंग साम्राज्य के शासकों ने अपने विस्तारवादी अभियान के तहत मंगोलिया, तिब्बत और शिन्च्यांग के विशाल भौगोलिक इलाके पर अपना प्रभुत्व स्थापित किया।

तिब्बत छिंग राजवंश के तहत 1912 तक रहा। 19वीं सदी में तिब्बत पर छिंग राजवंश का प्रभुत्व सांकेतिक ही था और तिब्बती लामाओं की सरकार स्वशासी तरीके से काम कर रही थी, लेकिन 1912 के बाद के चीनी शासकों ने छिंग राजवंश के प्रभाव वाले सभी इलाकों पर दावा किया, जिसमें तिब्बत भी शामिल था। इसे 'लैंड ऑफ द फाइव रेसेज', यानी 'पाँच जातियों का देश'—मानचू, हान, मंगोल, हुई और तिब्बत—बताकर एक 'महान् रिपब्लिक ऑफ चाइना' की संज्ञा दी गई।

1911 में चीन में 'शिनहाए क्रांति' के बाद गठित 'रिपब्लिक ऑफ चाइना' की नानचिंग स्थित अंतरिम सरकार ने, जिसका नेतृत्व सुन यात सेन कर रहे थे, 11 मार्च, 1912 को 'रिपब्लिक ऑफ चाइना' का अंतरिम संविधान जारी किया। रिपब्लिक ऑफ चाइना ने छिंग राजवंश द्वारा शासित तिब्बत सहित सभी इलाकों पर अपना दावा किया, लेकिन तब तिब्बत पर चीन का नियंत्रण काफी कमजोर हो चुका था और तिब्बत में एक स्वशासी और स्वतंत्र सरकार दलाई लामा के तहत काम कर रही थी।

तिब्बत में अंग्रेज

छिंग साम्राज्य के कमजोर होते जाने के बीच 1903 में तत्कालीन ब्रिटिश इंडिया सरकार ने अपना एक दल तिब्बत भेजा। इसे 'ब्रिटिश एक्सपिडीशन टू

तिब्बत' (तिब्बत के लिए ब्रिटेन का अभियान दल) या 'ब्रिटिश इनवेजन टू तिब्बत' (तिब्बत में ब्रिटिश अतिक्रमण) भी कहा गया। यह एक्सपिडीशन तिब्बत के लिए 'यंगहस्बैंड एक्सपिडीशन' के नाम से भी जाना गया। वास्तव में यह एक्सपिडीशन तिब्बत फ्रंटियर कमीशन के तहत भेजा गया था, जिसकी अगुवाई ब्रिटिश सेना के कर्नल फ्रांसिस यंगहस्बैंड कर रहे थे, तब भारत के वाइसराय लॉर्ड कर्जन के आदेश से यह ब्रिटिश अभियान दल तिब्बत के भीतर भेजा गया था, तब इसका इरादा तिब्बत की सरकार के साथ राजनयिक रिश्ते स्थापित करना और तिब्बत और सिक्किम के बीच सीमा विवाद को सुलझाना भी था। स्पष्ट था कि तब की ब्रिटिश सरकार ने तिब्बत को स्वतंत्र राज्य माना था, इसलिए सिक्किम-तिब्बत की सीमाओं के निर्धारण के लिए सीधे ल्हासा में तिब्बत की सरकार से वार्त्ता करना चाह रही थी।

चूँकि भारत और तिब्बत के इलाके वाले चीन के भारत से लगे सीमांत इलाके मैदानी नहीं हैं और ऊँचे-नीचे पर्वतीय बर्फीले इलाकों में एक सीधी और स्पष्ट निर्धारित सीमाओं को लेकर दावा जताने की समस्याएँ रही हैं, इसलिए भारत-चीन के सीमांत इलाकों पर भारत में कोई राष्ट्रवादी सरकार न होने की वजह से समुचित ध्यान नहीं दिया जा सका। 1947 में आजादी के बाद भी तत्कालीन भारत सरकार यदि दूरदृष्टि दिखाती तो शायद आज जिन हालात का हम सामना कर रहे हैं, उनसे बचा जा सकता था, क्योंकि तिब्बत पर अपना प्रभुत्व स्थापित करने की कोशिश में चीन को लद्दाख में भारत सरकार के इलाकाई दावों और भौगोलिक सीमाओं को मानने को मजबूर किया जा सकता था, लेकिन आजादी के तुरंत बाद भारत की नेहरू सरकार शायद जम्मू-कश्मीर समस्या में इतनी उलझ गई कि तिब्बत में चीन के मंसूबों का समुचित आकलन कर उस पर ध्यान नहीं दे पाई शायद चीनी नेताओं की मीठी बातों, जैसे 'हिंदी-चीनी, भाई-भाई' के नारे से भारतीय नेता और जनमानस इतना प्रभावित हो गया कि चीन की असली मंशा समझ नहीं पाए। □

17

रक्षा व विदेश मंत्रियों के संवाद

5 मई, 2020 को शुरू हुए चीनी अतिक्रमण के पाँच महीने बाद भारत और चीन के बीच सैन्य तनाव अपने चरम पर पहुँचा तो मॉस्को में 2020 के सितंबर में भारत और चीन के रक्षा व विदेश मंत्रियों की अहम मुलाकातें हुईं, जिनसे यह उम्मीद बनी कि चीन ने सीमा पर शांति व स्थिरता बनाए रखने पर जिन शब्दों में जोर देकर कहा है, उस पर भरोसा करना चाहिए। सितंबर वार्त्ता के बाद लगा कि भारत और चीनी सैनिक जल्द ही राष्ट्रीय नेताओं की सहमतियों का पालन करेंगे और सीमा से सैनिक पीछे चले जाएँगे, लेकिन जैसा कि पहले कहा है, चीन की कथनी और करनी में हमेशा फर्क होता है।

मॉस्को में 10 सितंबर, 2020 को 'शंघाई सहयोग संगठन' (एस.सी.ओ.) की बैठक के दौरान पूर्वी लद्दाख के ऊँचे पर्वतीय इलाकों में 5 मई, 2020 से चल रहे चीनी अतिक्रमण से पैदा सैन्य तनातनी को खत्म करने के लिए चीन के विदेश मंत्री वांग ई और भारतीय विदेश मंत्री एस. जयशंकर के बीच गहन दो टूक बातचीत हुई थी। इस दौरान पाँच सूत्री सहमति हुई थी, जिसमें चीनी पक्ष ने माना था कि वास्तविक नियंत्रण रेखा पर टकराव के इलाकों से दोनों देशों के सैनिक पीछे हटेंगे और तनाव दूर करने के लिए पीछे के इलाके से सैनिकों और हथियारों की तैनाती को खत्म करेंगे।

चीनी रक्षा मंत्री से दो टूक कहा

इसके पाँच दिनों पहले मॉस्को में ही 5 सितंबर को 'शंघाई सहयोग संगठन' की बैठक के दौरान चीन के रक्षा मंत्री की पहल पर भारत के रक्षा मंत्री के साथ बैठक हुई थी, जिसमें भारतीय रक्षामंत्री राजनाथ सिंह ने चीनी रक्षा मंत्री जनरल वेई फंग ह से दो टूक कहा था कि चीन ने विश्वास निर्माण की संधियों की भावनाओं का उल्लंघन किया है। इसी पृष्ठभूमि में 10 सितंबर को दोनों देशों के विदेश मंत्रियों की बैठक में पाँच सूत्री सहमति बनी तो लगा कि चीनी पक्ष तनाव खत्म करने को गंभीर है।

यह पाँच सूत्री सहमति इस प्रकार है—

1. दोनों मंत्री इस बात पर सहमत हुए कि भारत-चीन रिश्तों को आगे बढ़ाने के लिए दोनों पक्ष अपने नेताओं के बीच बनी कई सहमतियों से दिशा-निर्देश लेंगे, जिसमें यह भी कहा गया था कि विवादों को झगड़ों में नहीं बदलने देंगे।
2. दोनों पक्ष इस बात पर सहमत हुए कि सीमांत इलाकों में मौजूदा हालात किसी भी देश के हित में नहीं हैं। इसलिए दोनों सहमत हुए कि दोनों पक्षों के सीमांत सैनिक वार्त्ता जारी रखेंगे, जल्दी से डिसइनगेज करेंगे, यानी आमने-सामने की तैनाती को खत्म करेंगे, समुचित दूरी बनाए रखेंगे और तनाव घटाएँगे।
3. दोनों मंत्री सहमत हुए कि दोनों पक्ष सभी मौजूदा संधियों और प्रॉटोकाल का पालन करेंगे, सीमांत इलाकों में शांति व स्थिरता बनाए रखेंगे और ऐसी कोई भी काररवाई नहीं करेंगे, जिससे मसला और भड़क जाए।
4. दोनों पक्ष इस बात पर भी सहमत हुए कि भारत-चीन सीमा सवाल पर विशेष प्रतिनिधि (दोनों देशों के प्रधानमंत्रियों द्वारा 2003 में नामजद विशेष प्रतिनिधि) प्रक्रिया के जरिए दोनों पक्ष वार्त्ता और संपर्क जारी रखेंगे। इस संदर्भ में दोनों इस बात से भी सहमत हुए कि भारत-चीन सीमा मसले पर सलाह और तालमेल के लिए कार्य व्यवस्था (वर्किंग मेकेनिज्म फॉर कंसल्टेशन ऐंड कोऑर्डिनेशन ऑन इंडिया चाइना बॉर्डर अफेयर्स) (WMCC) को भी अपनी बैठकें जारी रखनी चाहिए।
5. दोनों मंत्री इस बात पर भी सहमत हुए कि हालात सामान्य होने के साथ दोनों पक्ष सीमांत इलाकों में शांति व स्थिरता बनाए रखने के लिए विश्वास निर्माण के नए उपायों पर सहमति के लिए काम तेज करेंगे।

बातचीत से मसले सुलझाने की कोशिश

वास्तविक नियंत्रण रेखा पर पैदा सैन्य तनातनी किसी बड़े युद्ध में भड़कने की आशंका से इनकार नहीं किया जा सकता, इसलिए भारत और चीन के बीच शीर्ष राजनीतिक स्तर पर बातचीत को फलदायक बनाने की भारत द्वारा पूरी कोशिश की गई, लेकिन इन वार्त्ताओं का असर चीनी सेना के रवैए में नहीं देखा गया। विदेश मंत्रियों की बैठक के पहले भारत और चीन के रक्षा मंत्रियों की बैठक भी मॉस्को में ही 'शंघाई सहयोग संगठन' के रक्षा मंत्रियों की बैठक के दौरान हुई थी, लेकिन इन आला

स्तरीय वार्त्ताओं के नतीजों को नजरअंदाज कर चीन पूर्वी लद्दाख के इलाके पर तनाव को बनाए रखकर शायद यह सोच रहा है कि इससे भारतीय सेना और राजनीतिक नेतृत्व दबाव में आ जाएगा और परेशान होकर खुद ही पूर्वी लद्दाख के जिन इलाकों में चीनी सेना के सामने डटकर खड़ी है, वहाँ से पीछे हट जाएगी; लेकिन वास्तविक नियंत्रण रेखा के भीतर अपने इलाकों की रक्षा और प्रादेशिक अखंडता की रक्षा के लिए भारतीय सेना ने पक्के इरादे और दृढ़ संकल्प के साथ चीनी सेना को यह सोचने को मजबूर किया है कि पूर्वी लद्दाख के इलाके में अतिक्रमण कर वह फँस गई है। वास्तव में चीनी सेना के लिए दुविधा की स्थिति भारतीय सेना ने पैदा की है। चीनी सेना यदि पीछे हटती है तो उसकी भद पिटेगी और आगे वह बढ़ नहीं सकती। जहाँ है, वहाँ ठहरना भी चीनी सेना के लिए भारी पड़ रहा है।

वास्तविक नियंत्रण रेखा की पवित्रता को लेकर भारत इसलिए संवेदनशील है कि यह रेखा भारतीय नियंत्रण वाले भू-भाग को चीनी नियंत्रण वाले भू-भाग से विभाजित करती है। चीन इसका उल्लंघन कर भारतीय इलाकों में अपनी पैठ बढ़ाने की कोशिश कर रहा है; हालाँकि भारत और चीन के सीमांत इलाकों के निर्धारण के लिए 1956 में ही चीनी प्रधानमंत्री चाऊ एन लाई ने वास्तविक नियंत्रण रेखा के जिक्रवाला सीमा-निर्धारण का प्रस्ताव रखा था और फिर इसे 1959 में औपचारिक तौर पर दोहराया था, जिसे भारतीय प्रधानमंत्री जवाहरलाल नेहरू ने ठुकरा दिया था, क्योंकि वास्तविक नियंत्रण रेखा की चीनी अवधारणा के मुताबिक लद्दाख का अक्साई चिन इलाका चीन ने अपने हिस्से में दिखाया था।

रोचक बात यह है कि मॉस्को में 'शंघाई सहयोग संगठन' (एस.सी.ओ.) के सदस्य देशों के रक्षा मंत्रियों की बैठक करने के चीन के प्रस्ताव पर भारत के रक्षामंत्री ने चीन के रवैए को देखते हुए चीनी रक्षामंत्री से मिलने में रुचि नहीं दिखाई थी, लेकिन चीनी रक्षामंत्री जनरल वेई फंग ह ने भारतीय रक्षामंत्री राजनाथ सिंह से मिलने की पहल की। इस बैठक के दौरान भारतीय रक्षामंत्री ने चीनी रक्षा शिष्टमंडल से दो टूक शब्दों में वास्तविक नियंत्रण रेखा और गलवान घाटी के घटनाक्रम को लेकर भारत की सोच और आकलन से अवगत कराया था।

राजनाथ सिंह ने साफ कहा कि सीमांत इलाकों पर भारी संख्या में सैनिकों का जमावड़ा और चीनी सेना की हरकतें और सीमांत इलाकों में यथास्थिति को एकपक्षीय तौर पर बदलने की काररवाई द्विपक्षीय संधियों का सरासर उल्लंघन है और दोनों देशों के सीमा मसले पर विशेष प्रतिनिधियों के बीच जो सहमति बनी थी, उसका हनन हुआ है। राजनाथ सिंह ने कहा कि जहाँ भारतीय सैनिकों ने सीमा

प्रबंध को लेकर हमेशा जिम्मेदार रवैया अपनाया है, लेकिन इसके साथ ही भारत की संप्रभुता और प्रादेशिक अखंडता की रक्षा में भारत के दृढ़ रवैए को लेकर कोई संदेह नहीं रह जाना चाहिए।

राजनाथ सिंह के दो टूक बयान के जवाब में चीनी स्टेट काउंसेलर और रक्षामंत्री ने कहा कि प्रधानमंत्री नरेंद्र मोदी और राष्ट्रपति शी चिन फिंग के बीच जो सहमति बनी थी, उसका पूरी तरह पालन होना चाहिए। दोनों को अपने मसलों को वार्त्ता और सलाह-मशविरा से ही हल करना चाहिए। विभिन्न द्विपक्षीय संधियों का दृढ़ता से पालन करना चाहिए। अग्रिम मोरचे के सैनिकों को आपसी संधियों का सख्ती से पालन करना चाहिए और भड़काने वाली ऐसी कोई काररवाई न करें, जिससे हालात गरम हो जाएँ। दोनों पक्षों को भारत-चीन रिश्तों को समग्रता में देखना चाहिए। दोनों को मिलकर जल्द-से-जल्द हालात सामान्य बनाने पर ध्यान देना चाहिए और भारत-चीन सीमांत इलाकों पर शांति व स्थिरता को बनाए रखना चाहिए। चीनी रक्षामंत्री ने यह सलाह भी दी कि दोनों पक्षों को दोनों रक्षामंत्रियों सहित सभी स्तरों पर संचार संपर्क बनाए रखना चाहिए।

चीनी रक्षामंत्री को जवाब

चीनी रक्षामंत्री की नसीहतों के जवाब में राजनाथ सिंह ने कहा कि दोनों देशों को अपने नेताओं के बीच विकसित इस सहमति को ध्यान में रखना चाहिए और इससे दिशा-निर्देश लेना चाहिए कि द्विपक्षीय संबंधों के विकास के लिए भारत-चीन सीमांत इलाकों पर शांति व स्थिरता का बना रहना जरूरी है। राजनाथ सिंह ने यह भी कहा कि दोनों पक्षों को मतभेदों को झगड़ों में नहीं बदलना चाहिए। इसी के अनुरूप दोनों पक्षों को सीमांत इलाकों में मसलों को आपसी बातचीत से सुलझा लेना चाहिए।

चीनी रक्षामंत्री ने भी कहा कि चीन भी विवाद को शांतिपूर्ण तरीके से हल करना चाहता है। चीन के रक्षामंत्री के इस मीठे वचन से उत्साहित होकर राजनाथ सिंह ने भी कहा कि इसलिए यह जरूरी हो जाता है कि चीनी पक्ष भारतीय पक्ष के साथ मिलकर टकरावावाले क्षेत्रों में जल्द-से-जल्द पूर्ण विसैन्यीकरण के लिए द्विपक्षीय संधियों और सहमतियों के अनुरूप कदम उठाए। दोनों पक्षों को सीमांत इलाकों में शांति व स्थिरता के लिए हुई संधियों का सख्ती से पालन करना चाहिए, वास्तविक नियंत्रण रेखा का पूर्ण सम्मान होना चाहिए।

□

18

वास्तविक नियंत्रण रेखा पर विवाद

1962 के युद्ध के बाद अरुणाचल प्रदेश (तब नॉर्थ-ईस्ट फ्रंटियर एजेंसी यानी—नेफा) से लद्‌दाख में अक्साई चिन तक चीनी सेना, जहाँ तक पीछे चली गई थी, उसे संघर्ष विराम रेखा (सीजफायर लाइन) मानकर 1993 में उसे वास्तविक नियंत्रण रेखा (एल.ए.सी.) के तौर पर मान्यता दी गई। इसी आधार पर 1993 में दोनों देशों ने इस रेखा पर शांति व स्थिरता बनाए रखने का समझौता किया था। नेफा को पहले 'नॉर्थ-ईस्ट फ्रंटियर ट्रैक्ट्स' कहा जाता था। यह ब्रिटिश-इंडिया की एक राजनीतिक इकाई के तौर पर गठित थी। 20 जनवरी, 1972 को इसे तत्कालीन इंदिरा गांधी सरकार ने केंद्रशासित प्रदेश, यानी यूनियन टेरीटरी के तौर पर घोषित किया। 1974 तक इसका प्रशासनिक मुख्यालय शिलांग था, जहाँ से इसे इटानगर में लाया गया। 20 फरवरी, 1987 को इसे पूर्ण राज्य का दर्जा दिया गया। चीन इस राज्य के इलाके को 'दक्षिणी तिब्बत' कहता है और इसके 80 हजार वर्ग किमी. इलाके पर अपना दावा जताता है। अरुणाचल प्रदेश के तवांग में ही तिब्बती बौद्धों का तिब्बत की राजधानी ल्हासा के बाद दूसरा सबसे बड़ा और सर्वाधिक महत्त्ववाला मठ है। इस मायने में ल्हासा और तवांग का गहरा रिश्ता कहा जा सकता है।

चीन ने विवाद खड़ा किया

ग्लेशियरों, बर्फीले पर्वतों, नदियों, पहाड़ी जंगलों और ठंडे वीरान पर्वतों के सीमांत इलाकों वाले भारत और आज के चीन के बीच 3,488 किमी. लंबी वास्तविक नियंत्रण रेखा मानी जाती है; हालाँकि चीन का कहना है कि इसकी लंबाई 2,000 किमी. ही है। इसी तरह भारत और चीन के बीच वास्तविक नियंत्रण रेखा की लंबाई को लेकर भी चीन ने विवाद खड़ा कर दिया है। चीन ने इसकी

आधिकारिक व्याख्या नहीं की है, लेकिन पहली बार 15-17 दिसंबर, 2010 को चीनी प्रधानमंत्री वन च्या पाओ के भारत दौरे में चीन ने वास्तविक नियंत्रण रेखा की इस लंबाई को बताकर भारतीय राजनयिकों और भारतीय पर्यवेक्षको को हैरान किया। पर्यवेक्षकों के मुताबिक, शायद चीन लद्दाख में अक्साई चिन के इलाके को वास्तविक नियंत्रण रेखा से अलग बताने की रणनीति पर काम कर रहा है। इसी दौरै के पहले चीन में भारत के तत्कालीन राजदूत एस. जयशंकर (मौजूदा विदेश मंत्री) ने कहा था कि भारत और चीन के बीच वास्तविक नियंत्रण रेखा की लंबाई 3,488 किमी. ही है, हालाँकि भारत सरकार इसकी लंबाई 4,056 किमी. भी बताती रही है। पश्चिमी सेक्टर में यह वास्तविक नियंत्रण रेखा वास्तव में 1962 के युद्ध के बाद की युद्धविराम रेखा ही कही जा सकती है, जबकि पूर्वी सेक्टर में चीन की सेना असम तक घुसी थी, जहाँ से वह मैकमेहोन रेखा के अनुरूप वापस चली गई थी, लेकिन चीनी सेना ने इस इलाके में 1960 में चीन द्वारा की गई दावा रेखा, यानी क्लेम लाइन से भी आगे बढ़कर अपनी जमीनी स्थिति बना ली थी।

इसे हम कार्यकारी सीमा, यानी वर्किंग बॉर्डर कह सकते हैं, जिस पर 1962 के युद्ध के बाद से 1967 में नाथु ला को छोड़कर 2013 तक आमतौर पर शांति रही है। 2013 के बाद 15 जून, 2020 को गलवान घाटी में हुई खूनी वारदात को छोड़कर कई इलाकों में चीनी सैन्य अतिक्रमण से तनाव पैदा हुआ, लेकिन एक भी गोली का आदान-प्रदान नहीं हुआ। इसलिए कहा जा सकता है कि मोटे तौर पर वास्तविक नियंत्रण रेखा के इलाके में शांति रही है। शांति इस मायने में कि चीन से लगी वास्तविक नियंत्रण रेखा (एल.ए.सी.) के विपरीत पाकिस्तान से लगी नियंत्रण रेखा, यानी लाइन ऑफ कंट्रोल (एल.ओ.सी.), जो 740 किमी. लंबी है, पर दिन-रात गोलीबारी होती रहती है। दूसरी ओर चीन से लगी वास्तविक नियंत्रण रेखा पर भारत-पाकिस्तान की तरह निरंतर गोलीबारी नहीं होती। 1987 में अरुणाचल प्रदेश की समदुरोंग छू घाटी में घुसपैठ और 1967 में सिक्किम या फिर 1975 में अरुणाचल प्रदेश को छोड़कर इस पूरे इलाके में कोई हिंसक वारदात नहीं हुई है। 1975 में अरुणाचल प्रदेश की तुलुंग ला घाटी में 20 अक्तूबर को घुसपैठिए चीनी सैनिकों को जब चुनौती दी गई थी, तब गोलीबारी हुई थी। इस दौरान चीनी सैनिकों ने तुलुंग ला के भारतीय इलाके में घुसने के बाद असम राइफल्स के जवानों पर घात लगाकर हमला किया था, जिससे चार भारतीय जवान शहीद हुए थे।

सीमाओं पर शांति रही

1962 के बाद से ही सीजफायर लाइन के नजदीक दोनों देशों की सेनाएँ इस पूरे इलाके में तैनात रही हैं और अपनी अवधारणा वाले इलाके की चौकसी करती रही हैं, जिसका दोनों पक्षों ने पालन किया है। विवाद के बावजूद, वास्तविक नियंत्रण रेखा के पूरे इलाके में दोनों देशों की सेनाएँ आमने-सामने होने पर कुछ कहा-सुनी के बाद एक-दूसरे के नियंत्रण वाले इलाके तक वापस चली जाती रही हैं।

लेकिन शी चिन फिंग के 2013 में चीन की सत्ता सँभालने के बाद चीनी सेना ने वास्तविक नियंत्रण रेखा पर अप्रत्याशित तौर पर तनातनी पैदा करनी शुरू की। मई 2020 से शुरू हुए प्रकरण के बीच चीनी सेना ने इसे सुलझाने के लिए 30 सितंबर, 2020 को वास्तविक नियंत्रण रेखा के मसले को फिर छेड़ा। चीन के विदेश मंत्रालय के प्रवक्ता ने 'हिंदुस्तान टाइम्स' अखबार को एक बयान में पुराने घाव को फिर कुरेदने की कोशिश करते हुए कहा कि सबसे पहले भारत-चीन वास्तविक नियंत्रण रेखा (एल.ए.सी.) पूरी तरह स्पष्ट है, जो 7 नवंबर, 1959 को थी। चीन ने 1950 के दशक में इसका ऐलान किया था और भारत सहित अंतरराष्ट्रीय समुदाय इस बारे में पूरी तरह साफ है। चीन ने भारतीय सैनिकों पर आरोप लगाया था कि उन्होंने अवैध तरीके से सीमा पार की है और नियंत्रण रेखा के दायरे का एकपक्षीय विस्तार किया है। इसी आरोप को आधार बनाकर चीनी विदेश मंत्रालय ने शर्त रखी थी कि सैनिकों की वापसी तभी होगी, जब भारत अवैध तरीके से सीमापार घुसपैठ करनेवाले अपने सैनिकों और हथियारों को वापस बुला लेगा। इस तरह चीन ने 1959 की क्लेम लाइन, यानी दावा रेखा के अनुरूप पहली बार वास्तविक नियंत्रण रेखा को पुनर्परिभाषित करने की कोशिश की है, जिसे भारत ने जवाहरलाल नेहरू के वक्त से ही सिरे से खारिज किया है, लेकिन चीन ने भारत के कड़े रुख से चिढ़कर भारत विरोधी तेवर और कड़े करते हुए लद्दाख पर भारतीय संप्रभुता पर ही सवाल उठा दिया।

चीनी प्रवक्ता वांग वन पिन ने मीडिया से कहा कि चीन कथित लद्दाख यूनियन टेरिटरी को मान्यता नहीं देता है। भारत ने इसे अवैध तरीके से स्थापित किया है। इसलिए विवादास्पद सीमांत इलाकों में सैनिक इरादों से विकसित किए जा रहे ढाँचागत निर्माण का चीन विरोध करता है। चीनी प्रवक्ता से जब यह पूछा गया कि चीन भी तो वास्तविक नियंत्रण रेखा के इलाके में ढाँचागत निर्माण कर रहा है? चीनी प्रवक्ता ने अपेक्षा के अनुरूप जवाब दिया कि चीनी सीमांत-सैनिक सीमा के

भीतर चीन के इलाके में ही रहते हैं और वास्तविक नियंत्रण रेखा पर द्विपक्षीय संधि का सख्ती से पालन करते हैं।

चीन को संधियों की याद दिलाई

स्वाभाविक था कि चीन के भड़काऊ बयान का भारत ने तीखा जवाब देते हुए कहा कि चीन 1959 की वास्तविक नियंत्रण रेखा की एकपक्षीय परिभाषा कर रहा है। विदेश मंत्रालय के प्रवक्ता ने चीनी पक्ष को वास्तविक नियंत्रण रेखा पर शांति व स्थिरता बनाए रखने के लिए 1993,1996 और 2005 के समझौते की याद दिलाई। इन समझौतों में भारत और चीन दोनों ने वास्तविक नियंत्रण रेखा के मिलान पर आपसी समझ विकसित करने के लिए स्पष्टीकरण और पुष्टिकरण के लिए अपनी प्रतिबद्धता दिखाई थी। वास्तव में 2003 तक दोनों पक्षों ने वास्तविक नियंत्रण रेखा को स्पष्ट करने और इसकी पुष्टि करने की आपसी सहमति के अनुरूप घोषित प्रक्रिया को आगे बढ़ाया, लेकिन इसके बाद यह प्रक्रिया आगे इसलिए नहीं बढ़ी कि चीनी पक्ष ने इसे पूरा करने की इच्छा नहीं दिखाई। इसलिए विदेश मंत्रालय के प्रवक्ता ने कहा कि इन समझौतों में चीनी पक्ष ने एल.ए.सी. के बारे में जो यह कहा है कि भारत और चीन के बीच एक ही एल.ए.सी. है, वह इन समझौतों में एल.ए.सी. के निर्धारण को लेकर दिखाई गई प्रतिबद्धताओं की भावनाओं के खिलाफ है।

एल.ए.सी. पर चीन के दोमुँहे रवैए को लेकर भारतीय विदेश मंत्रालय ने जिस तरह 1993, 1996 और 2005 के समझौतों की याद दिलाई, उसने चीन की पोल खोली और उसकी छुपी मंशा को उजागर किया। सवाल यह उठता है कि आखिर चीन ने ऐसा क्यों किया? इसके पीछे चीन की मंशा यह हो सकती है कि सीमा पर शांति के लिए चल रही सौदेबाजी के दौरान अतिवादी रुख अपनाकर भारत पर दबाव बढ़ाया जाए।

तीन सेक्टरों में बँटी एल.ए.सी.

तिब्बत से लगी हुई भारत-चीन वास्तविक नियंत्रण रेखा (एल.ए.सी) तीन सेक्टरों—पूर्वी सेक्टर (अरुणाचल प्रदेश और सिक्किम), मध्य सेक्टर (उत्तराखंड और हिमाचल प्रदेश) और पश्चिमी सेक्टर (कश्मीर व लद्दाख) में विभाजित है। पूर्वी सेक्टर में जो वास्तविक नियंत्रण रेखा है, वह 1914 में ब्रिटिश और तिब्बत सरकार के प्रतिनिधियों के बीच खींची गई सीमा-रेखा के अनुरूप है,

जिसे 'मैकमोहन रेखा' कहते हैं। ऊँचे हिमालयी वाटरशेड सिद्धांत के अनुरूप इस इलाके में लोंगचू और असाफिला को छोड़कर जमीनी स्थिति को लेकर मामूली विवाद है।

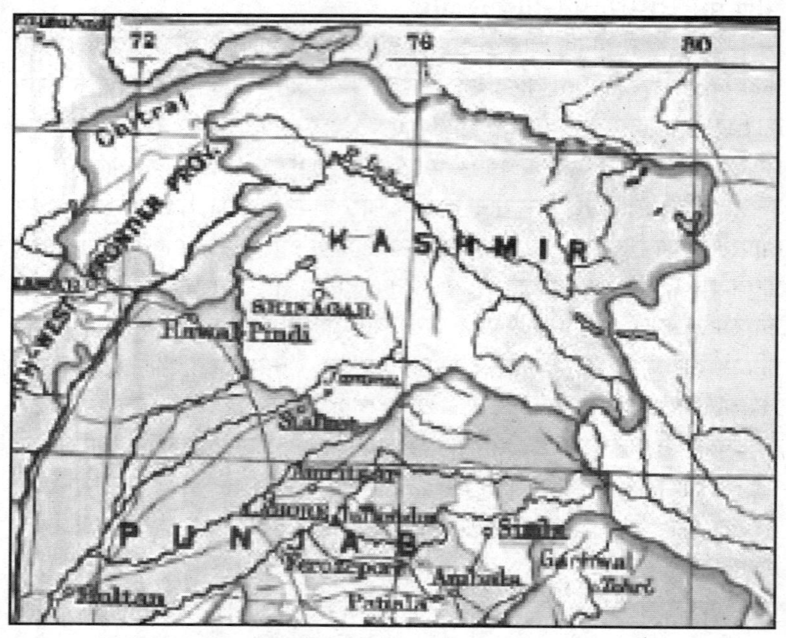

तत्कालीन ब्रिटिश सरकार के इंपीरियल गजेटियर में 1909 में जम्मू-कश्मीर का मानचित्र (इसमें अरदग-जानसन लाइन को कश्मीर की सीमा दिखाई गई है)

मध्य सेक्टर में सबसे कम विवाद है, हालाँकि बाराहूती मैदानी इलाके में एल.ए.सी. के सटीक मिलान को लेकर कुछ मतभेद हैं, लेकिन पश्चिमी सेक्टर में विवाद के गंभीर मसले हैं, जिसकी जड़ में चीन के तत्कालीन प्रधानमंत्री चाऊ एन लाई द्वारा 1959 में प्रधानमंत्री जवाहरलाल नेहरू को लिखे दो पत्र हैं। इसमें उन्होंने 1956 में जिक्र की गई रेखा का उल्लेख किया है। अपने पत्र में चाऊ एन लाई ने लिखा था कि वास्तविक नियंत्रण रेखा वह सीमा-रेखा है, जो पूर्व में मैकमेहोन रेखा के अनुरूप है, जबकि पश्चिम में जो पक्ष जहाँ तक नियंत्रण रखता है, उसी के अनुरूप एल.ए.सी. तय होगी। चीनी प्रधानमंत्री ने अपने पत्र में एल.ए.सी. को आम तरीके से बताया था, इसे मानचित्र बनाकर पारिभाषित नहीं किया था। चूँकि 1959

में चीन ने अपनी सेना से अक्साई चिन इलाके पर कब्जा करवा लिया था, इसलिए चाऊ एन लाई ने कहा कि पश्चिमी सेक्टर में, जिसका जहाँ तक कब्जा है, वहाँ तक वास्तविक नियंत्रण रेखा तय होगी। इस तरह वह अक्साई चिन इलाके पर अपनी वैधता पर भारत से मुहर लगवाना चाह रहे थे।

एल.ए.सी. की चीनी अवधारणा को भारत ने सिरे से खारिज कर दिया था। 1962 के युद्ध के दौरान तब जवाहरलाल नेहरू ने चाऊ एन लाई के इस प्रस्ताव पर कि दोनों सेनाएँ एल.ए.सी. के 20 किमी. पीछे चली जाएँ—कहा था कि जिसे चीन वास्तविक नियंत्रण रेखा कहता है, वहाँ से 20 किमी. पीछे जाने का कोई मतलब या अर्थ नहीं है। उन्होंने पूछा था, "यह नियंत्रण रेखा क्या है ? सितंबर के शुरू से चीन द्वारा अतिक्रमण के द्वारा खींची गई यह रेखा है।"

एल.ए.सी. को लेकर भ्रम

भारत के विदेश सचिव और चीन में भारत के राजदूत रह चुके पूर्व राष्ट्रीय सुरक्षा सलाहकार शिव शंकर मेनन ने अपनी पुस्तक 'Choices : Inside the Making of India's Foreign Policy' में लिखा है कि चीन एल.ए.सी. को मानचित्र पर अंकित कर स्केल के अनुरूप बताने के बजाय आम लहजे में बताता रहा है और इस तरह इसे लेकर भ्रम बनाए रखा है। यही वजह है कि चीन अपने द्वारा बताई गई एक एल.ए.सी. परिभाषा पर हमेशा स्थिर नहीं रहा है।

1962 के युद्ध के बाद चीन ने यह सफाई दी कि वह मैकमेहोन रेखा से 20 किमी. पीछे चला गया है। 1962 के युद्ध के बाद चाऊ एन लाई ने जवाहरलाल नेहरू को फिर पत्र लिखकर एल.ए.सी. के बारे में सफाई देते हुए कहा कि ठोस शब्दों में कहा जाए तो पूर्वी सेक्टर में एल.ए.सी. तथाकथित मैकमेहोन रेखा से मेल खाती है, जबकि पश्चिमी और मध्य सेक्टर में यह परंपरा के आधार पर चीन के इलाकों के अनुरूप होनी चाहिए, जिस पर चीन हमेशा जोर देता रहा है। गौरतलब है कि 2017 में 72 दिनों तक चली डोकलाम सैन्य तनातनी के दौरान भी चीन ने भारत पर दबाव डालकर 1959 में चाऊ एन लाई द्वारा प्रस्तावित दावा रेखा, जिसे उसने एल.ए.सी. कहा, मानने पर जोर दिया।

नई एल.ए.सी.

1959 के बाद चीन ने 1962 की वास्तविक जमीनी स्थिति के अनुरूप नई एल.ए.सी. का प्रस्ताव किया, लेकिन भारत ने न तो 1959 और न ही 1962 की

वास्तविक नियंत्रण रेखा को स्वीकार करने का संकेत दिया। शिवशंकर मेनन के मुताबिक वास्तव में एल.ए.सी. की, जो जमीनी स्थिति 1962 के युद्ध में चीनी आक्रमण के पहले 8 सितंबर को थी, वही वास्तविक नियंत्रण रेखा होनी चाहिए। एल.ए.सी. को लेकर भ्रामक स्थिति बनाए रखकर चीन धीरे-धीरे घिसटकर भारतीय इलाके में अपनी बढ़त बनाकर उसे ही एल.ए.सी. घोषित करने की रणनीति पर अमल करता रहा है।

वास्तव में एल.ए.सी. की अवधारणा को भारत ने 1991 में पहली बार चीन के प्रधानमंत्री ली फंग के भारत दौरे में स्वीकार किया था। भारत के विदेश सचिव रह चुके श्याम सरन ने अपनी पुस्तक 'How India Sees the World' में लिखा है कि तत्कालीन प्रधानमंत्री नरसिंह राव के साथ चीनी नेता ली फंग ने यह सहमति हासिल की कि भारत और चीन के बीच वास्तविक जमीनी स्थिति के अनुरूप वास्तविक नियंत्रण रेखा पर शांति व स्थिरता बनाए रखने की जरूरत है। नरसिंह राव ने जब 1993 में चीन का दौरा किया तो भारत ने एल.ए.सी. की अवधारणा को औपचारिक तौर पर स्वीकार कर लिया और दोनों पक्षों ने सीमा पर शांति व स्थिरता बनाए रखने का समझौता किया। इस एल.ए.सी. के बारे में यह साफ किया गया कि इसका संबंध न तो 1959 और न ही 1962 की एल.ए.सी. से है, बल्कि जिस वक्त शांति व स्थिरता का समझौता हुआ है, उस वक्त मौजूद एल.ए.सी. से है, यानी 1993 की वास्तविक जमीनी स्थिति के अनुरूप एल.ए.सी. को दोनों पक्षों ने माना। दोनों ने तय किया कि भारत-चीन सीमांत इलाके में वास्तविक नियंत्रण रेखा को लेकर मतभेदों को दूर करने के लिए सीमा मसले पर गठित संयुक्त कार्यदल (जे. डब्ल्यू.जी.) वास्तविक रेखा के मिलान का दायित्व निभाएगा।

सीमा पर शांति पर सहमति

शिव शंकर मेनन के मुताबिक, एल.ए.सी. को स्वीकार करने की जरूरत इसलिए महसूस की गई कि सीमांत इलाकों की गश्त कर रहे भारतीय और चीनी सैनिक अकसर आमने-सामने आ जाते थे, जिससे तनाव पैदा होने की शंका होती थी। शिव संकर मेनन के मुताबिक, 1987 में अरुणाचल प्रदेश के सीमांत समदुरोंग छू इलाके में चीनी सेना द्वारा घुसपैठ करने से पैदा तनाव की पृष्ठभूमि में प्रधानमंत्री राजीव गांधी ने दिसंबर 1988 में चीन का दौरा किया। इस दौरान दोनों पक्ष सहमत हुए कि सीमा मसला हल होने तक दोनों पक्ष सीमांत इलाके में शांति व स्थिरता बनाए रखेंगे।

वास्तविक नियंत्रण रेखा को लेकर भारत और चीन की क्या मान्यता है, इसके स्पष्टीकरण के लिए दोनों देशों ने पूर्वी, मध्य और पश्चिमी सेक्टर के मानचित्रों के आदान-प्रदान पर सहमति दी। इसके अनुरूप सबसे कम विवाद वाले मध्य सेक्टर (उत्तराखंड और हिमाचल प्रदेश) के इलाके के मानचित्रों का आदान-प्रदान सबसे पहले किया गया, लेकिन चीन ने औपचारिक तौर पर इसे कभी स्वीकार नहीं किया और पूर्वी और पश्चिमी सेक्टर के सीमांत इलाकों में एल.ए.सी. की मान्यता को लेकर मानचित्रों का आदान-प्रदान नहीं हो सका, क्योंकि चीन एल.ए.सी. को लेकर भ्रामक स्थिति बनाए रखना चाहता था। मई 2015 में जब प्रधानमंत्री नरेंद्र मोदी ने चीन का दौरा किया तो सीमा पर शांति व स्थिरता को मजबूती देने के लिए फिर प्रस्ताव रखा कि एल.ए.सी. के मानचित्रों का दोनों पक्ष आदान-प्रदान करें, लेकिन चीनी पक्ष ने यह कहते हुए इसे अस्वीकार कर दिया कि हमने कुछ सालों पहले इसे स्पष्ट करने की कोशिश की थी, लेकिन इसमें दिक्कतें पैदा हुई, जिससे और जटिल हालात पैदा हुए। चीनी विदेश मंत्रालय के उपमहानिदेशक ह्वांग शील्येन ने तब भारतीय पत्रकारों से कहा था कि हम मसलों को आसान बनाने के बदले जटिलता नहीं पैदा करें। हम जो भी करें, शांति व स्थिरता को बढ़ावा देने के अनुरूप ही होना चाहिए।

भारत की एल.ए.सी.

वास्तविक नियंत्रण रेखा की भारत की मान्यता 'सर्वे ऑफ इंडिया' के मानचित्र में दरशाई गई है। इसमें अक्साई चिन और गिलगिट व बाल्टिस्तान का इलाका शामिल है।

जहाँ तक चीन का सवाल है, यह पश्चिमी सेक्टर में मुख्य तौर पर चीनी दावा रेखा, यानी क्लेम लाइन के अनुरूप है, लेकिन पूर्वी सेक्टर में चीन का दावा संपूर्ण अरुणाचल प्रदेश पर है, जिसे वह 'साउथ तिब्बत' कहता है।

हालाँकि मौजूदा अरुणाचल प्रदेश के तत्कालीन इलाके को 1914 की संधि के तहत मैकमेहोन रेखा के अनुरूप भारतीय इलाका के तहत माना गया था। ब्रिटिश भारत और तत्कालीन तिब्बत सरकार के साथ समझौता इसलिए हुआ कि अरुणाचल प्रदेश (तब यह नेफा, यानी नॉर्थ-ईस्ट फ्रंटियर एजेंसी के नाम से जाना जाता था) का वह इलाका ब्रिटिश भारत के तहत था, इसलिए मैकमेहोन रेखा पूर्वी सेक्टर तक ही सीमित रही। चूँकि अक्साई चिन वाला इलाका लद्दाख का हिस्सा था और लद्दाख जम्मू-कश्मीर राज्य के तहत आता था, जो ब्रिटिश-भारत

के तहत नहीं आता था; हालाँकि इस पर ब्रिटिश साम्राज्य का प्रभुत्व था। इसलिए 1914 में चीन से लगी पूर्वी सीमा को तो समुचित तौर पर परिभाषित या रेखांकित किया जा सका, लेकिन पश्चिमी सेक्टर में लद्दाख के सीमांत इलाकों को नहीं छुआ जा सका।

श्वेत-पत्र

भारत-चीन सीमा मसलों के इतिहासकार ए.जी. नूरानी के मुताबिक, भारत की आजादी के बाद सरदार पटेल की अगुवाई वाले मिनिस्ट्री ऑफ स्टेट्स ने भारतीय राज्यों के बारे में दो श्वेत-पत्र जारी किए थे। पहला श्वेत-पत्र जुलाई 1948 में दो मानचित्रों के साथ जारी किया गया। एक मानचित्र में पश्चिमी सेक्टर में कोई सीमा-रेखा नहीं दरशाई गई। इसमें आंशिक तौर पर रंगीन स्याही से इलाके को दरशाया गया, जबकि दूसरे मानचित्र में पीले रंग को संपूर्ण जम्मू-कश्मीर राज्य पर दरशाया गया और यह भी जिक्र किया गया—सीमा अपरिभाषित।

दूसरा श्वेत-पत्र फरवरी 1950 में जारी किया गया, जब भारत गणतंत्र बन चुका था। इस बार फिर मानचित्र में सीमा-रेखा तो थी, लेकिन इसे परिभाषित या सटीक रेखांकित नहीं किया गया था। चीन द्वारा इसका फायदा उठाने की कोशिशों के बीच जवाहरलाल नेहरू ने निर्देश जारी किया कि जम्मू-कश्मीर के सभी मानचित्रों को वापस कर लिया जाए। उनके निर्देश में यह भी था कि उत्तरी और उत्तर-पूर्वी सीमाओं को दरशाने वाला नया मानचित्र जारी किया जाए, लेकिन इसमें भी सीमा-रेखा स्पष्ट परिभाषित नहीं थी। उन्होंने निर्देश जारी किया कि नया मानचित्र भारत के सभी दूतावासों में भेजा जाए और सार्वजनिक तौर पर इसे जारी करने के साथ स्कूलों-कॉलेजों में भी पढ़ाने के लिए भेजा जाए। इसी मानचित्र को आज तक आधिकारिक तौर पर इस्तेमाल किया जाता है, जिसके आधार पर भारत-चीन के साथ सीमा सौदेबाजी करता है।

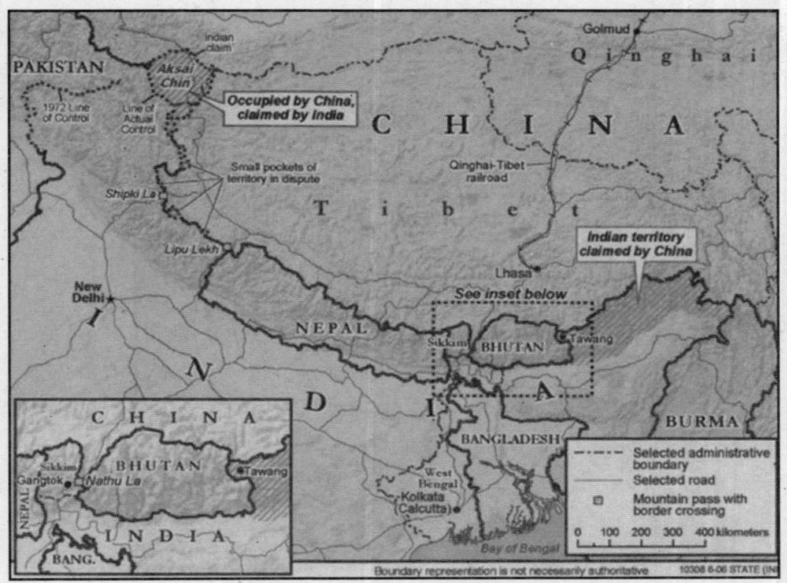

भारत और चीन के बीच वास्तविक नियंत्रण रेखा
(मानचित्र अमेरिकी गुप्तचर एजेंसी सी.आई.ए. द्वारा जारी)

वास्तविक नियंत्रण रेखा का पश्चिमी सेक्टर–पूर्वी लद्दाख और अक्साई चिन को अलग कर दरशाया गया है। दक्षिणी डेमचोक इलाके में केवल दो दावा रेखा दरशाई गई है।
(मानचित्र सी.आई.ए. द्वारा जारी)

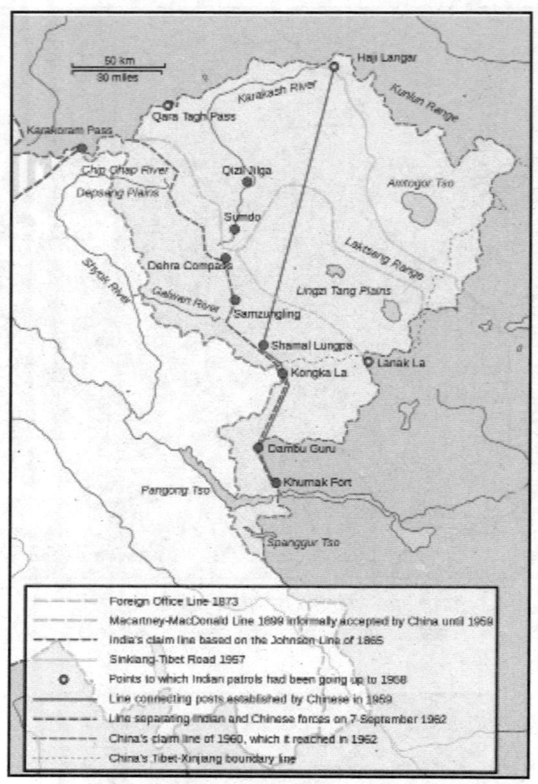

मैकार्टनी–मैकडोनाल्ड रेखा (विकिपीडिया कॉमंस से साभार)

जम्मू–कश्मीर के अक्साई चिन का इलाका 19वीं सदी के उत्तरार्ध में ब्रिटिश साम्राज्य और रूस के बीच चले 'ग्रेट गेम' का शिकार बना। इसी दौरान ब्रिटिश इंडिया सरकार ने जम्मू–कश्मीर और चीन के इलाकों को विभाजित करनेवाली रेखाओं का प्रस्ताव किया। इस दौरान 1899 में ब्रिटिश सरकार के चीन में राजदूत सर क्लाउड मैकडोनाल्ड ने विवादास्पद अक्साई चिन के लिए प्रस्तावित सीमा 'मैकार्टनी–मैकडोनाल्ड रेखा' का प्रस्ताव चीन सरकार के पास रखा, लेकिन चीन सरकार ने इसका कभी जवाब नहीं दिया। इसके बाद तत्कालीन ब्रिटिश इंडिया सरकार पारंपरिक 'जानसन–अरदग सीमा–रेखा' पर लौट आई। भारतीय पक्ष इसी प्रस्तावित जानसन–अरदग लाइन को मान्यता देता रहा है ।

जानसन लाइन

विलियम जानसन तत्कालीन ब्रिटिश इंडिया सरकार के 'सर्वे ऑफ इंडिया' में उच्च अधिकारी थे। 1865 में उन्होंने 'जानसन लाइन' का प्रस्ताव रखा, जिसमें अक्साई चिन इलाके को कश्मीर में शामिल किया गया। चीन ने 1893 तक इस प्रस्तावित लाइन को मान्यता दी थी। इसी साल रूस के सेंट पीटर्सबर्ग में चीन के उच्च अधिकारी हूँग थाचन ने चीन के काशगर इलाके में ब्रिटिश दूत जार्ज मैकार्टनी को पूरे इलाके का मानचित्र सौंपा, जो जानसन लाइन से मेल खाता था।

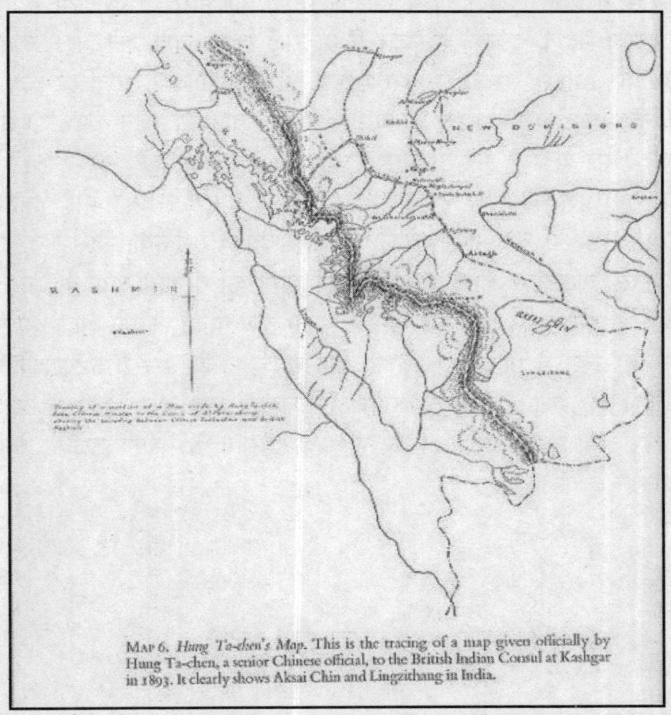

MAP 6. *Hung Ta-chen's Map*. This is the tracing of a map given officially by Hung Ta-chen, a senior Chinese official, to the British Indian Consul at Kashgar in 1893. It clearly shows Aksai Chin and Lingzithang in India.

1893 में चीन के काशगर में ब्रिटिश इंडिया के दूत को तत्कालीन चीन सरकार के एक वरिष्ठ अधिकारी हूँग था चन ने तब की चीनी मान्यता के आधार पर एक आधिकारिक नक्शा सौंपा था, जिसे बाद में हूँग था चन मैप के नाम से जाना गया। इस नक्शे में लद्दाख के लिंग ची थांग, अक्साई चिन और रकसम इलाके को कश्मीर के हिस्से के तौर पर दिखाया गया था। इस नक्शे में अक्साई चिन के इलाके को मैकार्टनी-मैकडोनाल्ड रेखा के पश्चिम में कश्मीर के हिस्से के तौर पर दिखाया गया था। (चित्र—साभार विकिपीडिया कॉमंस)

लेकिन 1896 में रूसी उकसावे पर तत्कालीन चीनी शासकों ने अपना मन बदला और अक्साई चिन इलाके में रुचि लेनी शुरू की। ब्रिटेन और रूस के बीच तब के दौर में चल रहे 'ग्रेट गेम' के तहत ब्रिटेन ने एक संशोधित मानचित्र पेश किया, जिसमें अक्साई चिन के नाबाद सीमांत इलाके को चीन का हिस्सा दिखाया गया। शुरू में ऐसा सुझाव काशगर में ब्रिटिश दूत मैकार्टनी ने रखा था, जिसे तब के ब्रिटिश इंडिया के गवर्नर जनरल लॉर्ड एलगिन ने स्वीकार किया।

नए मानचित्र में अक्साई चिन के दक्षिणी लिंगची-थांग मैदानी इलाकों को, जो लक्तसांग पर्वत शृंखलाओं के दक्षिण में हैं, को भारत में दरशाया गया, जब किलक्तसांग मैदानी इलाके के उत्तर में अक्साई चिन इलाके को चीन के इलाके में दिखाया। ब्रिटिश सरकार ने इस लाइन को दरशाने वाले मानचित्र को, जिसे 'मैकार्टनी-मैकडोनाल्ड लाइन' के नाम से जाना जाता है, पेइचिंग में ब्रिटिश सरकार के राजदूत सर क्लाउड मैकडोनाल्ड ने चीन में तत्कालीन छिंग सरकार को अपने नोट के साथ पेश किया था, लेकिन छिंग सरकार ने इस नोट का कोई जवाब नहीं दिया; पर 1936 में चीन गणराज्य ने एक मानचित्र जारी किया, जिसमें मैकार्टनी-मैकडोनाल्ड लाइन के अनुरूप कश्मीर की सीमा को दरशाया गया है। वास्तव में 1899 में प्रस्तावित इस रेखा को चीन ने 1959 तक माना, लेकिन आज की स्थिति में चीन इस रेखा से भी कहीं अधिक आगे बढ़ चुका है। 1962 के युद्ध के पहले से ही चीन इस इलाके में अपने कदम आगे बढ़ाता गया और 1962 में नई क्लेम लाइन का दावा किया तथा गलवान नदी एवं देपसांग के मैदानी इलाकों तकचीनी सेना आगे बढ़ गई।

□

19

अक्साई चिन

भारत के मानचित्र पर मुकुटनुमा आकृति, जिसे हम जम्मू-कश्मीर व लद्दाख के इलाके के तौर पर जानते हैं, में सबसे उत्तर-पूर्वी कोना अक्साई चिन का ही इलाका है, जो भारत और चीन के बीच चल रहे प्रादेशिक विवाद की जड़ में है। यह वही बर्फीला पर्वतीय इलाका है, जिसके बारे में जवाहरलाल नेहरू ने संसद् में कहा था कि वहाँ घास का एक तिनका भी नहीं उगता है। उनका कहने

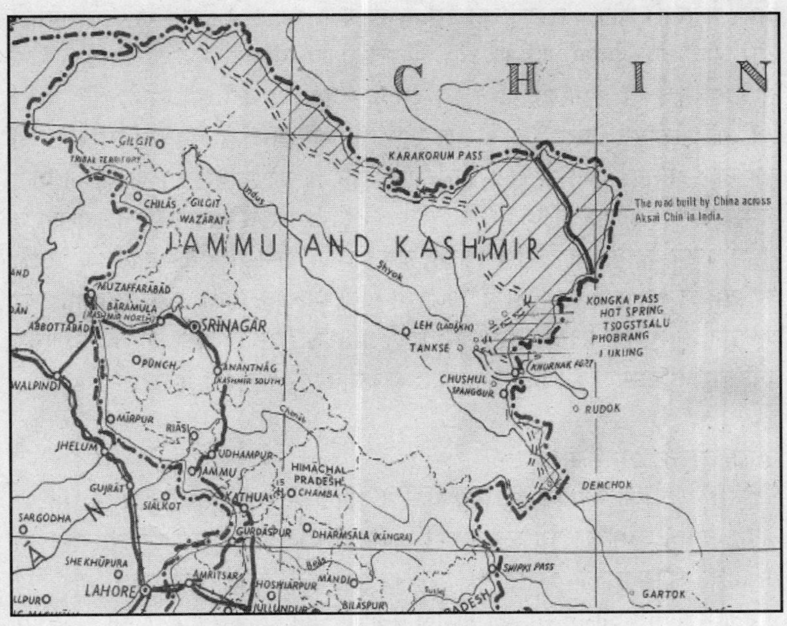

1959 में भारतीय जम्मू-कश्मीर का राजनीतिक नक्शा

(इस नक्शे में भारत सरकार के दावेवाली सीमा और 1956 की चीनी दावा रेखा दरशाई गई है)

का शायद अर्थ यह था कि वह ठंडा-वीरान इलाका यदि भारत के पास नहीं है तो कोई फर्क नहीं पड़ता। इस इलाके को लेकर ब्रिटिश इंडिया की सरकार के एक सर्वेयर अधिकारी विलियम जानसन ने 1865 में ही भारत का हिस्सा बताया था, जिसकी चीन के साथ लगी सीमा को 'जानसन-अरदग लाइन' के तौर पर निरूपित किया गया था। तब तो चीन ने जानसन के दावे पर कोई टिप्पणी नहीं की थी, लेकिन अब चीन का दावा है कि यह इलाका चीन के शिन्च्यांग की होतान काउंटी का हिस्सा है।

कराकोरम राजमार्ग

चीन ने इसी अक्साई चिन इलाके से होकर दो हजार किमी. लंबा कराकोरम राजमार्ग बनाया, जिसे वह 'चाइना नेशनल हाइवे-219' कहता है। ऊँचे बर्फीले पर्वतों से होकर गुजरनेवाला यह राजमार्ग शिन्च्यांग के येछंग को तिब्बत के ल्हात्से से जोड़ता है। चीन ने इस तरह चुपचाप शिन्च्यांग को तिब्बत से जोड़नेवाले राजमार्ग का निर्माण अक्साई चिन इलाके से होकर कर लिया और भारत को इस बारे में अँधेरे में रखा। चीन ने पहली बार इसका खुलासा 1957 में किया था, तब उपग्रहों और ड्रोनों का जमाना नहीं था और सीमांत इलाके नाबाद थे, जहाँ भारतीय सैन्य चौकियाँ नहीं थीं, इसलिए भारत को इसकी भनक भी नहीं लग सकी थी। 2013 तक यह राजमार्ग ग्रैवल ट्रैक ही था, लेकिन इसके बाद से सड़क अस्फाल्ट की बन गई। अक्साई चिन से सटी शक्सगाम घाटी है, जो पाकिस्तान के कब्जे वाले जम्मू-कश्मीर इलाके में थी। चूँकि चीन को तिब्बत तक अपनी पहुँच आसान व सुगम बनाने के लिए करीब पाँच हजार वर्ग किमी. वाली शक्सगाम घाटी के इलाके की जरूरत थी, इसलिए चीन ने 1963 में पाकिस्तान के साथ सीमा समझौता कर वह इलाका हथिया लिया। शक्सगाम घाटी अक्साई चिन से लगी है, जो सियाचिन ग्लेशियर के पास ही है, जहाँ के निकट से कराकोरम राजमार्ग गुजरता है।

हिंदी-चीनी, भाई-भाई

नवचीन की स्थापना के बाद चीन ने अपनी सेना भेजकर, चूँकि तिब्बत पर अपना कब्जा जमाकर पूरी तरह अपने अधीन कर लिया था और इस पर चीन को भारत की मान्यता की जरूरत थी, इसलिए 1954 में 'हिंदी-चीनी, भाई-भाई' का भावनात्मक नारा और दोस्ती का माहौल बनाकर चीन ने तिब्बत पर अपने कब्जे पर भारत से मुहर लगवा ली। इसलिए चीन के लिए जरूरी हो गया था कि तिब्बत का

शिन्च्यांग इलाके से सीधा संपर्क जल्द-से-जल्द बनाया जाए। भारत को धोखे में रखकर चीन ने वह कर दिखाया, जिसने भारत को हैरत में डाल दिया।

28 अगस्त, 1959 को इस बारे में संसद् में अपना बयान देते हुए प्रधानमंत्री जवाहरलाल नेहरू ने कहा था कि पूर्वी और उत्तर-पूर्वी लद्दाख में एक बड़ा भू-भाग है, जो नाबाद है। यह पर्वतीय इलाका है और यहाँ घाटियाँ भी 13 हजार फीट से अधिक की ऊँचाई वाले इलाकों पर हैं। कुछ हद तक यहाँ गरमियों के मौसम में गड़रिए पशुओं को चराते देखे जाते हैं। इस इलाके में भारत सरकार की कुछ पुलिस चौकियाँ हैं, लेकिन दुर्गम इलाका होने की वजह से यहाँ की पुलिस चौकियाँ अंतरराष्ट्रीय सीमा से काफी दूर हैं। प्रधानमंत्री नेहरू ने आगे बताया कि अक्तूबर 1957 और फरवरी 1958 के बीच हमें कुछ रिपोर्ट मिलीं कि एक चीनी सैनिक टुकड़ी ने अंतरराष्ट्रीय सीमा को पार किया है और भारतीय इलाके में पड़नेवाले खुरनाक किला का दौरा किया है। इस ओर चीन का ध्यान आकर्षित किया गया और उनसे कहा गया कि हमारे भू-भाग में न घुसें। इन पर्वतीय इलाकों में सीमाओं का कोई जमीनी निर्धारण नहीं है, हालाँकि हमारे मानचित्र इस बारे में पूरी तरह स्पष्ट हैं। इसके बाद जुलाई 1959 के अंत में उस इलाके में एक छोटी पुलिस टोही टीम भेजी गई। 28 जुलाई को यह पुलिस टीम जब खुरनाक किले की ओर बढ़ रही थी, तब बड़ी संख्या में चीनी सैनिकों ने भारतीय सीमा के अंदर उन्हें पकड़ लिया। चीनियों ने दावा किया कि वह इलाका चीन का है, लेकिन चीन पकड़े गए भारतीयों को छोड़ देगा। इस पर हैरानी जाहिर करते हुए हमने चीन को एक और नोट भेजा और उन्हें पारंपरिक अंतरराष्ट्रीय सीमा का सटीक विवरण दिया। चीन ने इस नोट का कोई जवाब नहीं दिया, लेकिन 18 अगस्त को भारतीय पुलिस टीम को छोड़ दिया।

इसके तीन दिन बाद जवाहरलाल नेहरू ने संसद् को यह बताकर चौंकाया कि चीनियों ने अक्साई चिन से होकर एक सड़क का निर्माण किया है। नेहरू ने चीन में की गई एक घोषणा के हवाले से कहा कि येछंग गरतक रोड, जिसे 'शिन्च्यांग-तिब्बत राजमार्ग' भी कहते हैं, को सितंबर 1957 में पूरा कर लिया गया है। इसके बाद दो टोही टीमों को भेजा गया। इसमें से एक टीम को अधिक संख्या वाली चीनी सेना ने पकड़ लिया। दूसरी भारतीय टीम लौट आई और अक्साई चिन इलाके में इस नई बनी सड़क के बारे में कुछ जानकारी दी।

अप्रैल 1960 में चीन के प्रधानमंत्री चाऊ एन लाई ने भारत का सप्ताह भर का दौरा किया और सीमा मसले पर नेहरू सहित कई भारतीय नेताओं से गहन

बातचीत की और अपने इसी दावे पर जोर दिया कि अक्साई चिन का इलाका सदियों से शिन्च्यांग का इलाका रहा है, तब उन्होंने नेहरू से कहा था कि हम किसी पर अपना मानचित्र नहीं थोपते और भारत से भी यही अपेक्षा करेंगे। यदि हमें किसी समझौते पर पहुँचना है तो हम दोनों को अपने मानचित्रों में समुचित बदलाव करना होगा।

इसलिए जब 5 अगस्त, 2019 को भारतीय संसद् में गृहमंत्री अमित शाह ने लद्दाख को भारत का नया केंद्रशासित प्रदेश घोषित करनेवाला बयान दिया और जोर देकर कहा कि अक्साई चिन इलाका लद्दाख के तहत आता है और मरते दम तक वह इसे वापस लेकर रहेंगे तो चीन भारत की इस ललकार से चिढ़ गया। इसलिए जब 5 अगस्त, 2019 को भारत ने अपने जम्मू-कश्मीर प्रांत को दो केंद्र शासित प्रदेशों के तौर पर दो भागों में बाँटकर लद्दाख व जम्मू-कश्मीर केंद्रशासित प्रदेश की अलग-अलग प्रशासनिक व्यवस्था कर दी तो चीन के लिए चिंतित होना स्वाभाविक था, क्योंकि लद्दाख को दिखानेवाले भारतीय मानचित्र में अक्साई चिन का इलाका भी शामिल है।

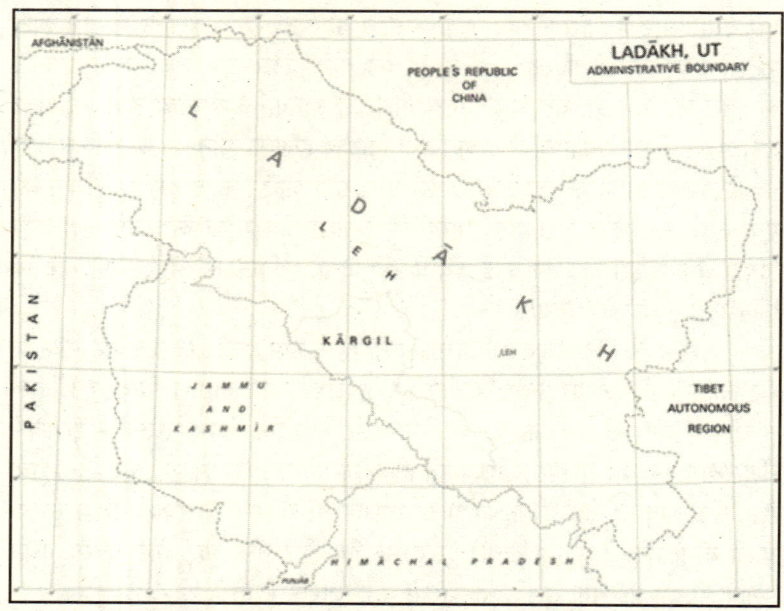

नवंबर 2019 को भारत सरकार द्वारा जारी लद्दाख केंद्रशासित प्रदेश का मानचित्र

अमित शाह का बयान

अमित शाह ने संसद् में अपने बयान में कहा कि वह यह बात रेकार्ड पर लाना चाहते हैं कि जब भी वह सदन में जम्मू-कश्मीर का जिक्र करते हैं, उसमें शामिल होता है पाक-अधिकृत कश्मीर और अक्साई चिन। हमारे संविधान और जम्मू-कश्मीर के संविधान में उल्लिखित सीमाओं के भीतर पाक अधिकृत कश्मीर और अक्साई चिन भी आता है।

नरेंद्र मोदी के भारत ने इस तरह चीन को ललकारा। विस्तारवादी चीन को लगा कि यदि भारत की लद्दाख पर वैधानिक स्थिति और कब्जा मजबूत होता है तो एक दिन पाकिस्तानी कब्जेवाले नॉर्दन एरियाज के तौर पर ज्ञात गिलगिट-बाल्टिस्तान इलाके पर भारत अपना प्रादेशिक विस्तार करेगा और इससे इस इलाके से होकर गुजरने वाले 'चीन-पाकिस्तान आर्थिक गलियारा' (चाइना पाकिस्तान इकोनॉमिक कोरिडोर) को भारत भविष्य में कभी बाधित कर सकता है। भारत ने इस इलाके में पहले ही 255 किमी. लंबा दौलतबेग-ओल्दी राजमार्ग का निर्माण कार्य पूरा करने का ऐलान कर दिया था।

इसलिए चीन ने यह रणनीति बनाई कि इस राजमार्ग को बाधित करने के लिए ऊँचाई वाली पर्वतीय चोटियों पर अपनी सैनिक मौजूदगी बना ली जाए। यदि ऐसा मुमकिन हो सका तो चीन दौलतबेग-ओल्दी राजमार्ग पर भारत की सैनिक गतिविधि और आवागमन को रोक सकता है। इसलिए तिकड़मी चीनी नेताओं ने वास्तविक नियंत्रण रेखा पर हुए सभी समझौतों को तोड़ते हुए अपनी सेना की पूर्वी लद्दाख की गलवान घाटी, गोगरा-हॉट स्प्रिंग, पैंगोंग त्सो के उत्तरी और दक्षिणी इलाके पर चुपचाप सैन्य अतिक्रमण की तैयारी की। चीन ने उस इलाके में सैन्य युद्धाभ्यास के बहाने घुसपैठ की साजिश रची और 5 मई, 2020 को सभी सीमांत इलाकों पर अपने सैनिक भेज दिए तथा इन इलाकों में भारतीय सैनिकों को गश्त करने से रोका।

चीन की चालाकी

लेकिन चीन की चालाकी आज भारतीय रणनीतिकारों पर भारी पड़ने लगी है। चूँकि भारत ने वास्तविक नियंत्रण रेखा की बात को मान्यता नहीं दी थी, इसलिए 1993 में वास्तविक नियंत्रण रेखा का जिक्र हो जाना मात्र ही चीन के लिए आज अपने पुराने दावे को दुहराने का मौका दे रहा है। वास्तविक नियंत्रण रेखा की अवधारणा चीन की है, इसलिए चीनी पक्ष द्वारा 1993 में इसका जिक्र करवाने के पीछे चीन की दीर्घकालिक सोच का परिचायक है।

भारतीय विदेश मंत्रालय ने चीन के इस दावे को ठुकराते हुए उसे 1993 के बाद से सभी समझौतों की याद दिलाई। 1993 में चीन के साथ पहली बार आपसी समझौते में वास्तविक नियंत्रण रेखा का जिक्र करते हुए इसके अनुरूप शांति व स्थिरता को बनाए रखने पर समझौता हुआ था। 1996 में सैनिक क्षेत्र में विश्वास निर्माण उपायों पर समझौता हुआ। 2005 में भरोसा पैदा करनेवाले उपायों को लागू करने पर एक प्रोटोकाल पर दस्तखत हुए। 2005 में ही भारत-चीन सीमा मसले के हल के लिए राजनीतिक पैमाना और निर्देशक सिद्धांतों पर समझौता भी हुआ, जिसमें भारत और चीन दोनों ने कहा कि दोनों देश वास्तविक नियंत्रण रेखा की पहचान और पुष्टि के लिए प्रतिबद्ध हैं, ताकि वास्तविक नियंत्रण रेखा का साझा मिलान हो सके।

चीन ने रुचि नहीं ली

वास्तव में भारत और चीन के प्रतिनिधियों ने 2003 तक वास्तविक नियंत्रण रेखा की पहचान के लिए काम भी किया, लेकिन यह प्रक्रिया आगे इसलिए नहीं बढ़ सकी कि चीनी पक्ष ने इसे जारी रखने की इच्छा नहीं दिखाई। इसलिए चीनी पक्ष द्वारा अब दो दशक बाद यह कहना कि केवल एक ही वास्तविक नियंत्रण रेखा मौजूद है, वह पिछले समझौतों में चीन द्वारा दिखाई गई प्रतिबद्धता की भावना के खिलाफ है। भारत ने हमेशा कहा है कि भारत ने 1959 की प्रस्तावित वास्तविक नियंत्रण रेखा को कभी भी नहीं माना और चीन ने 1993 के बाद हुई सभी सहमतियों और संधियों में इसका जिक्र भी नहीं किया, इसलिए अब चीन द्वारा 1959 के दावे को फिर दुहराना चीन की यह मंशा दिखाता है कि वह किसी भी हाल में लद्दाख के सीमांत इलाकों में तनाव बनाए रखना चाहता है।

चीन ने 5 मई, 2020 के बाद से अतिक्रमण के दौरान जो बात खुलकर कहने की हिम्मत नहीं की, वह इसे इसलिए दोहरा रहा है कि सीमांत इलाकों में चीनी अतिक्रमण को वह जायज व तार्किक इस आधार पर ठहराना चाहता है कि चूँकि लद्दाख का इलाका तिब्बती सांस्कृतिक प्रभाव क्षेत्र का रहा है, इसलिए वह इलाका चीन का है।

चीन का दावा

चीन के ताजा दावे से साफ है कि पूर्वी लद्दाख के सीमांत इलाकों से सैन्य तनाव खत्म करने और सैनिकों को पीछे ले जाने के बारे में चीन ने भारतीय सैन्य

कमांडर और राजनयिक स्तर की दर्जनों दौर की जो वार्त्ताएँ की थीं, वह महज वक्त हासिल करने के लिए ही थीं। साफ है कि चीन एक सुविचारित रणनीति के तहत भारत पर सैन्य दबाव बढ़ा रहा है। 5 मई, 2020 के बाद से चीन ने कब्जे और घुसपैठ वाले इलाकों में अपना सैन्य कब्जा पुख्ता करते हुए भारी सैन्य तैनाती की और अब, जब उन इलाकों में चीन के पाँव जम चुके हैं, चीन ने पूरे लद्दाख के इलाके को विवादास्पद बताकर भारत-चीन के बीच मौजूदा सैन्य तनातनी को नया आयाम दे दिया है। यह इस बात का संकेत है कि आनेवाले महीनों या आगामी सालों तक भारतीय सेना को पूर्वी लद्दाख की बर्फीली चोटियों पर अपने सैनिक तैनात रखने को मजबूर होना पड़ेगा।

चीन ने शायद यह सोचा है कि इन इलाकों में भारतीय सेना ने करीब 50 हजार सैनिक तैनात किए हैं, जिन पर रोजाना सौ से डेढ़ सौ करोड़ रुपए का खर्च कोविड महामारी से कराह रही भारतीय अर्थव्यवस्था के मौजूदा काल में असहनीय होगा। इसलिए वह अधिक वक्त तक चीनी सेना का प्रतिरोध नहीं कर सकेगा।

□

20

दौलतबेग ओल्दी खटक रहा है चीन को

दौलतबेग ओल्दी आज के वक्त में 1962 के युद्ध के बाद से चीन की सीमा से लगे एक भारतीय सैनिक अड्डा के लिए जाना जाता है, लेकिन इसका प्राचीन इतिहास रहा है। इसके पश्चिम में सियाचिन ग्लेशियर है और पूर्व में अक्साई चिन का इलाका है। इसके उत्तर-पश्चिम में सामरिक तौर पर अहम शक्सगाम घाटी है, जिसे 1963 में पाकिस्तान ने चीन को सौंप दिया था। कराकोरम पहाड़ियों के बीच यह स्थल 16वीं सदी के सिल्क रोड पर स्थित है, जो एक अहम व्यापारिक आरामगाह रहा है। चीन पाकिस्तान को जोड़नेवाला कराकोरम दर्रा दौलतबेग ओल्दी से मात्र 12 किमी. की दूरी पर है। 16,614 फीट की ऊँचाई पर यहाँ दुनिया का सबसे ऊँचाई वाला वायुसैनिक अड्डा है। लद्दाख की कराकोरम पहाड़ियों के सबसे उत्तरी किनारे पर स्थित यह इलाका मध्य एशियाई मुल्क यारकंत खनाते के 16वीं सदी के शासक सुलतान सईद खान के नाम पर है, जहाँ उसका निधन हुआ था। दौलतबेग ओल्दी तुर्की शब्द है, जिसका मतलब है—ऐसा स्थल, जहाँ अमीर आदमी की मौत हुई। अफगानिस्तान में काम करनेवाले और इस इलाके के बारे में गहन लिखनेवाले ब्रिटिश मेडिकल अधिकारी हेनरी वाल्टर बेलेव ने इसका अनुवाद इस प्रकार किया है—'जहाँ राज्य के शासक का निधन हुआ'।

यारकंत खनाते : स्वतंत्र मुल्क

यारकंत खनाते का मध्य एशिया में सन् 1504 से 1705 के बीच एक देश के तौर पर अस्तित्व रहा है। इसकी सरकार, अर्थात् राजधानी आज के चीन के प्रांत शिन्च्यांग के यारकंत शहर में स्थित रही है, यानी यारकंत खनाते तब चीन के अधीन नहीं था। यारकंत राज्य जब अपने वैभव पर था, इसने यारकंत से मध्य एशिया के बड़े हिस्से पर शासन किया। सुलतान सईद खान मंगोल शासक चंगेज खान का वंशज था, जो यारकंत राज्य का पहला शासक था।

कराकोरम पर्वत शृंखला (विकिपीडिया कॉमंस से साभार)

सुलतान सईद खान ने अपने जनरल मिर्जा हैदर को 1531 में निर्देश दिया था कि वह लद्दाख पर आक्रमण करे और उसे अपने अधीन करे। वास्तव में सुलतान सईद खान की बड़ी योजना तिब्बत की राजधानी ल्हासा पर कब्जा करने की थी। इसी रणनीति के तहत खान ने पहले लद्दाख पर आक्रमण करने का निर्देश दिया था। मिर्जा हैदर लद्दाख पर आक्रमण करने में जुटा था, तब सुलतान खान ने खुद ही बड़ी फौज लेकर लद्दाख की ओर कूच करने का फैसला किया, लेकिन रास्ते में ही उसकी तबीयत खराब हुई और सन् 1533 में यारकंत लौटते हुए उसकी मौत हो गई। जिस जगह पर उसकी मौत हुई, वहाँ का नाम 'दौलतबेग ओल्दी' रखा गया। दौलतबेग ओल्दी, यानी जहाँ राज्य के शासक का निधन हुआ।

सुल्तान सईद खान की स्मृतियों को वहाँ सैनिक चौकी बनाकर यादगार बना दिया गया है। उसके निधन स्थल पर एक सैनिक चौकी बनाई गई है, जो चीन द्वारा वहाँ 1962 के युद्ध के दौरान अक्साई चिन पर कब्जा करने के बाद वास्तविक नियंत्रण रेखा से मात्र 10 किमी. दूर स्थित है। 1962 का युद्ध शुरू होने के कुछ महीनों पहले जुलाई 1962 में वहाँ एक हवाई पट्टी बनाई गई, जो 16,614 फीट की ऊँचाई पर स्थित है।

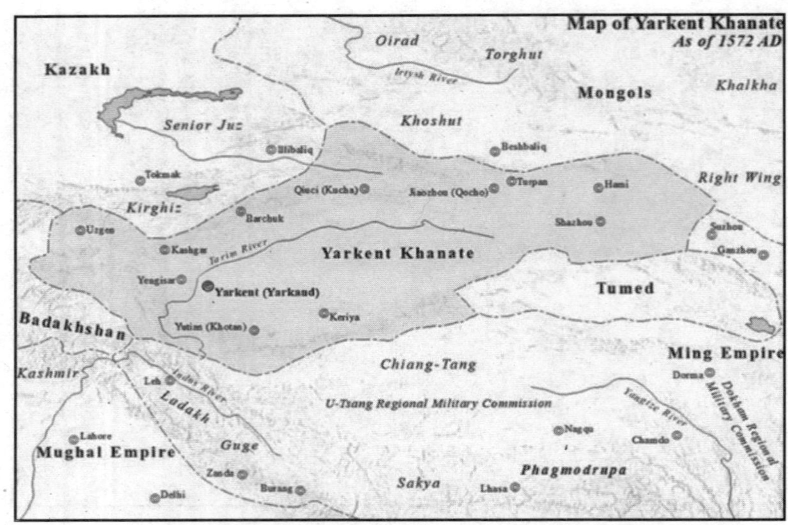

यारकंत खनाते का मानचित्र सन् 1572 (स्रोत—विकिपीडिया कॉमंस)

चिपचाप नदी के नजदीक स्थित दौलतबेग ओल्दी वायुसैनिक अड्डा आज दुनिया का सामरिक तौर पर सबसे महत्त्वपूर्ण माना जाता है। भारतीय सेना के लिए इसकी विशेष अहमियत है। इसलिए कि दौलतबेग ओल्दी खुंजेराब दर्रा से महज 180 किमी. दूरी पर है, जो चीन में शिन्च्यांग को पाकिस्तान अधिकृत कश्मीर में गिलगिट से जोड़ता है। इसी इलाके में 'चीन-पाकिस्तान आर्थिक गलियारा' (सी.पी.ई.सी.) है, जो चीन के लिए काफी अहम है। इस इलाके में बन रहे तीन हजार किमी. लंबे कॉरिडोर और इसके आसपास 60 अरब डॉलर का निवेश हो रहा है, जो चीन को सामरिक लाभ प्रदान करता है।

लेह से शुरू होकर चांगला होते हुए श्योक नदी को पार कर दौलतबेग ओल्दी तक (321 किमी.) पहुँचाने वाला राजमार्ग 2019 में ही बनकर पूरा हुआ है और जहाँ सैनिक अड्डा के निकट इलाके में ही सियाचिन ग्लेशियर है। इस राजमार्ग पर होनेवाले सैन्य आवागमन पर नजर रखने के लिए चीन ने अपने इलाके में कई वाचटावर बना लिये हैं। वास्तव में दौलतबेग ओल्दी वायुसैनिक अड्डे से उड़ान भरकर कोई लड़ाकू विमान पूरे इलाके पर प्रभुत्व स्थापित कर सकता है, इसलिए चीन इस वायुसैनिक अड्डे से खतरा महसूस करता है।

चीन के लिए खतरा

दौलतबेग ओल्दी वायुसैनिक अड्डे से गिलगिट इलाके को आसानी से निशाना बनाया जा सकता है, इसलिए चीन की चिंता है कि यदि भारत पाकिस्तान अधिकृत कश्मीर के गिलगिट सहित अन्य बाकी इलाकों पर कब्जा कर लेता है तो चीन-पाकिस्तान का निर्माणाधीन आर्थिक गलियारा (सी.पी.ई.सी.) खतरे में पड़ जाएगा। इसी के नजदीक शक्सगाम घाटी है, जिसे पाकिस्तान ने 1963 में चीन को सौंप दिया था, जिसकी सुरक्षा के लिए भी चीन को भारतीय सेनाओं से खतरा महसूस होता है। चीन को लगता है कि पाकिस्तान के उत्तरी इलाकों के स्कर्दू वायुसैनिक अड्डे की सुविधा से भी उसे वंचित होना पड़ेगा।

इसलिए चीन की कोशिश है कि दौलतबेग ओल्दी तक भारतीय सेना की पहुँच को किसी तरह बाधित किया जाए। दौलतबेग ओल्दी से लेह के बीच 321 किमी. का फासला है, जिसके बीच सड़क मार्ग की सुविधा हो जाने से सैन्य आवागमन को भारत ने काफी सुगम बना दिया है।

चीनियों की चिंता है कि दुरबुक से होकर दौलतबेग ओल्दी तक 255 किमी. का सभी मौसमों में चलनेवाला राजमार्ग गलवान से लेकर पैंगोंग झील तक भारतीय सेना के लिए प्रभावी काररवाई करना आसान बना सकता है। इस तरह चीन को गिलगिट होते हुए पाक-चीन आर्थिक गलियारा के अलावा दौलतबेग ओल्दी रोड ने चीन द्वारा 1962 में कब्जा किए गए अक्साई चिन इलाके के लिए भी खतरा पैदा कर दिया है, क्योंकि इससे भारत को भारी सामरिक लाभ की स्थिति मिल गई है। इसलिए चीन की कोशिश है कि वह भारतीय सेना को लद्दाख के उत्तर-पूर्वी इलाके में श्योक नदी से पीछे जाने को मजबूर करने और दक्षिण-पूर्व में पैंगोंग त्सो झील के नीचे तक खिसकाने की रणनीति लागू करे।

चीनी सेना की रणनीति

यही वजह है कि चीनी सेना इस इलाके में भारतीय सेना की गतिविधियों को बाधित करने की कोशिश में भारतीय सैन्य वाहनों की आवाजाही रोकने की भी कोशिश करती रही है। सैन्य सूत्रों के मुताबिक अकसर चीनी सेना भारतीय वाहनों को अपने सैन्य वाहनों से टकरा देती हैं। इस इलाके में भारतीय सैनिकों की गश्त पर नजर रखने के लिए चीनी सेना ने 2015 में एक टिन शेड पर वाचटावर बनाया था, जिसे भारतीय सैनिकों ने तोड़ दिया था। भारतीय सैनिकों की इस काररवाई के बाद चीनी सेना ने अपनी तैनाती बढ़ा दी तो इसके जवाब में भारतीय सेना ने भी अपनी

तैनाती बढ़ाई थी। इस तरह दोनों सेनाओं के बीच दस दिनों तक तनातनी चली थी। इस इलाके पर अपना अधिकार जताने के लिए दोनों पक्षों ने अपने देश के झंडे लगा दिए थे; हालाँकि किसी तरह की हिंसा से दोनों पक्ष बचे थे। इससे बचने के लिए दोनों सेनाओं के उच्चाधिकारियों के बीच बातचीत के बाद ही तनाव भड़कने से रोका जा सका।

इसी तरह 2013 में दौलतबेग ओल्दी इलाके में राकी नाला के पास चीन की 'पीपल्स लिबरेशन आर्मी' के जवानों ने जब अपने टेंट गाड़ दिए तो उन्हें हटाने के लिए भारतीय सेना ने कहा और इसे लेकर उस इलाके में 20 दिन तक दोनों सेनाओं के बीच तनातनी चली थी। यह तनातनी तब खत्म हुई, जब चुमार इलाके में बनाए बंकरों को भारतीय सेना तोड़ने को तैयार हो गई। सैन्य सूत्रों के मुताबिक खासकर दौलतबेग ओल्दी इलाके में, जब भारतीय पक्ष ने सैन्य गतिविधियों को सुगम बनाने के लिए नई और टिकाऊ ढाँचागत सुविधाएँ खड़ी कीं तो चीन को यह खटकने लगा था। 2008 में जब दौलतबेग ओल्दी हवाई अड्डे को भारतीय वायुसेना ने फिर सक्रिय किया तो इससे लद्दाख के विभिन्न इलाकों में और वास्तविक नियंत्रण रेखा के पास के इलाके में भारतीय सेना चीनी सेना को बेहतर चुनौती देने की स्थिति में आ गई थी। इस वजह से भारतीय सेना वास्तविक नियंत्रण रेखा के इलाकों में अधिक प्रभावी तरीके से चौकसी करने लगी थी, जिससे चीनी सेना के साथ टकराव बढ़ने लगा।

भारत को सबक

2019 में जब भारत ने दुरबुक-श्योक-दौलतबेग ओल्दी सड़क को पूरा करने का ऐलान किया तो चीन ने इस पर से होकर भारतीय सैन्य आवागमन और गतिविधियों को बाधित करने की रणनीति पर काम तेज कर दिया था और जब भारत ने 5 अगस्त, 2019 को लद्दाख व जम्मू तथा कश्मीर को अलग-अलग केंद्रशासित प्रदेश घोषित किया और इस पूरे इलाके का मानचित्र जारी करते हुए अक्साई चिन इलाके के भारत में होने पर फिर मुहर लगाई तो चीन ने भारत को सबक सिखाने की रणनीति के तहत 5 मई, 2020 को पूर्वी लद्दाख के सीमांत इलाकों में सैन्य अतिक्रमण किया। चीन ने शायद यह आकलन नहीं किया होगा कि भारतीय सेना दृढ़ राष्ट्रीय संकल्प के साथ चीनी सेना का बर्फीले मौसम में भी मुकाबला करने पहुँच जाएगी!

दौलतबेग ओल्दी वायुसैनिक अड्डा

1962 के युद्ध के पहले जब दोनों देशों के बीच सैन्य तनाव विकसित होने लगा था, तभी से भारतीय वायुसेना दौलतबेग ओल्दी पर नजर गड़ाए हुए थी और पहली बार 23 जुलाई, 1962 को वहाँ अपना फेयरचाइल्ड पैकेट, सी-119 जी, विमान उतारा था, तब स्क्वाड्रन लीडर जी.के.एस. राजे ने अत्यधिक दुर्गम बर्फीली पहाड़ियों के बीच से इस विमान को वहाँ उतारकर भारत की सैन्य मौजूदगी दिखाकर वहाँ अपने सीमांत इलाकों पर दावा मजबूत किया था। हिंदुस्तान एरोनॉटिक्स ने फेयरचाइल्ड पैकेट विमान में जरूरी संशोधन कर इसे दुनिया की सबसे ऊँची हवाई पट्टी पर उतारने में कामयाबी पाई थी।

20 अगस्त, 2013 को भारतीय वायुसेना ने यहाँ सी-130 हर्कुलस विमान उतारा

1962 के बाद 45 साल तक यह वायुसैनिक अड्डा निष्क्रिय रहा। 31 मई, 2008 को पहली बार, बिना किसी सरकारी मंजूरी के, तब के पश्चिमी वायुसैनिक कमांड के प्रमुख एयर मार्शल प्रणब कुमार बारबोरा ने अपने स्तर पर ही वहाँ भारतीय वायुसेना का रूस में बना परिवहन विमान ए एन-32 उतारकर लद्दाख में वायुसेना की मौजूदगी के इतिहास में एक नया अध्याय जोड़ा। जानकार बताते हैं कि यदि तब के राजनीतिक नेतृत्व से ऐसा करने की अनुमति माँगी जाती तो शायद नहीं मिलती, क्योंकि चीन की संवेदनशीलता को ध्यान में रखने की बात कही जाती। इस विमान पर वायुसेना के दो पायलट, एक नेविगेटर, एक गनर और खुद एयर मार्शल बारबोरा सवार थे।

विमान उतारने का श्रेय

वास्तव में इसका श्रेय तो चंडीगढ़ वायुसैनिक अड्डे पर स्थित ए एन–32 विमानों के 48–स्क्वाड्रन के कमांडिंग अधिकारी सूर्यकांत चाफेकर को जाता है, जिन्होंने पश्चिमी वायुसैनिक कमांड के एयर ऑफिसर कमांडिंग इन चीफ एयर मार्शल बारबोरा के पहले आधिकारिक दौरे में दौलतबेग ओल्दी वायुसैनिक पट्टी, जिसे 'एडवांस लैंडिंग ग्राउंड' कहा जाता है, को 43 सालों बाद फिर सक्रिय करने का प्रस्ताव रखा।

'द प्रिंट' में अपने संस्मरण में सूर्यकांत चाफेकर ने इस वायुसैनिक अड्डे को फिर सक्रिय करने के बारे में उनके प्रयासों के बारे में लिखा है कि तब दौलतबेग ओल्दी पर ए एन–32 जैसे 27 हजार किलोग्राम वजन के विमान को उतारने के लिए जरूरी पक्की हवाई पट्टी नहीं थी। वहाँ भारतीय सैनिक अधिकारी हेलीकॉप्टरों के जरिए ही पहुँचते रहे हैं।

इसके पहले वायुसेना के एयर वाइस मार्शलों की अध्यक्षता में तीन कमेटियों का गठन यह आकलन करने के लिए किया गया था कि दौतलबेग ओल्दी को वायुसेना के लिए सक्रिय किया जा सकता है या नहीं? तीनों कमेटियों ने इस आशय के प्रस्ताव को तकनीकी आधार पर रद्द कर दिया था। इसलिए सूर्यकांत चाफेकर के मन में फिर से अपने कमांडिंग अधिकारियों के समक्ष यह प्रस्ताव रखते हुए भारी शंका थी।

ए एन-32 ने चमत्कृत किया

लेकिन एयर मार्शल बारबोरा ने तत्काल इस प्रस्ताव को स्वीकार कर प्रोत्साहित किया कि ऐसा तो होना ही चाहिए, उन्हें दो महीने के भीतर तकनीकी पहलुओं और दिक्कतों के बारे में विस्तार से नई दिल्ली स्थित पश्चिमी वायुसैनिक कमांड के मुख्यालय का दौरा कर प्रस्ताव पेश करने को कहा गया। 16,700 फीट की ऊँचाई पर दुनिया का कोई भी विमान कच्ची हवाई पट्टी पर नहीं उतरने लायक माना जाता था। ए एन–32 विमान के निर्माताओं ने भी ऐसा नहीं करने की चेतावनी दी थी। वहाँ किसी विमान को उतरने के लिए समुचित ऑक्सीजन चाहिए, जो विमान के ईंधन के साथ मिश्रित होकर इंजन को ऊर्जा प्रदान कर सके। वहाँ का ऑक्सीजन–स्तर समुद्र स्तर से 40 से 50 प्रतिशत कम होता है। इसलिए दौलतबेग ओल्दी पर उतारने की योजना बनाते हुए यह तय किया गया कि वहाँ विमान को उतारने के बाद उसका इंजन बंद नहीं किया जाएगा, ताकि विमान के इंजन को रीस्टार्ट करने की जरूरत न पड़े। चौदह हजार फीट की ऊँचाई के कम ऑक्सीजन वाले इलाके पर किसी विमान का

इंजन स्टार्ट करने के लिए जो ऑक्जीलरी पावर यूनिट होती है, वह काम नहीं करती। इसलिए विमान को उतारने के बाद इंजन किसी भी हालत में बंद नहीं किया जा सकता था। इसके लिए विमान में समुचित अतिरिक्त ईंधन ले जाना जरूरी समझा गया।

दौलतबेग ओल्दी के इर्द-गिर्द 20 से 22 हजार फीट ऊँची चोटियाँ हैं, जिनके बीच से विमान को कटोरीनुमा दौलतबेग ओल्दी इलाके की हवाई पट्टी तक उतारना अत्यधिक जोखिम भरा फैसला था। इसलिए ऐसी स्थिति में विमान को उतारने को लेकर पश्चिमी वायुसैनिक कमांड ने शंकाएँ दूर करने के लिए कई सवाल पूछे, जिनका निवारण करते हुए सूर्यकांत चाफेकर ने आश्वस्त किया कि वह अपने विमान को वहाँ सुरक्षित उतार पाएँगे। इस साहसी टीम का मनोबल बढ़ाने के लिए अंततः एयर मार्शल बारबोरा ने खुद विमान पर सवार होने का फैसला किया।

ऐतिहासिक साहसी विमान यात्रा

युद्ध में खेल का पासा पलटने वाली, यानी गेम चेंजर कही जानेवाली इस ऐतिहासिक साहसी विमान यात्रा के लिए सूर्यकांत चाफेकर ने अपने स्क्वाड्रन के सबसे बढ़िया प्रदर्शन करनेवाले ए एन-32 विमान को चुना। कराकोरम दर्रे की तलहटी में स्थित होने की वजह से दौलतबेग ओल्दी की भारी सामरिक अहमियत के मद्देनजर भारतीय सेना ने वहाँ पचास के दशक से ही अपने जवान तैनात किए थे। वास्तविक नियंत्रण रेखा से नौ किमी. दूर और कराकोरम दर्रा से हवाई दूरी महज दस किमी. होने की वजह से हवाई पट्टी की अहमियत काफी मानी जा रही थी। 16,700 फीट की ऊँचाई पर वहाँ का तापमान शून्य से 50 डिग्री नीचे तक चला जाता है। कम ऑक्सीजन, अल्प ढाँचागत सुविधा, अकेलापन और संचार सुविधाओं से वंचित माहौल में भारत-तिब्बत सीमा पुलिस के जवानों ने वहाँ भारत की सरहदों की चौकसी कर असीम त्याग किया है।

दौलतबेग ओल्दी पर विमान उतारने के लिए अपने कमांड के स्तर पर पूरी तैयारी के बाद एयर मार्शल बारबोरा ने वायुसेना मुख्यालय और राजनीतिक नेतृत्व द्वारा समुचित अनुमति बिना वहाँ विमान ले जाने के लिए अनुशासनात्मक काररवाई का जोखिम मोल लिया और इसके बाद तो जैसे इस हवाई पट्टी को पंख लग गए हों! 2008 के बाद तो वहाँ भारतीय परिवहन विमानों की नियमित उड़ानें होने लगीं। वहाँ सैनिकों को सैनिक साज-सामान और रसद की सप्लाई ए एन-32 विमानों से नियमित रूप से की जाने लगी। वहाँ की हवाई पट्टी का विस्तार किया गया और उसे लड़ाकू विमानों के उतरने लायक बनाया गया। वहाँ पहली बार 2013 में अमेरिकी

सी–130 हर्कुलस विमान उतारकर भारतीय वायुसेना ने संदेश दिया कि इस इलाके पर भारतीय वायुसेना का पूरी तरह नियंत्रण है। वायुसेना ने इस तरह यह सुनिश्चित किया कि दौलतबेग ओल्दी के जरिए चीन से लगनेवाले इस संवेदनशील इलाके में भारतीय थल सैनिकों की तैनाती और उनके लिए जरूरी साज–सामान व राशन की सप्लाई को सुगम बनाया जा सका। इस तरह वायुसेना के जरिए भारतीय सेना ने पूरे लद्दाख के इलाके में अपनी सैनिक मजबूती को नया आयाम दिया।

दौलतबेग ओल्दी सड़क

एक तरफ जहाँ वायुसेना ने दौलतबेग ओल्दी को हवाई मार्ग से जोड़कर परिवहन और वहाँ आवागमन को सुगम बनाया, दूसरी ओर भारत के सीमा सड़क संगठन (बी.आर.ओ.) ने भी सन् 2000 से ही दौलतबेग ओल्दी को लेह से सीधा सतही संपर्क बनाने के लिए एड़ी–चोटी एक कर दी। दुरबुक से दौलतबेग ओल्दी तक 14 हजार फीट से अधिक ऊँचाई वाले पर्वतीय इलाकों पर 255 किमी. राजमार्ग बनाने के लिए बी.आर.ओ. ने इंजीनियरिंग चुनौतियों पर विजय पाई। इस राजमार्ग को 320 करोड़ रुपए की लागत से सन् 2000 में बनाने का काम शुरू हुआ, लेकिन अत्यधिक दुर्गम पहाड़ी वाला इलाका होने की वजह से इसका निर्माण कार्य अपेक्षित गति से नहीं बढ़ सका था, अंततः यह राजमार्ग सन् 2019 में बनकर पूरी तरह आवागमन के लिए खोला जा सका। श्योक नदी को पार कर बनाए जाने की वजह से बीच रास्ते में हर साल वर्षा के मौसम में जलप्लावन हो जाता था, जिस वजह से काम रोकना पड़ता था। इसलिए बाद में सड़क के अधिकांश हिस्से को नया रास्ता दिया गया, ताकि इसे श्योक नदी से अलग रखा जा सके।

श्योक नदी की बाधा को दूर करने के लिए अक्तूबर 2019 में नदी के ऊपर 430 मीटर लंबा 'कर्नल छेनांग रिनछन सेतु' बनकर तैयार हुआ। इस तरह इस सड़क के बन जाने से भारतीय सेना के लिए यह आसान हो गया कि वह भारी वजनवाले हथियारों के साथ भारी संख्या में सैनिकों को कम समय में तैनात कर सकेगी।

यही वजह है कि इस राजमार्ग के बन जाने पर चीन ने यह कहकर अपना एतराज जाहिर किया कि भारत वास्तविक नियंत्रण रेखा के नजदीक सैन्य ढाँचागत निर्माण कर रहा है और भारत ऐसा नहीं करे, लेकिन भारत ने इसे नजरअंदाज किया तो चीन के लिए भारतीय सीमा का अतिक्रमण करने का एक और बहाना मिला।

लद्दाख के शेर के तौर पर विख्यात कर्नल छेनांग रिनछन ने 1947–48 के पहले कश्मीर युद्ध में वीरता का असाधारण प्रदर्शन कर लद्दाख की रक्षा में अहम

भूमिका निभाई थी। इसके लिए उन्हें 'महावीर चक्र' से सम्मानित किया गया। बाद में फिर लद्दाख की चोरबात घाटी में तुरतुक इलाके की रक्षा में अहम भूमिका निभाने के लिए दोबारा 'महावीर चक्र' से अलंकृत किया गया।

लद्दाख में कर्नल छेवांग रिनछन सेतु का रक्षामंत्री राजनाथ सिंह द्वारा उद्घाटन, साथ में सेना प्रमुख जनरल बिपिन रावत (21 अक्तूबर, 2019)

21 अक्तूबर, 2019 को पूर्वी लद्दाख में दुरबुक-दौलतबेग ओल्दी को जोड़नेवाले इस अहम पुल का उद्घाटन करते हुए रक्षामंत्री राजनाथ सिंह ने चीन द्वारा भारतीय ढाँचागत निर्माण पर जाहिर एतराज को दरकिनार किया और कहा कि भारत सीमांत इलाकों में ढाँचागत निर्माण के लिए कटिबद्ध है। राजनाथ सिंह ने कहा कि मौजूदा सुरक्षा माहौल के नजरिए से सीमांत इलाकों को मजबूती देना वक्त की माँग है। सीमांत इलाकों का विकास सरकार की योजना का अंतरंग हिस्सा है और 'कर्नल रिनछन पुल' इसी रणनीति का हिस्सा है। उन्होंने चीन को यह अहम संदेश देते हुए कहा कि कश्मीर भारत का अंदरूनी और अंतरंग हिस्सा है। लद्दाख को एक अलग केंद्रशासित प्रदेश बनाकर सरकार ने स्थानीय लोगों की लंबे वक्त से चली आ रही माँग को पूरा किया है। इससे उस इलाके में विकास के नए दरवाजे खुलेंगे। चीन की आपत्ति को ठुकराते हुए रक्षामंत्री ने कहा कि यह भारत का अंदरूनी प्रशासनिक मामला है। धारा 370 को निरस्त करने का फैसला आतंकवाद और अलगावाद को खत्म करेगा। 'कर्नल छेवांग रिनछन पुल' की अहमियत के बारे में राजनाथ सिंह ने कहा कि यह इस इलाके में विकास के लिए सरकार के दृढ़ संकल्प का प्रतीक है। उन्होंने कहा कि यह पुल न केवल दुरबुक को दौलतबेग ओल्दी से जोड़ता है, बल्कि लद्दाख के लोगों को जम्मू-कश्मीर के भीतरी इलाकों से देश के बाकी हिस्से को जोड़ता है।

□

21

कन्फ्यूसियस संस्थान बंद होने से चीन क्यों चिंतित?

दुनिया भर के अकादमिक जगत् में अपना दबदबा स्थापित करने के इरादे से चीन ने अपने प्रसिद्ध प्राचीन दार्शनिक कन्फ्यूसियस के नाम पर संस्थान, खासकर विश्वविद्यालयों के परिसरों में खोले हैं। इन संस्थानों में चीनी भाषा से लेकर चीनी साहित्य व इतिहास के बारे में पढ़ाया जाता है और इसी बहाने चीन अपनी राष्ट्रवादी भावनाओं को दुनिया पर थोपने की कोशिश करता है। इसलिए भारत सहित यूरोपीय देशों में भी कन्फ्यूसियस संस्थानों के बहाने बौद्धिक समुदाय पर हावी होने की चीन की रणनीति से चिंता पैदा हो रही थी।

कन्फ्यूसियस की प्रतिमा (चित्र विकिपीडिया कॉमंस से साभार)

इसलिए कोरोना महामारी और पूर्वी लद्दाख के सीमांत इलाकों में सैन्य तनातनी पैदा करने से बने चीन विरोधी माहौल का बहाना लेकर भारत ने अपने यहाँ जड़ें जमा चुके कन्फ्यूसियस संस्थानों के खिलाफ कदम उठाए। भारतीय राजनयिक हलकों में यह कहा गया कि चीन इन कन्फ्यूसियस संस्थानों के जरिए अपने देश का प्रोपेगंडा करता है और भारतीयों को प्रभावित करने की कोशिश करता है। न केवल यही, बल्कि इन संस्थानों का दुरुपयोग भारत के खिलाफ जासूसी के लिए भी किया जाता है।

चीन द्वारा भारतीय विदेश मंत्रालय के निर्देशों से तिलमिलाना स्वाभाविक था। चीन दुनिया भर में कन्फ्यूसियस संस्थानों के जरिए अपने देश की सांस्कृतिक और सभ्यतागत महानता का गुणगान तो करता ही है, साथ ही संबद्ध देश के प्रशासनिक तंत्र में घुसपैठ करने की भी कोशिश करता है।

भारत में कन्फ्यूसियस संस्थानों की गतिविधियों की समीक्षा करने और चीनी भाषा की पढ़ाई बंद करने के सरकारी फैसले के बाद चीन ने भारत सरकार से भावुक अपील की कि इन संस्थानों का राजनीतीकरण नहीं करे। भारत के पहले अमेरिका, यूरोप और ऑस्ट्रेलिया जैसे देशों ने भी अपने यहाँ चल रहे कन्फ्यूसियस संस्थानों के खिलाफ कारररवाई की है। इन देशों में कहा गया है कि कन्फ्यूसियस संस्थान चीन की प्रोपेगंडा इकाई है, जो स्थानीय जनमत को अपने देश के साथ रिश्तों को अपने अनुकूल मोड़ देने की भूमिका निभाता है। कन्फ्यूसियस संस्थानों के जरिए चीन अपनी छवि चमकाता है और इनके जरिए स्थानीय जनमत को प्रभावित करता है।

जासूसी का तंत्र

गौरतलब है कि चीन ने भारत के पड़ोसी देशों, खासकर नेपाल के भारत से लगे सीमांत इलाकों में स्थित शिक्षण संस्थानों में पिछले कुछ सालों में अपने खर्चे से कन्फ्यूसियस संस्थान खोले हैं। कई राजनयिक पर्यवेक्षकों ने कहा है कि इन संस्थानों के जरिए चीन इन देशों में जासूसी का तंत्र खड़ा करता है और चीन विरोधी हवा को बहने से रोकता है। नेपाल सहित भारत के पड़ोसी देशों के आम लोगों में चीन के प्रति बढ़ते लगाव के पीछे भी कन्फ्यूसियस संस्थानों की बड़ी भूमिका मानी जाती है। पाकिस्तान में भी इसी तरह कन्फ्यूसियस संस्थानों ने अपने पाँव काफी पहले जमा लिये थे। बांग्लादेश में भी कन्फ्यूसियस संस्थानों ने एक दशक पहले से ही अपने पाँव जमाने शुरू कर दिए थे।

कन्फ्यूसियस संस्थानों के जरिए चीन अपनी कोमल ताकत, यानी सॉफ्ट पावर

का इस्तेमाल दुनिया पर छाने के लिए कर रहा है और इसके जरिए अपने देश की उदार छवि चमकाने की रणनीति को लागू कर रहा है। अनुमान है कि एशिया, अफ्रीका, यूरोप, लातिन अमेरिका और अमेरिका तक दुनिया भर में अब तक चीन ने एक हजार से अधिक कन्फ्यूसियस संस्थान खोल लिये हैं, जिनके जरिए चीन न केवल अपनी भाषा का प्रचार करता है, बल्कि चीन की संस्कृति और वैश्विक विचारों का भी प्रचार करता है। इन संस्थानों का घोषित लक्ष्य चीन और स्थानीय देशों के बीच जनता स्तर पर संबंधों को मजबूत करना और सांस्कृतिक आदान-प्रदान को बढ़ावा देना है, लेकिन हाल के कुछ सालों से यह देखा जा रहा है कि यूरोप, अमेरिका, ऑस्ट्रेलिया जैसे देशों ने कन्फ्यूसियस संस्थानों को बंद करने के कदम राजनीतिक कारणों से उठाए हैं। वहाँ के राजनयिक पर्यवेक्षकों का मानना है कि चीन इन संस्थानों का इस्तेमाल अपने देश के प्रोपेगंडा के लिए करता है और स्थानीय प्रबुद्ध और अकादमिक समुदाय पर चीन अपना प्रभाव बढ़ाता है और चीन के पक्ष में सद्भावना का माहौल बनाता है।

ईसा पूर्व 551 में जनमे कन्फ्यूसियस चीन के महान् प्राचीन दार्शनिक के तौर पर जाने जाते हैं, जिनके दर्शन को चीनी सम्राटों ने अपने प्रशासन और नैतिक सामाजिक जीवन के मूलमंत्र के तौर पर प्रचलित किया है। ऐसे दार्शनिक के नाम का इस्तेमाल कर चीन दुनिया भर में अपनी उदार नैतिक छवि पेश करता है, हालाँकि आज के अधिनायकवादी चीन और कन्फ्यूसियस के दर्शन में आसमान जमीन का फर्क है, लेकिन बाकी दुनिया को इसका खुलासा नहीं किया जाता है। कन्फ्यूसियस का दर्शन आम चीनियों में आज भी काफी लोकप्रिय है और इसी के जरिए चीन ने जापान, कोरिया और वियतनाम जैसे देशों में अपने सांस्कृतिक प्रभाव का विस्तार किया।

कन्फ्यूसियस का इस्तेमाल

बाकी दुनिया के साथ चीन के गहराते व्यापारिक और राजनीतिक रिश्तों के मद्देनजर सभी देशों में चीनी संस्कृति के बारे में जानने और चीनी भाषा सीखने की ललक पैदा हुई है, इसलिए चीन ने अपने देश के आर्थिक-सामरिक हितों के संवर्धन के लिए कन्फ्यूसियस के इस्तेमाल की रणनीति को विदेश नीति का अहम हिस्सा बनाया है। दुनिया की बड़ी बहुराष्ट्रीय व्यापारिक कंपनियाँ चीन के साथ अपने आर्थिक रिश्तों को गहरा करने के लिए चीनी भाषा में काम करने की क्षमता को अपनी ताकत या मजबूत पक्ष मानती हैं, जिसके बल पर वे आसानी से चीन

से व्यापारिक रिश्ते गहरे करने की कामना करती हैं। चूँकि चीन में सभी सरकारी, शैक्षणिक और व्यापारिक कामकाज चीनी भाषा में ही होते हैं, इसलिए चीन के साथ आर्थिक रिश्ते गहरे करने के लिए विदेशी कंपनियों के चीनी प्रतिनिधियों को चीनी भाषा का जानना अतिरिक्त योग्यता और लाभकारी माना जाता है।

पिछले कुछ सालों में भारत और चीन के बीच गहराते राजनीतिक और आर्थिक रिश्तों की पृष्ठभूमि में भारत में भी चीनी कन्फ्यूसियस संस्थानों ने अपना विस्तार करने में कामयाबी पा ली थी, लेकिन चीन ने पूर्वी लद्दाख के इलाके में सैन्य तनातनी पैदा कर भारतीयों को नाराज किया, इसलिए भारत सरकार ने भी इन संस्थानों के खिलाफ काररवाई की। भारत ने यह कदम इसलिए उठाया कि पूर्वी लद्दाख के सीमांत इलाकों में चीनी घुसपैठ से भारत में चीन विरोधी हवा बहने लगी। भारत के इस कदम के खिलाफ चीन ने कोई तीखी प्रतिक्रिया नहीं दी, बल्कि ऐसा नहीं करने की भारत से भावनात्मक अपील की। चीन ने भारत से आग्रह किया कि भारत के शिक्षण संस्थानों में चीनी भाषा की पढ़ाई जारी रखे और कहा कि सामान्य रिश्तों का राजनीतीकरण करने से बचे।

नई दिल्ली में चीनी दूतावास की प्रवक्ता ची रोंग ने एक बयान में उम्मीद जाहिर की कि कन्फ्यूसियस संस्थानों और भारत-चीन उच्च शिक्षा सहयोग के साथ निष्पक्ष व्यवहार किया जाएगा। चीनी प्रवक्ता ने यह भी कहा कि जनता स्तर पर भारत-चीन संबंध और सांस्कृतिक आदान-प्रदान का स्वस्थ और स्थिर विकास जारी रखा जाना चाहिए।

गौरतलब है कि भारत के शिक्षा मंत्रालय ने अपने आदेश में कहा था कि शिक्षण संस्थानों में पढ़ाई जानेवाली विदेशी भाषा में चीनी भाषा को हटाकर कोरियाई भाषा को शामिल कर लिया गया है। इसे संज्ञान में लेते हुए चीनी दूतावास ने कहा कि ऐसी रिपोर्टें हैं कि चीन के कन्फ्यूसियस संस्थानों और सात भारतीय विश्वविद्यालयों और कॉलेजों के साथ सहयोग के समझौते की समीक्षा करने को कहा गया है। इसके अलावा चीनी भाषा की पढ़ाई के लिए अंतर-स्कूल सहयोग के लिए 54 समझौतों पर भी आँच नहीं आने देने की अपील चीनी दूतावास की प्रवक्ता ने की।

चीनी प्रवक्ता के मुताबिक भारत और चीन के बीच तेजी से बढ़ते आर्थिक, व्यापारिक और सांस्कृतिक आदान-प्रदान के बीच भारत में चीनी भाषा की माँग बढ़ती जा रही है। कन्फ्यूसियस संस्थानों को लेकर भारत-चीन सहयोग एक दशक से चल रहा है। प्रवक्ता ने कहा कि कन्फ्यूसियस संस्थानों की स्थापना भारत और

चीन के शिक्षण संस्थानों के बीच वैधानिक तरीके से दस्तखत किए गए सहयोग समझौतों के तहत की गई है। यह परस्पर सम्मान, दोस्ताना विचार-विमर्श, समानता और आपसी लाभ के अलावा इस आधार पर की गई है कि भारतीय पक्ष ने स्वेच्छा से इन संस्थानों के संचालन के लिए पहल की है।

स्कूलों में संस्थान खुले

चीनी प्रवक्ता ने कहा कि स्कूलों में कन्फ्यूसियस संस्थानों की स्थापना इस आधार पर की गई कि स्थानीय पक्ष प्रबंध करेगा, चीनी पक्ष सहयोग करेगा और दोनों पक्ष मिलकर कोष इकट्ठा करेंगे। प्रवक्ता ने कहा कि पिछले सालों में कन्फ्यूसियस संस्थानों ने भारत में चीनी भाषा की पढ़ाई में अहम योगदान दिया है। इससे जनता स्तर पर संबंधों को बढ़ावा मिलता है। प्रवक्ता के मुताबिक, आमतौर पर इसे भारतीय शैक्षणिक समुदाय ने स्वीकार किया है।

साफ है कि पिछले दो दशकों से भारत-चीन के बीच जनता-स्तर पर आदान-प्रदान और आपसी समझ बढ़ाने के बहाने चीन के शिक्षा मंत्रालय ने भारत के विश्वविद्यालयों और शिक्षण संस्थानों के साथ सहयोग-समझौता कर कन्फ्यूसियस संस्थान खोलने में कामयाबी पाई, लेकिन एक झटके में भारत द्वारा चीन के साथ जनता-स्तर पर गहराते रिश्तों की इस गाँठ को तोड़ने के फैसले से चीन की रणीनीति को धक्का लगा है।

□

22

दुनिया का सबसे बड़ा महाजन

दुनिया के कई छोटे देशों सहित भारत के पड़ोसी देशों को ढाँचागत विकास की मदद देने के बहाने चीन इन्हें अपने कर्ज जाल में फाँसने की रणनीति पर लंबे अरसे से चल रहा है। चीन की रणनीति है कि भारत के पड़ोसी देशों को अपने कर्ज जाल में लपेटकर इन देशों को अपने प्रभाव में लाकर भारत पर सामरिक दबाव और घेराबंदी बढ़ाई जाए। इसी इरादे से चीन दो दशक पहले से ही 'स्ट्रिंग ऑफ पर्ल्स', यानी 'मोतियों का हार' (या फंदा ?) भारत के गले में डालने की रणनीति पर काम कर रहा है।

'हार्वर्ड बिजनेस रिव्यु' की एक अध्ययन रिपोर्ट के मुताबिक चीन ने दुनिया के 150 देशों को 1.5 ट्रिलियन डॉलर का कर्ज दिया है। इस तरह चीन दुनिया का सबसे बडा कर्जदाता, यानी महाजन बन चुका है। विश्व बैंक, अंतरराष्ट्रीय मुद्रा निधि और यूरोपीय देशों के संगठन ओ.ई.सी.डी. (ऑर्गेनाइजेशन ऑफ इकोनॉमिक को-ऑपरेशन ऐंड डेवलपमेंट) ने दुनिया के देशों को जितना कर्ज बाँटा है, उससे अधिक कर्ज चीन ने बाँटकर दुनिया के छोटे देशों में विकास परियोजनाएँ, सैनिक साज-सामान और ढाँचागत निर्माण आदि के प्रोजेक्ट चलाकर अपने निर्माण उद्योग के लिए ठेके मुहैया कराए हैं। इस तरह चीन इन देशों को ऊँची ब्याज दरों पर कर्ज देकर उन पर अहसान तो जताता ही है, अपनी अर्थव्यवस्था भी मजबूत करता है और उन्हें अपने सामरिक प्रभाव में भी लेने की कोशिश करता है।

दुनिया भर में ढाँचागत निर्माण के लिए 'बेल्ट ऐंड रोड इनीशिएटिव' (बी. आर.आई.) के बहाने चीन कई देशों में बड़ी परियोजनाओं पर काम शुरू कर उन देशों को अपने चंगुल में लाने की कोशिश करता है। इन महत्त्वाकांक्षी ढाँचागत विकास परियोजनाओं की पेशकश के जरिए चीन संबद्ध देशों की सरकारों और राजनेताओं को लुभाकर वहाँ अरबों डॉलर के ढाँचागत निर्माण का काम हाथ में

लेता है, जैसा कि हम श्रीलंका के हमबनटोटा बंदरगाह या पाकिस्तान में चीन-पाकिस्तान आर्थिक गलियारा (सी.पी.ई.सी.) के जरिए देख रहे हैं, जिसका ठेका चीनी कंपनियों को ही देना जरूरी होता है। चीनी कंपनियों को भुगतान के लिए संबद्ध देशों की सरकारों की संप्रभु गारंटी के आधार पर चीनी बैंकों से ही काफी ऊँची ब्याज दर पर कर्ज दिलवाया जाता है।

जहाँ नेपाल में 'बेल्ट ऐंड रोड इनीशिएटिव' के तहत चीन ने तिब्बत के केरुंग शहर को नेपाल की राजधानी काठमांडू के बीच तकनीकी रूप से काफी चुनौतीपूर्ण रेललाइन बिछाने की 5.5 अरब डॉलर की महत्त्वाकांक्षी परियोजना नेपाल सरकार से मंजूर करवा ली है, वहीं पाकिस्तान में 'बेल्ट ऐंड रोड इनीशिएटिव' (बी. आर.आई.) के तहत 60 अरब डॉलर की लागत से चीन-पाक आर्थिक गलियारा (सी.पी.ई.सी.) बनाने के बहाने चीन वहाँ कई बड़ी परियोजनाएँ बनाने लगा है, जिसके लिए वह पाकिस्तान को विश्व बैंक, एशियाई विकास बैंक आदि की तुलना से अधिक दरों वाले ब्याज पर धन मुहैया कराता है, जिससे पाकिस्तान पर अब तक करीब 22 अरब डॉलर का कर्ज चीनी बैंकों का चढ़ चुका है। पाकिस्तान इन्हें लौटाने में असमर्थता महसूस कर रहा है और इन्हें लौटाने के लिए अधिक वक्त की माँग कर रहा है। पाकिस्तान यदि चीन को कर्ज नहीं लौटा सका तो उसके ग्वादर बंदरगाह का वही हश्र होगा, जो श्रीलंका के हमबनटोटा बंदरगाह का हुआ है।

हमबनटोटा बंदरगाह को बनाने के लिए 1.2 अरब डॉलर का कर्ज श्रीलंका ने चीन के एक्जिम बैंक से छह प्रतिशत की दर से लिया था। यह ब्याज दर अंतरराष्ट्रीय बैंकों की तुलना में काफी अधिक मानी जाती है। श्रीलंका यह कर्ज लौटाने में असमर्थ महसूस कर रहा था, इसलिए चीन ने इसके बदले हमबनटोटा बंदरगाह को 99 साल की लीज पर ले लिया। इस बारे में फरवरी 2021 के अंत में इस आशय की रिपोर्ट का श्रीलंका सरकार ने खंडन किया कि वास्तव में यह लीज 99 साल के बाद पुनः 99 साल के लिए नवीनीकृत की जा सकती है।

नेपाल रेल लाइन

नेपाल में 'बेल्ट ऐंड रोड इनीशिएटिव' के तहत चीन ने ढाँचागत विकास के लिए कुल 64 परियोजनाओं का सुझाव दिया है, लेकिन नेपाल इनके लिए वित्तीय इंतजाम कहाँ से करेगा, इसे लेकर व्यक्त चिंताओं पर चीन और नेपाल के अधिकारी भरोसा दिलाते हैं कि इनकी वजह से नेपाल को काफी फायदा होगा और नेपाल चीन के कर्ज जाल में नहीं फँसेगा। तिब्बत के भीतर केरुंग से काठमांडू तक रेल

लाइन का फायदा किसे मिलेगा, इसे लेकर नेपाली अधिकारियों और नेताओं को चीन ने झाँसे में रखा है; लेकिन जिस तरह चीन से नेपाल को हाल में निर्यात काफी बढ़ा है और आयात घटा है, वह नेपाली लोगों को काफी खटकता है। नेपाल और चीन के बीच आवागमन की सुविधा बढ़ने से फायदा चीन को अधिक होगा या नेपाल को, इस बारे में चर्चा नेपाली मीडिया में होती है; लेकिन चीन से रिश्ते गहरे करने की होड़ में दोनों देशों के बीच रेल लाइन बिछाने पर निवेश तो नेपाल को ही करना होगा। यदि ऐसा हुआ तो नेपाल को इसके लिए कर्ज चीनी बैंकों से ही लेना होगा। नेपाल इस कर्ज को चीन को कैसे और कहाँ से लौटाएगा?

मालदीव

चार लाख की आबादीवाला द्वीप देश मालदीव भी चीन के कर्ज-जाल में फँस चुका है। मालदीव में पिछली अब्दुल्ला यामीन सरकार के कार्यकाल (2013–2018) में चीन ने कई ढाँचागत परियोजनाएँ और बड़ी रिहायशी इमारतें बनाकर मालदीव की जनता को खुश किया, लेकिन अब मालदीव की मौजूदा इब्राहीम मुहम्मद सोलेह सरकार को चिंता सता रही है कि इन परियोजनाओं के लिए भारी ब्याज दर पर चीन के एक्सपोर्ट इंपोर्ट बैंक ने मालदीव की सरकार और प्राइवेट कंपनियों को जो भारी कर्ज दिया है, उसका भुगतान वह कैसे करेंगी? मालदीव का सकल घरेलू उत्पाद करीब पाँच अरब डॉलर का है और मालदीव के पूर्व राष्ट्रपति मुहम्मद नशीद के मुताबिक मालदीव पर चीन का करीब 3.1 अरब डॉलर का कर्ज चढ़ चुका है। कोरोना महमारी की वजह से मालदीव को पर्यटन से होनेवाली एकमात्र आय में भारी कमी दर्ज की गई है, इसलिए मालदीव की सरकार परेशान है कि चीन को इन कर्जों का भुगतान वक्त पर नहीं करेगी तो चीन उसके साथ कैसे पेश आएगा?

मालदीव के सबसे बड़े व्यापारी अहमद सियम को चीनी तेवर का सामना करना पड़ा, जब चीनी बैंक ने उसकी कंपनी को 12 करोड 75 लाख डॉलर के कर्ज में से वक्त के अंदर इसकी एक करोड़ डॉलर की पहली किस्त चुकाने का नोटिस भेजा और जब अहमद सियम ने इसका वक्त पर जवाब नहीं दिया तो चीन की सरकार ने चेतावनी के लहजे में मालदीव सरकार को याद दिलाया कि उसने मालदीव की प्राइवेट कंपनी के साथ अपने देश की सरकार की ओर से संप्रभु गारंटी दी है। चीन के बैंक ने मालदीव की कंपनी को यह कर्ज एक निर्जन द्वीप पर लक्जरी रिजोर्ट बनाने के लिए दिया था और इस रिजोर्ट का निर्माण भी चीनी कंपनियों ने ही

किया। मालदीव के पूर्व राष्ट्रपति नशीद का कहना है कि चीनी कंपनियों ने जायज लागत से कहीं ज्यादा कीमत वसूली है। 2018 के चुनावों में पराजित राष्ट्रपति अब्दुल्ला यामीन के खिलाफ इन दिनों भ्रष्टाचार का मुकदमा चल रहा है और वह जेल में कैद हैं। उन पर आरोप है कि उन्होंने चीनी कंपनियों के साथ हुए ढाँचागत विकास ठेकों के लिए कमीशन लिया।

मालदीव की पिछली अब्दुल्ला यामीन सरकार के दौरान चीन और मालदीव के बीच नजदीकियाँ काफी बढ़ गई थीं। अब्दुल्ला यामीन सरकार पर चीन के बढ़ते प्रभाव के दौरान मालदीव ने भारत के साथ राजनयिक और रक्षा संबंधों का स्तर नीचा कर दिया था। मालदीव की सामरिक अहमियत इसी से समझी जा सकती है कि इस छोटे द्वीप देश का 2014 में चीन के राष्ट्रपति शी चिन फिंग ने दौरा किया था और इसके बाद से ही यामीन सरकार के भारत के प्रति तेवर काफी कड़े हो गए थे।

अब मालदीव की सोलेह सरकार को चिंता है कि कहीं श्रीलंका की तरह वह भी यदि चीन के सरकारी बैंक का कर्ज नहीं लौटा पाया तो जैसे हमबनटोटा पर चीन ने कब्जा किया है, उसी तरह मालदीव के द्वीप पर भी चीन अपना कब्जा जमा लेगा? गौरतलब है कि श्रीलंका हमबनटोटा बंदरगाह और इसके पास की जमीन पर चीन सरकार का कब्जा हो गया है, जो भारतीय सामरिक हलकों में चिंता पैदा कर रहा है। श्रीलंका के भीतर भी लोग सरकार से नाराजगी दिखा रहे हैं कि देश के भू-भाग को चीन के हाथों गिरवी रखने के क्या नतीजे हो सकते हैं?

इसी पृष्ठभूमि में यहाँ सामरिक पर्यवेक्षकों का कहना है कि मालदीव में चीन ने लक्जरी रिजोर्ट के विकास का ठेका इसी इरादे से लिया था, हालाँकि मालदीव के व्यापारी ने चीन को कर्ज की पहली किस्त लौटाकर अपना रिजोर्ट अपने अधिकार में रखा है, लेकिन मालदीव में कई रिहायशी बहुमंजिली इमारतों और द्वीपों को जोड़नेवाले पुलों के निर्माण चीनी बैंक के निवेश से चीनी कंपनियों द्वारा किया गया है। इस तरह चीन को चौतरफा फायदा होता है। जहाँ चीन के बैंक और कंपनियों को फायदा होता है, वहीं विदेशी सरकारों पर चीन का राजनीतिक दबदबा भी बढ़ता है।

चीन की चाल

मालदीव की नई सरकार चीन की इस चाल को समझ चुकी है, इसलिए उसने चीन के साथ नए ठेके करने बंद कर दिए हैं। नई सरकार को संकट से उबारने के इरादे से ही पिछले दो सालों में भारत ने मालदीव को करीब दो अरब डॉलर की वित्तीय सहायता विभिन्न मदों में दी है। 2020 के अंत में ही भारत ने जब मालदीव

को 25 करोड़ डॉलर का वित्तीय अनुदान देने का ऐलान किया तो चीन के सामरिक हलकों में कहा गया कि चीन को काटने के लिए ही भारत मालदीव को वित्तीय मदद दे रहा है।

चीन के लंबे हाथ

चीन न केवल श्रीलंका और मालदीव, बल्कि भारत के अन्य पड़ोसी देशों बांग्लादेश और म्यांँमार को भी 'अपने बेल्ट ऐंड रोड प्रोजेक्ट' में शामिल कर वहाँ बड़े ढाँचागत प्रोजेक्टों पर काम करने लगा है। चीन के लंबे हाथ अफ्रीका और लातिन अमेरिका के छोटे गरीब मुल्कों तक भी पहुँच चुके हैं, जहाँ वह ढाँचागत प्रोजेक्टों के विकास के नाम पर अपना दबदबा बढ़ा रहा है और वहाँ के राजनीतिज्ञों को प्रभावित कर अपने सामरिक प्रभाव का विस्तार कर रहा है।

□

23

दुर्लभ खनिज : क्या चीन का विकल्प बन सकेगा भारत

2020-21 के दौरान कोरोना महामारी फैलाने के लिए अमेरिका द्वारा जिम्मेदार ठहराए गए चीन ने जब अपनी जनता और दुनिया का ध्यान बाँटने के लिए अपने पड़ोसी देशों की बाँहें मरोड़ने और निकट के सागरीय इलाके पर प्रभुत्व जमाने की कोशिश की तो अमेरिका, जापान, ऑस्ट्रेलिया जैसे देशों के कान खड़े हुए कि क्या भविष्य में चीन आर्थिक क्षेत्र में भी विकसित देशों की औद्योगिक अर्थव्यवस्था को ब्लैकमेल कर अपनी गिरफ्त में करने की कोशिश करेगा? दुर्लभ खनिज (रेयर अर्थ्स) जैसे कई आवश्यक तत्त्वों और तकनीकी उत्पादों की दुनिया को सप्लाई करने में एकाधिकार स्थापित करनेवाला चीन क्या विकसित देशों के उद्योगों की बाँहें मरोड़ने की चेतावनी देकर ब्लैकमेल भी कर सकता है?

दुर्लभ खनिज का चीन सबसे बड़ा उत्पादक और सप्लायर है और चीन चाहे तो इनकी सप्लाई रोककर किसी भी देश की अर्थव्यवस्था की रीढ़ तोड़ सकता है। दुर्लभ खनिज आधुनिक दुनिया के उच्च तकनीक उद्योग की रीढ़ माना जाता है और जो देश इसकी सप्लाई पर नियंत्रण स्थापित करेगा, वह बाकी दुनिया पर दादागीरी करने में सक्षम होगा। भले ही कोरोना महामारी की वजह से भारत और विकसित देशों में जरूरी औद्योगिक माल के लिए चीन से स्वतंत्र होने की गुहार लगाई जा रही है, फिलहाल यह केवल एक नारा ही बनकर रहेगा, क्योंकि चीन से दूरी बनाने के पहले भारत और अन्य विकसित देशों को बड़ा औद्योगिक आधार खड़ा करना होगा और इसमें काफी वक्त लगेगा।

चुंबकीय और इलेक्ट्रो-रसायन गुणों से भरपूर दुर्लभ खनिज का इस्तेमाल कई उपभोक्ता सामान, सेलफोन, लैपटाप, स्मार्ट टी.वी., विमानों के इंजन, लेजर, रेडार, सोनार जैसे अंतरिक्ष और रक्षा साज-सामान के उत्पादन में किया जाता है। सामरिक

महत्त्व के दुर्लभ खनिज पृथ्वी पर पाए जानेवाले 17 तत्त्वों के रूप में जाने जाते हैं, जिनका खनन काफी जटिल होता है। चीन अपने सस्ते श्रम, पर्यावरण से लापरवाही और विदेशी तकनीक का लाभ उठाकर दुनिया का सबसे बड़ा दुर्लभ खनिज तत्त्वों का उत्पादक बन गया है। चीन अपनी जरूरतें पूरी करने के बाद निर्यात के लायक इतना ही उत्पादन करता है कि विश्व-बाजार में इनकी कमी बनी रहे और इस वजह से इनकी अधिक कीमत वसूली जा सके। भारतीय नेताओं ने यदि दूरदर्शिता दिखाई होती तो भारत भी दुर्लभ खनिज के उत्पादन के मामले में आत्मनिर्भर बन सकता था, लेकिन अब इसके स्वदेशी उत्पादन के लिए योजनाएँ बनाना ऐसा लगता है कि प्यास लगने पर कुआँ खोदने चले हैं! दुर्लभ खनिज के उत्पादन के लिए विशाखापत्तनम में भारत और जापान ने एक संयुक्त उद्यम की स्थापना की है, लेकिन ऐसे कई संयुक्त उद्यमों की जरूरत भारत को है। जापान का धन और तकनीक और भारत के सस्ता श्रम का साझा इस्तेमाल कर भारत और जापान के बीच दुर्लभ खनिज के मामले में बड़ी साझेदारी स्थापित की जा सकती है।

यह साझेदारी स्थापित करने के लिए क्वाड समूह के चार देशों ने पहली वर्चुअल शिखर बैठक में बड़ी पहल की। अमेरिका, जापान, भारत और ऑस्ट्रेलिया के राष्ट्र प्रमुखों की जब पहली शिखर बैठक वर्चुअल तरीके से अमेरिका की मेजबानी में 12 मार्च, 2021 को आयोजित हुई तो कोरोना टीका के साझा उत्पादन के लिए चारों देशों के बीच समन्वित ठोस कार्ययोजना भी घोषित की गई। इसका दूसरा सबसे अहम फैसला था—'क्रिटिकल ऐंड इमर्जिंग टेक्नोलॉजी वर्किंग ग्रुप' का गठन, यानी संवेदनशील एवं नई उभरती तकनीक वाले उत्पादों के उत्पादन के लिए कार्यदल। इस बारे में फैक्ट शीट जारी करते हुए चारों शिखर नेताओं ने अपने साझा बयान में कहा कि 'क्वाड' के नेता एक खुला, मुक्त, समावेशी और लचीला हिंद-प्रशांत की जरूरत की माँग के अनुरूप विकासमान तकनीक का प्रशासन साझा हितों और मूल्यों के अनुरूप करेंगे। इसके लिए जिस ग्रुप का गठन किया गया है, वह तकनीकी डिजाइन विकास और इस्तेमाल पर सिद्धांत वक्तव्य तैयार करेगा। इसे तकनीकी मानकों के विकास के लिए समन्वय करने की जिम्मेदारी भी सौंपी गई है, जिसके तहत राष्ट्रीय तकनीकी मानक संस्थाओं के बीच तालमेल बनाया जाएगा, जो भिन्न तरह के साझेदारों के साथ काम करेगा। दूरसंचार तकनीक और उपकरणों की तैनाती, उपकरणों की सप्लाई में विभिन्नता और भविष्य के दूरसंचार को खड़ा करने में प्राइवेट सेक्टर और उद्योग के बीच सहयोग स्थापित करना भी इसका एक उद्देश्य बताया गया।

चीन की सप्लाई चेन को तोड़ने का संकल्प

इसके पहले 6 अक्तूबर, 2020 को तोकियो में जब क्वाड के विदेश मंत्रियों ने बैठक की तो इसमें चर्चा का एक मुख्य विषय चीनी औद्योगिक सप्लाई से विमुक्त करने के साझा उपायों पर भी विचार करना था। चारों देशों ने तय किया था कि रिसिलियंट सप्लाई चेन, यानी जरूरी औद्योगिक माल या तत्त्वों की आपूर्ति की जो कड़ी है, उसमें लचीलापन लाने के लिए तालमेल स्थापित करेंगे। चारों देशों ने संकल्प लिया कि चीन की चुनौती का मुकाबला करने के लिए समन्वित प्रयास करेंगे, यानी जिस दुर्लभ खनिज की सप्लाई में चीन ने एकाधिकार स्थापित कर लिया है, उस पर निर्भरता और उससे संबंध तोड़ने के लिए आपसी सहयोग से दुर्लभ खनिज के मामले में अपनी खुद की उत्पादन क्षमता विकसित कर चीन पर निर्भरता को धीरे-धीरे कम करते जाएँगे।

चीन ने जिस तरह कोरोना महामारी फैलने के दौरान भारत सहित अपने देश के निकट के सागरीय इलाके के तटवर्ती देशों के साथ तनाव मोल लिया है, उसके मद्देनजर अमेरिका, ऑस्ट्रेलिया, जापान आदि देशों द्वारा चीन पर दुर्लभ खनिज के मामले में अपनी निर्भरता समाप्त करने की यह कवायद काफी अहम है। भारत के खिलाफ चीन जिस तरह का आक्रामक रवैया अपना रहा है, उसके मद्देनजर भारत के लिए तो यह और जरूरी हो गया है कि दुर्लभ खनिज के मामले में चीन पर न केवल अपनी निर्भरता खत्म करे, बल्कि बाकी दुनिया के लिए भी दुर्लभ खनिज की आपूर्ति करनेवाले वैकल्पिक देश के तौर पर उभरे।

भारत के लिए अच्छा मौका

चीन के इस एकाधिकार को तोड़ने के लिए जापान, ऑस्ट्रेलिया, अमेरिका, जैसे देशों द्वारा भारत के साथ साझेदारी का रिश्ता बनाने की पहल भारत के लिए सुनहरा मौका है। भारत इसका लाभ उठाकर विकसित देशों की उन्नत तकनीक व वित्तीय संसाधनों का इस्तेमाल अपने मानव संसाधन को साथ मिलाकर दुर्लभ खनिज के खनन और उत्पादन के लिए बड़े उद्योग खड़ा करे। इस इरादे से ही भारत और ऑस्ट्रेलिया ने 4 जून, 2020 को एक अहम समझौता किया था। इसके बाद 12 मार्च, 2021 को चारों देशों के शिखर नेताओं ने आपसी वर्चुअल बैठक कर जिस तरह चारों देशों के बीच सहयोग और तालमेल का रिश्ता स्थापित कर भारत में एक अरब से अधिक कोरोना टीका बनाने का सैद्धांतिक फैसला लिया, वह दुनिया में चीन का विकल्प खड़ा करने की पहली बड़ी साझा पहल थी, जो चीन के

मुकाबले भारत को एक प्रभावशाली फार्मास्युटिकल पावर के तौर पर खड़ा करेगी।

दुर्लभ खनिज को लेकर चीन पिछले दशक से ही अमेरिका, जापान आदि को आँखें दिखाता रहा है। इसी के मद्देनजर पिछले दशक के मध्य में ही जापान ने भारत के साथ दुर्लभ खनिज के उत्पादन में सहयोग का समझौता किया था। भारत, ऑस्ट्रेलिया और जापान के त्रिपक्षीय गुट ने भी चीन के सप्लाई एकाधिकार को तोड़ने के लिए परस्पर सहयोग करने पर सहमति दी है। अक्तूबर 2020 में ही जापान, ऑस्ट्रेलिया और भारत के व्यापार मंत्रियों ने वीडियो-बैठक कर चीन से अलहदा आपूर्ति श्रृंखला बनाने का संकल्प जाहिर किया था।

भारत और ऑस्ट्रेलिया के प्रधानमंत्रियों, स्काट मारीसन और नरेंद्र मोदी के बीच सितंबर 2020 में पहली ऑनलाइन वर्चुअल शिखर बैठक में दूरगामी महत्त्व के 'सप्लाई चेन रिसिलिएंस इनीशिएटिव' (एस.सी.आर.आई.) को हरी झंडी दिखाई गई। इस समझौते को यदि समुचित तरीके से लागू किया गया तो न केवल भारत, बल्कि बाकी दुनिया चीन पर दुर्लभ खनिज के लिए अपनी निर्भरता समाप्त कर भारत, ऑस्ट्रेलिया को दुर्लभ खनिज सप्लाई का विकल्प बना सकती है।

क्या चीन का निवेश विकल्प बन सकता है भारत?

क्वाड के चार साझेदार देशों की 'सप्लाई चेन रिसिलिएंस इनीशिएटिव' के तहत बड़ी बहुराष्ट्रीय कंपनियाँ चीन से अपने कारखाने हटाकर दूसरे देशों में ले जाने की भी सोचने लगे हैं। ऐसे में भारत को यह देखना होगा कि वह वियतनाम सहित दक्षिण-पूर्व एशिया के कई देशों का बेहतर विकल्प कैसे बन सकता है? न केवल विदेशियों, बल्कि भारतीयों के लिए भी भारत में निवेश को सफल बनाना आज भी काँटों से भरा माना जा रहा है, क्योंकि भारत के कई राज्यों के आर्थिक-व्यापारिक माहौल व नियम-कानून बिजनेस को हतोत्साहित करनेवाले हैं। इसके अलावा भारतीय समाज में लगातार बढ़ता तनाव, जिसकी वजह से अकसर देश के किसी-न-किसी इलाके में प्रदर्शन, तोड़-फोड़, हिंसा आदि का माहौल बना रहता है, विदेशी निवेशकों को भारत में रहकर व्यवसाय करने से विचलित करता है।

अब चीन के भारत और बाकी दुनिया के साथ चल रहे तनाव की पृष्ठभूमि में भारत और ऑस्ट्रेलिया के बीच इस क्षेत्र में सहयोग का साझा घोषणा-पत्र या क्वाड के देशों के बीच सप्लाई चेन रिसिलिएंस इनीशिएटिव के तहत जाहिर संकल्प केवल संयुक्त बयानों तक ही सीमित नहीं रह जाना चाहिए। ऑस्ट्रेलिया में दुर्लभ खनिज का बड़ा भंडार है और भारत के पास सस्ता श्रम है, जिसका तालमेल से

इस्तेमाल कर भारत और ऑस्ट्रेलिया दुनिया के लिए चीन का विकल्प बन सकते हैं। दुर्लभ खनिज के उत्पादन के क्षेत्र में निजी क्षेत्र को बढ़ावा देने के लिए एक संतुलित खनिज नीति देश के सामने भारत सरकार को पेश करने की भी जरूरत है।

चीन की धमकी

यह इसलिए भी जरूरी हो गया है कि चीन अपने दुर्लभ खनिज के बड़े सप्लायर होने की बदौलत अकसर उन देशों को आँखें दिखाता है, जो चीनी दादागीरी को चुनौती देते हैं। मसलन, एक दशक पहले जापान और चीन के बीच जब कुछ द्वीपों को लेकर तनाव बढ़ा तो चीन ने जापान को दुर्लभ खनिज की सप्लाई रोकने की चेतावनी दी। ऐसा होता तो जापान का सारा इलेक्ट्रॉनिक उद्योग ठप्प हो जाता। इसी तरह पिछले साल भी चीन और अमेरिका के बीच चल रहे व्यापारिक तनाव के बीच चीन ने अमेरिका को धमकी दी थी कि उसे दुर्लभ खनिज की सप्लाई रोक देगा। ऐसा हुआ तो अमेरिका का खरबों डॉलर का वैमानिकी, रक्षा और अंतरिक्ष उद्योग तबाही के कगार पर चला जाएगा।

एक अनुमान के मुताबिक चीन में सालाना 1,33,000 टन दुर्लभ खनिज का उत्पादन होता है, जबकि भारत में केवल करीब तीन हजार टन सलाना। दुर्लभ खनिज के उत्पादन के मामले में आज चीन दुनिया का 90 प्रतिशत हिस्सा रखता है। 1993 में वह दुनिया का केवल 38 प्रतिशत ही उत्पादन करता था, लेकिन आज वह दुर्लभ खनिज के मामले में विश्व नेता बन गया है। चीन सरकार दुनिया के इनके निर्यात पर सख्त नजर रखती है। भारत की भी दुर्लभ खनिज की अधिकांश जरूरतें चीन से पूरी होती है। साफ है कि चीन जब चाहे भारत की बाँहें मरोड़ सकता है।

चीन से होड़ में आगे निकलना है और आर्थिक व औद्योगिक आत्मनिर्भरता के अलावा सामरिक स्वायत्तता हासिल करनी है तो दुर्लभ खनिज के मामले में भारत को आत्मनिर्भर बनना होगा, तभी इस क्षेत्र में चीन के ब्लैकमेल से निबटा जा सकता है। ऑस्ट्रेलिया के साथ 2020 में हुआ खनन और दुर्लभ खनिज समझौता यह विकल्प प्रदान करता है, लेकिन इसकी कामयाबी के लिए भारत सरकार को अपने उद्योगों के लिए समुचित रोडमैप प्रदान करना होगा।

□

24

चीन के खिलाफ लामबंद हो रही हैं बड़ी ताकतें

चीन के ऊहान शहर से दुनिया भर में कोरोना महामारी फैलने के बाद दक्षिण पूर्व एशियाई देशों के अलावा ताइवान, हांगकांग, दक्षिण चीन सागर और भारत से लगे पूर्वी लद्दाख के सीमांत इलाकों में चीन ने जो दादागीरी दिखाई, उससे पूरा विश्व सहम गया है। जैसे किसी मुहल्ले में किसी ताकतवर की मनमानी रोकने के लिए मोहल्ले के अन्य प्रभावशाली लोगों को एकजुट होकर उसका मुकाबला करना होता है, उसी तरह चीन के खिलाफ भी दुनिया के बड़े देशों को इकट्ठा होना पड़ रहा है। ऐसा नहीं है कि चीन की धौंस से बाकी दुनिया डर गई है, लेकिन चीन को काबू में करने के लिए अकेले किसी बड़े ताकतवर देश के बूते की बात नहीं रह गई है। चीन के विस्तारवादी मंसूबों को काबू में करने के लिए उस पर चौतरफा वार करना होगा।

कोविड-19 महामारी चीन के ऊहान शहर से 2019 के अंत से फैलनी शुरू हुई और पूरी दुनिया को चपेट में लेने के लिए तत्कालीन अमेरिकी राष्ट्रपति डोनाल्ड ट्रंप ने चीन को जिम्मेदार ठहराने की हिम्मत दिखाई; लेकिन जैसे किसी एक आतंकवादी का मुकाबला करने के लिए बीसियों सुरक्षा बल तैनात करने होते हैं, उसी तरह चीन का मुकाबला करने के लिए भी दुनिया में जनतांत्रिक ताकतों को कई मंचों और संगठनों के जरिए एकजुट होकर चीन के कारनामों और मंसूबों पर चोट करनी होगी। अधिनायकवादी चीन की विस्तारवादी नीतियों और कदमों को आगे बढ़ने से रोकने के इरादे से ही जनतांत्रिक देशों को विभिन्न संगठनों के जरिए सक्रिय होना पड़ रहा है। चाहे वह क्वाड, यानी चतुर्पक्षीय गुट हो या फिर 'फाइव आईज', यानी पाँच जनतांत्रिक देशों का संगठन, जो दुनिया

में जनतांत्रिक मान्यताओं पर नजर रखने और इसके संरक्षण के लिए बना है, जिसे 'एंग्लो-अमेरिकन एलायंस' भी कहते हैं (इसमें अमेरिका, ब्रिटेन, कनाडा, ऑस्ट्रेलिया और न्यूजीलैंड शामिल हैं), को सक्रिय किया गया है। 6 अक्तूबर, 2020 को तोक्यो में जब क्वाड के विदेश मंत्रियों की तीसरी बैठक हुई थी, तब 'फाइव आईज', यानी इसके पाँच साझेदार देशों की भी बैठक हुई थी। इस बैठक में पहली बार भारत को भी आमंत्रित किया गया, जिसमें विदेश मंत्री जयशंकर ने भारत की अगुवाई की। 'फाइव आइज' का उद्देश्य आपस में खुफिया जानकारी का आदान-प्रदान कर अपने सामूहिक हितों पर नजर रखना और रक्षा करना है। तोक्यो में क्वाड की बैठक का लाभ उठाकर 'फाइव आईज' की भी बैठक करना और उसमें भारत को शामिल करना भारत के लिए विशेष अहमियत रखता है।

क्वाड के विदेश मंत्रियों की तीसरी बैठक 18 फरवरी, 2021 को हुई, तब भी भारत के संदर्भ में चीन की ओर इशारा करते हुए कहा गया कि प्रादेशिक अखंडता का सम्मान किया जाना चाहिए। चारों देश अपनी ताकत को बढ़ाने के लिए क्वाड के दायरे का विस्तार करने पर भी विचार कर रहे हैं; हालाँकि क्वाड को मौजूदा स्वरूप में ही रखने का विचार है, लेकिन इससे समान विचारवाले देशों को जोड़ने के लिए भी पहल की गई है और 'क्वाड प्लस डायलॉग' की शुरुआत की गई है। डोनाल्ड ट्रंप प्रशासन की पहल पर आयोजित क्वाड के विदेश मंत्रियों की दूसरी वार्त्ता में ब्राजील, इजराइल, न्यूजीलैंड, दक्षिण कोरिया और वियतनाम को भी सलाह-मशविरा के लिए बुलाया गया था।

लीग ऑफ डेमोक्रेसीज

2021 जनवरी में अमेरिका में डेमोक्रेट नेता जो बाइडन के सत्तारूढ़ होने के बाद चीन के खिलाफ एक और गुट 'लीग ऑफ डेमोक्रेसीज' का उद्भव भी हो सकता है। इस लीग के जरिए साझा जनतांत्रिक मूल्यों की रक्षा, व्यापार, कराधान, पर्यावरण बदलाव और डिजिटल गवर्नेंस जैसे क्षेत्रों में आपसी सहयोग को गहरा किया जा सकता है। ब्रिटेन भी दस जनतांत्रिक देशों का गठजोड़ या समूह बनाने का प्रस्ताव कर चुका है, जिसमें भारत को भी शामिल किया गया है। इस जनतांत्रिक गुट का इरादा दूरसंचार के 5-जी नेटवर्क में चीन की दादागीरी को रोकने के लिए और चीन पर निर्भरता कम करने के लिए सामूहिक योजना पर विचार करना है। इसके अलावा फ्रांस और कनाडा ने 'ग्लोबल पार्टनरशिप फॉर

आर्टिफिशियल इंटेलीजेंस' का गठन किया है, जिसमें भारत को आमंत्रित किया गया है। इसमें 15 देश शामिल हो चुके हैं।

इस तरह कोविड के बाद की दुनिया एक पूर्णतः नए सामरिक समीकरण में दिखनेवाली है। चीन की महत्त्वाकांक्षाओं पर लगाम कसने के लिए कई तरह के सामरिक और जनतांत्रिक गठजोड़ उभरने की पहल हो चुकी है। चीन ने जिस तरह विश्व व्यापार व्यवस्था के मौजूदा स्वरूप को अपने लाभ के लिए तोड़-मरोड़कर इस्तेमाल किया है, उसमें भी बदलाव और सुधार लाने के बारे में दुनिया की बड़ी आर्थिक ताकतें विचार कर रही हैं। वास्तव में चीन ने विश्व अर्थव्यवस्था के वैश्वीकरण का जिस तरह दुरुपयोग कर अपनी अर्थव्यवस्था चमकाई है और छोटे से लेकर बड़े देशों तक के निर्माण उद्योग को अस्त-व्यस्त कर तबाह किया है, उससे विश्व आर्थिक रिश्तों को नए सिरे से ढालने की बातें होने लगी हैं। इसी के मद्देनजर दुनिया के सात ताकतवर आर्थिक देशों के संगठन 'जी-7' से भारत को जोड़ने की पहल भारत के लिए अहमियत रखती है।

मालाबार : सैनिक गठजोड़?

चीन के खिलाफ गहराती लामबंदी की इसी पृष्ठभूमि में बंगाल की खाड़ी में मालाबार साझा नौसैनिक अभ्यास में ऑस्ट्रेलिया को आमंत्रित कर इसे क्वाड के सैनिक गठजोड़ के तौर पर विकसित करने की संभावनाएँ देखी जा रही हैं। हिंद प्रशांत की भू-राजनीति में यह एक नया आयाम जुड़ गया है। जिस तरह क्वाड के अस्तित्व को मजबूत करने के लिए इसके साझेदार चारों देशों की संस्थागत प्रतिबद्धता दिखाई देती है, उससे लगता है कि चीन विरोधी एकजुटता राजनयिक मंचों और संगठनों के अलावा सैनिक स्तर पर भी मजबूत करने की नई नींव रखी गई है।

चीन के साथ चल रही सैन्य तनातनी के बीच बंगाल की खाड़ी में भारत की मेजबानी में नवंबर 2020 में दो चरणों में आयोजित चार देशों के साझा नौसैनिक अभ्यास 'मालाबार' ने सामरिक हलकों का ध्यान खींचा। यह दुनिया में एक नए सामरिक समीकरण और सैन्य गठजोड़ का बीजारोपण है या महज दिखावटी शक्ति प्रदर्शक आयोजन और मेल-जोल है, यह आनेवाला वक्त बताएगा। यह काफी कुछ चीन की बढ़ती सैन्य आक्रामकता पर निर्भर करेगा, लेकिन यह भी देखना होगा कि चीन अपनी आर्थिक ताकत के बल पर इस गठजोड़ के उभरने के पहले ही इसमें दरार पैदा करने में कामयाब न हो जाए! खासकर ऑस्ट्रेलिया

और जापान की अर्थव्यवस्थाओं की नकेल चीन के हाथों में है, जिसे चीन जब भी कसकर खींचने लगेगा, दोनों देश अपने पर लगाम कस सकते हैं, लेकिन जिस तरह अप्रैल 2021 के मध्य में ऑस्ट्रेलिया ने चीन के साथ बेल्ट ऐंड रोड के तहत जिन दो बड़े प्रोजेक्टों का समझौता रद्द कर दिया है, उससे लगता है कि चीन के खिलाफ एकजुटता ठोस आकार लेगी।

पिछली बार 2007 में जब बंगाल की खाड़ी में ही सिंगापुर के अलावा उक्त चार देशों को साथ लेकर पाँच देशों का साझा बहुपक्षीय मालाबार नौसैनिक अभ्यास हुआ था, तब चीन ने ऑस्ट्रेलिया को ऐसी घुट्टी पिलाई थी कि ऑस्ट्रेलिया ने मालाबार से अपने हाथ खींच लिये, लेकिन करीब डेढ़ दशक बाद ऑस्ट्रेलिया ने चीनी धौंस का पलटकर जवाब दिया है। क्वाड में फूट डालने के लिए, हालाँकि चीन ने जापान पर डोरे डालने शुरू कर दिए हैं, लेकिन जापान चीन की चाल बेहतर समझता है। क्वाड का भविष्य और इसकी एकजुटता निश्चय ही काफी कुछ अमेरिका के मौजूदा राष्ट्रपति पर भी निर्भर करती है। डेमोक्रेट राष्ट्रपति जो बाइडन सत्ता सँभालने के बाद चीन के साथ सख्ती से पेश आते दिख रहे हैं, लेकिन देखना होगा कि वह चीन विरोध को किस हद तक आगे ले जाते हैं? क्या जो बाइडन चीन विरोध को अमेरिकी हितों के संरक्षण तक ही सीमित रखेंगे या फिर भारत, ऑस्ट्रेलिया और जापान की सुरक्षा और आर्थिक चिंताओं के अनुरूप समग्रता में अपनी सामरिक नीति की दिशा तय करेंगे? अमेरिका ने जिस तरह अप्रैल 2021 में भारत के विशेष समुद्री आर्थिक क्षेत्र में अपने युद्धपोत बिना अनुमति भेजने का ऐलान कर भारत को उसकी हैसियत बताने की कोशिश की है, उससे भारतीय सुरक्षा कर्णधारों को सावधान होना चाहिए कि अमेरिका क्वाड जैसे बहुपक्षीय सुरक्षा मंच का इस्तेमाल केवल अपने राष्ट्रीय हितों का संवर्धन करने के लिए भारत के कंधे पर हाथ रखकर करने की कोशिश न करे। भारतीय सुरक्षा कर्णधारों को यह भी देखना होगा कि अमेरिका ऐसी किसी साझेदारी में अपने हितों को ही सर्वोपरि रखकर भारत सहित बाकी साझेदार देशों का इस्तेमाल करने की कोशिश तो नहीं कर रहा है?

नए सामरिक समीकरण की नींव

मालाबार के चारों साझेदार देशों के विदेश मंत्री चतुर्पक्षीय गुट या क्वाड के तहत 6 अक्तूबर, 2020 को तोक्यो में इकट्ठा हुए थे, जिसके बाद चारों देशों की नौसेनाओं का मालाबार के झंडे तले साथ होने का फैसला कोविड बाद की दुनिया

में नए सैन्य समीकरण की ओर बढ़ता-सा लगता है। वास्तव में हिंद महासागर में चार देशों का यह सैन्य मिलन एक नए सैन्य गठजोड़ की संभावनाएँ पैदा करता है, लेकिन इसके भागीदार देश ऐसा होने से इनकार करते हैं।

फिर भी मालाबार साझा नौसैनिक अभ्यास के 3 नवंबर, 2020 से शुरू होने के साथ ही खासकर चीन के सामरिक हलकों में इसे लेकर तीखी टिप्पणियाँ की गईं, जो चीनी हलकों में इसे लेकर पैदा चिंता की सूचक है। चीन को समझ में आ रहा है कि उसकी बढ़ती सैन्य विस्तारवादी नीतियों के खिलाफ चारों देश कमर कसकर एकजुट हो रहे हैं। इसलिए चीनी विदेश मंत्रालय ने 'मालाबार' के शुरू होने पर यह उम्मीद जाहिर की कि 'मालाबार अभ्यास' क्षेत्रीय शांति के अनुकूल होगा, न कि इसके खिलाफ। चीन ने यह कहकर अप्रत्यक्ष चेतावनी दी कि चारों देश चीन को सागरीय चुनौती देकर शांति भंग न करें।

चीन ने हाल में जिस तरह दक्षिण चीन सागर में अपनी समर नीति को धारदार बनाया है, उसकी वजह से न केवल अमेरिका, जापान, ऑस्ट्रेलिया और भारत परेशान हैं, बल्कि दक्षिण-पूर्व एशिया के छोटे देश भी चिंतित हैं, जिनकी अर्थव्यवस्था भी काफी हद तक चीन से जुड़ी है, लेकिन वियतनाम, सिंगापुर को छोड़कर दक्षिण-पूर्व एशिया के देश चीन के खिलाफ खुलकर खड़े होने की हिम्मत नहीं जुटा पा रहे है, हालाँकि इंडोनेशिया, फिलीपींस के इस गठजोड़ का साथी बनने की संभावना है।

चीन के लिए संदेश

भारत के नजरिए से नवंबर 2020 में अरब सागर और बंगाल की खाड़ी के समुद्री इलाके में हुआ चतुर्पक्षीय साझा अभ्यास चीन के लिए विशेष संदेश कहा जा सकता है, जो चीन के साथ चल रही सैन्य तनातनी के बीच भारत का मनोबल बढ़ानेवाला था। चीन ने पहले ही इस नए उभरते सैन्य गठजोड़ को 'एशिया के नाटो' (उत्तरी अटलांटिक संधि संगठन) की संज्ञा दी है, जिसके बारे में सामरिक विशेषज्ञों का कहना है कि इसका मुख्यालय अंडमान एवं निकोबार में स्थापित हो सकता है, हालाँकि ऐसा कोई आधिकारिक प्रस्ताव किसी देश ने नहीं रखा है, लेकिन मलक्का जलडमरूमध्य के काफी नजदीक होने की वजह से अंडमान निकोबार को मालाबार सैन्य गठजोड़ का मुख्यालय बनाना तार्किक लगता है। यह विचार भविष्य में ठोस आकार तभी ले सकता है, जब भारतीय रक्षा कर्णधारों

का यह आकलन और भरोसा होगा कि चीन की चुनौतियों का मुकाबला करने के लिए बाकी देश भविष्य में शिथिल तो नहीं पड़ जाएँगे?

सामरिक हलकों में सवाल यही बना रहेगा कि मालाबार केवल सालाना नौसैनिक मिलन तक ही सीमित रहेगा या आपसी गठजोड़ का अटूट रिश्ता स्थापित करने के लिए चारों देश कोई ढाँचा खड़ा करेंगे? हालाँकि चीन की शंका के अनुरूप इसे एशियाई नाटो के तौर पर विकसित करना तो उचित नहीं होगा, लेकिन चारों देश इतना तो कर ही सकते हैं कि चारों देशों के युद्धपोत सामूहिक तौर पर न केवल हिंद महासागर में तालमेल से गश्त करने की कोई योजना अमल में लाएँ, बल्कि दक्षिण चीन सागर में भी चीन की विस्तारवादी नीतियों को चुनौती देने के लिए संयुक्त गश्त करें; हालाँकि मार्च 2016 में अमेरिका द्वारा चारों देशों को साथ लेकर दक्षिण चीन सागर में साझा गश्त के प्रस्ताव को भारत ने ठुकरा दिया था, तब क्वाड का गठन नहीं हुआ था और तब चीन के भारत विरोधी आक्रामक मंसूबे नंगे तौर पर जगजाहिर नहीं हुए थे; लेकिन आज के ताजा परिप्रेक्ष्य में, जब चीन ने खुलकर भारत को हर मोरचे पर दबाने की कोशिश की है, भारत को इस नीति पर पुनर्विचार करना होगा।

चीन के लिए चिंताजनक

चारों देशों का हिंद महासागर के इलाके में इस तरह साथ दिखना तो चीन के लिए उतना चिंताजनक नहीं होगा, जितना दक्षिण चीन सागर में चारों देशों का साथ-साथ विचरण करना। मई 2019 के मध्य में ही चारों देशों ने फिलीपींस को साथ लेकर दक्षिण चीन सागर में एक साझा अभ्यास आयोजित किया था, जिसमें भारत की भागीदारी ने दुनिया के सामरिक हलकों का ध्यान आकर्षित किया था।

चीन को चारों नौसैनिक ताकतों के एक साथ इकट्ठा होने पर तब परेशानी होगी, जब चारों देश सुनियोजित तरीके से दक्षिण चीन सागर की साझा गश्त करने लगेंगे। चीन ने दक्षिण चीन सागर के तीन-चौथाई इलाके पर अपना दावा ठोंका हुआ है। उसने इस सागर में कुछ कृत्रिम द्वीपों का निर्माण कर अपनी सागरीय सीमा का विस्तार भी कर लिया है, जहाँ के आसपास के इलाके में अमेरिका ने अपने विमानवाहक पोत और समुद्री टोही विमान भेजे, जिसके खिलाफ चीन ने अमेरिका को आगाह किया था। साफ है कि दक्षिण चीन सागर में 'चीन बनाम अमेरिकी' अगुवाई वाला उभरता नौसैनिक गठजोड़ चीन के माथे पर शिकन पैदा करने लगा है।

वास्तव में चीन की समुद्री दादागीरी को चुनौती देने के लिए चारों देशों का एक मंच पर संगठित होना चीन के लिए काफी चिंताजनक साबित हो सकता है, लेकिन इसके लिए चारों देशों को एक ठोस कार्ययोजना पेश कर उस पर अमल करने के लिए अपने-अपने देशों में इस मसले पर राजनीतिक आम राय विकसित कर राष्ट्रीय संकल्प का इजहार कर आगे बढ़ना होगा।

□

25

93 और 96 के दो अहम समझौते, जिन्हें चीन ने तोड़े

वर्ष 1993 के पहले भारत और चीन के सीमांत इलाकों को निर्धारित करनेवाली कोई आधिकारिक सीमा नहीं थी, बल्कि वह अनौपचारिक तौर पर 1962 की सीजफायर लाइन, यानी संघर्ष-विराम रेखा पर आधारित थी। 1986-87 में जब अरुणाचल प्रदेश की सुमदुरोंग छू घाटी पर चीन की सेना ने कब्जा कर सैन्य तनातनी पैदा की थी, तब से ही भारतीय अधिकारी कहते रहे हैं कि दोनों देशों के बीच सीमांत इलाकों में शांति व स्थिरता का माहौल बनाने के लिए जरूरी है कि परस्पर विश्वास का माहौल बनाया जाए, जिसके लिए दोनों देशों ने 1993 में पहली बार आधिकारिक संधि की।

तब चीन के शिखरपुरुष तंग श्याओ फिंग थे और वह चीन के समग्र, चहुँमुखी और बीसवीं सदी के अंत तक चौगुना विकास का महत्त्वाकांक्षी लक्ष्य हासिल करने के लिए चीन का ध्यान सीमांत सैन्य तनावों से हटाना चाहते थे। इसका एक बड़ा उद्देश्य यह था कि चीन को विकास के लिए अपने पड़ोसी देशों और उनसे लगनेवाली सीमाओं पर शांति और स्थिरता का माहौल चाहिए। वह नहीं चाहते थे कि चीन अपने राष्ट्रीय विकास के लिए जरूरी वित्तीय संसाधन पड़ोसी देशों से पैदा सैनिक तनाव से निबटने पर लगा दे। 1988 में भारत के तत्कालीन प्रधानमंत्री राजीव गांधी चीन का दौरा कर भारत और चीन के बीच रिश्तों के नए सहयोगी और सौहार्दपूर्ण दौर के लिए जमीन तैयार कर चुके थे।

शांति व स्थिरता का समझौता

इसी सिलसिले को आगे बढ़ाने के लिए दोनों देशों के बीच 7 सितंबर, 1993 को पेइचिंग में एक समझौता हुआ, जिसे भारत-चीन के सीमांत इलाकों में वास्तविक

नियंत्रण रेखा पर शांति व स्थिरता बनाए रखने वाला समझौता कहा गया।

वास्तव में संघर्ष-विराम रेखा को वास्तविक नियंत्रण रेखा (एल.ए.सी.) का नामकरण देने का प्रस्ताव चीन का ही था, जिसे भारत ने काफी झिझक के साथ स्वीकार किया था। दोनों देशों के शिखर नेताओं ने आपसी सहमति दी कि दोनों देशों के बीच पक्की सीमा-रेखा तय करने के लिए सीमा वार्त्ता चलेगी, जिसकी सालाना बैठकों का कोई नतीजा जब नहीं निकला तो 2003 में तत्कालीन प्रधानमंत्री अटल बिहारी वाजपेयी के चीन दौरे में यह सहमति बनी कि दोनों देश अब शीर्ष राजनीतिक स्तर पर इसे सुलझाएँगे और इसके लिए दोनों देशों ने अपने आला अधिकारियों को नियुक्त किया। इसके लिए भारतीय प्रधानमंत्री अटल बिहारी वाजपेयी ने अपने राष्ट्रीय सुरक्षा सलाहकार ब्रजेश मिश्र और चीनी प्रधानमंत्री ने अपने स्टेट काउंसलर ताई पिंग क्वो को नियुक्त किया।

विशेष प्रतिनिधियों की वार्त्ता

दोनों प्रधानमंत्रियों के विशेष प्रतिनिधियों के बीच सीमा वार्त्ता का सिलसिला शुरू के सालों में कुछ जोर पकड़ा, लेकिन माना जा रहा है कि जब से शी चिन फिंग ने सत्ता सँभाली है, तब से इस वार्त्ता को चीन ने पटरी से उतारना शुरू किया। इस सर्वोच्च स्तर की राजनीतिक वार्त्ता में ऐसी शर्तें चीन की ओर से जोड़ी गईं, जिससे बातचीत ठहर सी गई। 2005 में सीमा वार्त्ता के हल के लिए जिन निर्देशक सिद्धांतों पर भारत और चीन के बीच सहमति बनी थी, चीन उससे मुकर गया।

कोई हैरानी की बात नहीं कि चीन ने इसी तरह 1993 और 1996 में हुई वास्तविक नियंत्रण रेखा पर परस्पर भरोसा पैदा करनेवाली संधियों की घोर अवमानना करते हुए मई 2020 में इसकी धज्जियाँ उड़ा दीं। चीनी सेना ने वास्तविक नियंत्रण रेखा पर शांति बनाए रखने की संधि को इकतरफा तोड़ते हुए अपने सैनिक वास्तविक नियंत्रण रेखा को पार करते हुए भारतीय इलाके में भेज दिए।

1993 की संधि में साफ लिखा है कि भारत और चीन की सरकारें एक-दूसरे की संप्रभुता और प्रादेशिक अखंडता का परस्मर सम्मान करनेवाले पाँच सिद्धांतों का पालन करेंगी। इसके अलावा इस संधि में कहा गया कि दोनों देशों की सेनाएँ भारत-चीन के सीमांत इलाके में वास्तविक नियंत्रण रेखा पर शांति व स्थिरता को बनाए रखने के इरादे से शांतिपूर्ण सहअस्तित्व की भावना के तहत एक-दूसरे पर आक्रमण नहीं करेंगी और एक-दूसरे के अंदरूनी मामलों में हस्तक्षेप नहीं करेंगी।

रोचक बात है कि ये सारी बातें 1954 में नेहरू–चाऊ एन लाई के बीच हुए प्रसिद्ध 'पंचशील समझौता' में लिखी हैं, लेकिन 1993 की संधि में 'पंचशील समझौता' का जिक्र नहीं किया गया है।

1993 की संधि में यह भी कहा गया कि दोनों पक्ष यह विचार रखते हैं कि भारत और चीन के बीच सीमा का सवाल शांतिपूर्ण और दोस्ताना सलाह–मशविरा से हल किया जाएगा। इस मसले के हल के लिए कोई भी पक्ष किसी भी तरीके से एक–दूसरे के खिलाफ ताकत का इस्तेमाल या इसकी धमकी नहीं देगा। सीमा मसले का हल होने तक दोनों पक्ष वास्तविक नियंत्रण रेखा का सख्ती से पालन करेंगे। दोनों पक्षों से कोई भी गतिविधि ऐसी नहीं होगी, जिससे वास्तविक नियंत्रण रेखा का हनन हो। यदि दोनों पक्षों में से किसी के भी सैनिक ने वास्तविक नियंत्रण रेखा को पार किया तो दोनों पक्षों में से किसी के भी टोके जाने पर वे तुरंत अपने इलाके में चले जाएँगे, जब जरूरत पड़ेगी, तब दोनों पक्ष साथ मिलकर वास्तविक नियंत्रण रेखा के उस हिस्से का निर्धारण करेंगे, जहाँ दोनों पक्षों के बीच इसे लेकर कोई मतभेद हो।

एल.ए.सी. पर दोस्ताना रवैया

वास्तविक नियंत्रण रेखा के किसी भी इलाके में दोनों पक्षों ने दोस्ताना और अच्छे पड़ोसी देशों के रिश्तों की भावना के अनुरूप न्यूनतम सैनिक तैनाती करने की रजामंदी दी। दोनों पक्ष इस बात पर सहमत हुए कि वास्तविक नियंत्रण रेखा के पास परस्पर और समान सुरक्षा के अनुरूप तयशुदा सीमा के भीतर अपनी सैन्य तैनाती में कमी करेंगे। इसका निर्धारण दोनों पक्षों के बीच परस्पर संवाद से किया जाएगा। सैनिक बलों में कटौती परस्पर सहमति से सेक्टर के अनुरूप तय की गई भौगोलिक स्थिति पर की जाएगी। दोनों पक्ष परस्पर संवाद से वास्तविक नियंत्रण रेखा के आसपास विश्वास निर्माण के प्रभावी कदम उठाएँगे। वास्तविक नियंत्रण रेखा के पास होनेवाले सैन्य अभ्यासों की समुचित सूचना दोनों पक्ष एक–दूसरे को देंगे। वास्तविक नियंत्रण रेखा के आसपास यदि कोई मुद्दा उठता है या समस्या पैदा होती है तो दोनों पक्षों के सीमा सैन्य अधिकारी बैठक कर सलाह–मशविरा से इसका हल निकालेंगे।

दोनों पक्ष वास्तविक नियंत्रण रेखा पर हवाई अतिक्रमण नहीं होने देने के लिए सुनिश्चित करने के इरादे से प्रभावी कदम उठाने को सहमत हुए और यदि हवाई अतिक्रमण होता है तो परस्पर सलाह–मशविरा करेंगे। वास्तविक नियंत्रण

रेखा के नजदीक हवाई अभ्यासों को रोकने के लिए संभावित प्रतिबंधात्मक कदम उठाएँगे।

दोनों पक्ष इस बात पर भी सहमत हुए कि समझौते में वास्तविक नियंत्रण रेखा का उल्लेख सीमा मसले पर एक-दूसरे के दावों को प्रभावित नहीं करेगा।

सीमा मसले पर गठित संयुक्त कार्यदल (जे.डब्ल्यू.जी.) में हर पक्ष मौजूदा समझौता (1993) को जमीन पर लागू करने के लिए राजनयिक और सैन्य विशेषज्ञों की नियुक्ति करेगा, जो आपसी सलाह-मशविरा से मौजूदा समझौता को लागू करनेवाले कदम तय करेंगे। इस समझौता को लागू करने के दौरान वास्तनिक नियंत्रण रेखा की स्थिति को लेकर पैदा विवादों को दूर करने के लिए विशेषज्ञ संयुक्त कार्यदल को समुचित सुझाव देंगे।

1996 का समझौता

एक-दूसरे पर परस्पर विश्वास पैदा करने और सीमांत इलाकों में परस्पर भरोसा, शांति व स्थिरता पैदा करने के इरादे से 1993 में किए गए समझौते को और पुख्ता बनाने के लिए भारत और चीन ने 1996 के नवंबर में 12 अनुच्छेदों वाला सात पेज का एक और अहम समझौता किया, जिसमें विस्तार से और बारीकी से सैनिक क्षेत्र में परस्पर भरोसा पैदा करनेवाले कदमों पर जोर दिया गया। 29 नवंबर, 1996 के समझौते में 1993 के इस संकल्प को दोहराया गया कि वे इकतरफा उठाए गए कदमों से सैन्य श्रेष्ठता हासिल करने के लिए सैन्य बल का इस्तेमाल नहीं करेंगे या इसके इस्तेमाल की धमकी नहीं देंगे।

यह समझौता चीन के तत्कालीन राष्ट्रपति च्यांग च मिन के नवंबर 1996 के भारत दौरे में संपन्न हुआ था, तब प्रधानमंत्री एच.डी. देवगौड़ा और चीनी राष्ट्रपति की मौजूदगी में चीनी विदेश मंत्री छ्येन छी छन और भारतीय विदेश मंत्री इंद्र कुमार गुजराल ने इस समझौते पर दस्तखत किए थे।

समझौते के मुताबिक, दोनों पक्ष यह मानते हैं कि संप्रभुता और प्रादेशिक अखंडता का परस्पर सम्मान, परस्पर अनाक्रमण, एक-दूसरे के अंदरूनी मामलों में हस्तक्षेप नहीं करना, समानता और परस्पर लाभ के सिद्धांत और शांतिपूर्ण सहअस्तित्व के पाँच सिद्धांतों में विश्वास करना दोनों देशों के मौलिक हितों की पूर्ति करता है।

1996 समझौता के अनुच्छेद-1 में कहा गया कि कोई भी पक्ष दूसरे के खिलाफ सैनिक ताकत का इस्तेमाल नहीं करेगा। वास्तविक नियंत्रण रेखा पर

तैनात सैन्य बलों का इस्तेमाल दूसरे पक्ष पर हमला करने के लिए नहीं होगा। न ही कोई पक्ष ऐसी हरकत करेगा, जिससे शांति व स्थिरता भंग होती हो।

1996 संधि के अनुच्छेद-6 में साफ कहा गया कि कोई भी पक्ष बंदूक नहीं चलाएगा, पर्यावरण को गंदा नहीं करेगा, खतरनाक रसायन का इस्तेमाल नहीं करेगा, वास्तविक नियंत्रण रेखा के दो किमी. के दायरे में किसी भी तरह का विस्फोट नहीं करेगा, हालाँकि फायरिंग रेंजों में रुटीन फायरिंग अभ्यासों पर यह लागू नहीं होगा।

अनुच्छेद-3 में कहा गया कि वास्तविक नियंत्रण रेखा के नजदीक जीवित गोलों के साथ यदि अभ्यास किए जा रहे हों तो इस बात की सावधानी रखनी होगी कि कोई बुलेट या मिसाइल गलती से दूसरे के इलाके में न चली जाए और इस वजह से जान-माल का कोई नुकसान नहीं पहुँचे।

अनुच्छेद-4 में हिदायत दी गई है कि वास्तविक नियंत्रण रेखा पर किसी तरह के मतभेद की वजह से यदि सीमांत सैनिक एक-दूसरे के आमने-सामने हो जाते हों तो वे आत्मसंयम बरतेंगे और हालात को भड़कने नहीं देंगे। तनाव भड़कने से रोकने के लिए दोनों पक्ष तत्काल राजनयिक और अन्य माध्यम से सलाह-मशविरा करेंगे और हालात की समीक्षा कर तनाव भड़कने से रोकेंगे।

सैन्य बलों की सीमा

दोनों पक्ष सैन्य बलों और हथियारों की जानकारी एक-दूसरे को देंगे और आपसी बातचीत से इनकी सीमा भी तय करेंगे। यह सीमा परस्पर और समान सुरक्षा के सिद्धांत के अनुरूप होगी। यह सीमा उस इलाके की भौगोलिक परिस्थिति और वहाँ सेना तैनात करने में लगनेवाले वक्त के अनुरूप तय की जा सकती है।

अनुच्छेद-4 में कहा गया है कि दोनों पक्ष वास्तविक नियंत्रण रेखा पर शांति व स्थिरता को बनाए रखने और एक-दूसरे के इरादों को गलत समझकर गलतफहमी में तनाव भड़कने से रोकने के लिए वास्तविक नियंत्रण रेखा के नजदीक बड़े स्तर, यानी एक डिवीजन (करीब 15 हजार सैनिक) सेना के साथ सैनिक अभ्यास नहीं करेंगे, फिर भी यदि इस तरह का अभ्यास करना ही हो तो इसकी सामरिक दिशा दूसरे पक्ष की ओर निर्देशित नहीं होगी।

यदि कोई भी पक्ष डिवीजन से छोटा, यानी ब्रिगेड (करीब 5,000 सैनिक) स्तर का अभ्यास करना चाहता हो तो इसके आकार, स्तर, अवधि और योजना के बारे में पूर्व सूचना देगा। इसके बारे में हर पक्ष एक-दूसरे को यह भी बताएगा

कि अभ्यास कब खत्म होगा और अभ्यास में भाग लेनेवाले सैनिक कब वापस जाएँगे! दोनों पक्षों को यह अधिकार भी होगा कि दूसरे पक्ष द्वारा अभ्यासों के बारे में दी गई जानकारी और आँकड़ों के बारे में स्पष्टीकरण माँगे।

हवाई अतिक्रमण

अनुच्छेद पाँच में हवाई अतिक्रमण के बारे में दोनों पक्षों को सचेत करते हुए कहा गया है कि इसे रोकने के लिए दोनों पक्ष समुचित उपाय करेंगे। कोई भी पक्ष अपने लड़ाकू विमान या टोही या परिवहन विमान को वास्तविक नियंत्रण रेखा के दस किमी. की दूरी तक नहीं उड़ाएगा, जैसे ही एक पक्ष को दूसरे द्वारा हवाई अतिक्रमण का पता चलेगा, इस पर एतराज किए जाने पर दूसरा पक्ष तुरंत अतिक्रमण को रोकेगा। दूसरा पक्ष तुरंत इसकी जाँच कर रिपोर्ट राजनयिक स्तर पर या स्थानीय स्तर पर प्रेषित करेगा।

यदि किसी पक्ष को वास्तविक नियंत्रण रेखा के नजदीक उड़ान की जरूरत हो तो उसे लड़ाकू विमान की किस्म के बारे में बताना होगा और यह भी बताना होगा कि विमान कितनी ऊँचाई पर उड़ान भरेगा ? उड़ान की अवधि कितनी होगी ? (सामान्य तौर पर यह दस दिनों से अधिक नहीं हो।) विमान की उड़ान किस तरह की होगी और इसकी उड़ान का दायरा भी बताना होगा।

विमानों की उड़ान में यह छूट दी गई है कि यदि उस पर कोई हथियार नहीं हो, वह सर्वेक्षण करनेवाला हो या हेलीकॉप्टर हो, इसकी अनुमति दी जा सकती है। बिना पूर्व मंजूरी के किसी भी पक्ष का कोई भी सैनिक विमान वास्तविक नियंत्रण रेखा के इर्द-गिर्द उड़ान नहीं भरेगा। यदि दूसरे के हवाई क्षेत्र में उड़ान भरनी हो तो इसकी पूर्व जानकारी देनी होगी और इसके लिए अंतरराष्ट्रीय नियमों का पालन करना होगा।

आपात हालत में उड़ान सुरक्षा सुनिश्चित करने के लिए विमान की सुरक्षा के लिए दोनों पक्ष तत्काल संपर्क करेंगे।

गोली नहीं चलाने का वचन

अनुच्छेद-6 में कहा गया है कि भारत-चीन सीमांत इलाकों में खतरनाक सैन्य गतिविधियों को रोकने के लिए दोनों पक्ष गोली नहीं चलाएँगे, पर्यावरण को नुकसान नहीं पहुँचाएँगे और वास्तविक नियंत्रण रेखा के दो किमी. के दायरे में बंदूक या विस्फोटकों से शिकार जैसी गतिविधि नहीं करेंगे। यह बंदिश फायरिंग

रेंजों में छोटे हथियारों के इस्तेमाल पर नहीं होगी।

वास्तविक नियंत्रण रेखा के नजदीक सैनिक अभ्यास करने के दौरान यह सावधानी बरतनी होगी कि दूसरे के इलाके में कोई गोली या मिसाइल नहीं गिरे।

अनुच्छेद-7 में कहा गया है कि वास्तविक नियंत्रण रेखा के सीमांत इलाकों में सैनिकों के बीच आदान-प्रदान और सहयोग को मजबूत करने के लिए दोनों देशों के स्थानीय सैन्य प्रतिनिधियों के बीच पहले से तय 'ध्वज बैठकें' होंगी। वास्तविक नियंत्रण रेखा पर दोनों पक्षों के बीच नियमित संवाद के लिए संचार संपर्क की सुविधाएँ होंगी। इसके अलावा दोनों पक्षों के बीच मध्यम और उच्च स्तर के संपर्क स्थापित किए जाएँगे।

अनुच्छेद-8 में कहा गया है कि यदि एक पक्ष का सैनिक गलती से या प्राकृतिक आपदाओं की वजहों से दूसरे के इलाके में चला गया है तो दूसरा पक्ष उसकी पूरी मदद करेगा। दोनों पक्ष एक-दूसरे के सीमांत इलाकों में प्राकृतिक आपदाओं या संक्रामक रोगों के बारे में समुचित जानकारी देंगे। सूचनाओं का यह आदान-प्रदान सीमांत सैन्य अधिकारियों या राजनयिक माध्यम से हो सकता है।

अनुच्छेद-9 में कहा गया है कि यदि सीमांत इलाकों में किसी पक्ष को कोई संदिग्ध गतिविधि दिखे और किसी भी पक्ष को इसके बारे में कोई सवाल हो या सफाई माँगनी हो, दोनों पक्षों को ऐसा करने का पूरा अधिकार होगा। इस तरह की सफाई राजनयिक माध्यमों से माँगी जा सकती है।

अनुच्छेद-10 में कहा गया है कि यह मानते हुए कि वर्तमान समझौते के कुछ प्रावधानों का पूरा क्रियान्वयन वास्तविक नियंत्रण रेखा के रेखांकन पर निर्भर करता है, दोनों पक्ष इस बात पर सहमत हुए हैं कि वे वास्तविक नियंत्रण रेखा के निर्धारण की प्रक्रिया को तेज करेंगे। दोनों पक्ष इस बात पर भी सहमत हुए हैं कि दोनों पक्ष अपनी अवधारणा के अनुरूप वास्तविक नियंत्रण रेखा के मानचित्रों का आदान-प्रदान जल्द-से-जल्द करेंगे।

अनुच्छेद-10 की दूसरी धारा के मुताबिक वास्तविक नियंत्रण रेखा के निर्धारण और पुष्टीकरण होने तक दोनों पक्ष अंतरिम तौर पर वास्तविक नियंत्रण रेखा पर शांति व स्थिरता बनाए रखने के इरादे से परस्पर विश्वास व भरोसा बनानेवाले कदमों को समुचित तौर पर लागू करेंगे। ऐसा वास्तविक नियंत्रण रेखा की एक-दूसरे की मान्यता को प्रभावित किए बिना लागू होगा।

अनुच्छेद-11 में कहा गया है कि समझौते में अनुच्छेद-1 से लेकर अनुच्छेद-10 तक जो कदम सुझाए गए हैं, उन्हें लागू करने के लिए सीमा मसले

पर गठित 'भारत-चीन संयुक्त कार्यदल' (जे.डब्ल्यू.जी.) की परस्पर सलाह-मशविरा से फैसले लिये जाएँगे। इसके लिए भारत-चीन राजनयिक और सैन्य विशेषज्ञ दल संयुक्त कार्यदल को सहायता करेगा।

अनुच्छेद-12 में कहा गया है कि यह समझौता दोनों पक्षों द्वारा अनुमोदित करने के बाद लागू होगा। इसे निरस्त करने के लिए किसी भी पक्ष को छह महीने का नोटिस देना होगा।

□

26

2013 का सहयोग समझौता

शी चिन फिंग द्वारा चीन के राष्ट्रपति पद ग्रहण करने और चीन की सत्ता पर अपनी पकड़ मजबूत करते ही अप्रैल 2013 के मध्य में दौलतबेग ओल्दी इलाके में चीनी सेना ने घुसपैठ की, लेकिन चीन के रणनीतिज्ञों ने एक गलती की कि यह घुसपैठ करने के पहले चीन के प्रधानमंत्री ली ख छ्यांग के पहले विदेश और भारत दौरे का ऐलान कर दिया गया और इसकी तैयारी के लिए भारत के तत्कालीन विदेश मंत्री सलमान खुर्शीद को चीन जाना था। तत्कालीन मनमोहन सिंह सरकार ने चीन को यह साफ संदेश दिया कि यदि चीन 1993, 1996 और 2005 के समझौतों को तोड़कर वास्तविक नियंत्रण रेखा पर किसी तरह का अतिक्रमण नहीं करने की संधि की भावना से खिलवाड़ करेगा तो चीन के नए प्रधानमंत्री का भारत में स्वागत नहीं होगा। वास्तव में भारत–चीन रिश्तों ने पिछले दो दशकों के भीतर भारी गहराई ली थी और दोनों देश न केवल आपसी व्यापारिक और आर्थिक रिश्तों को नई ऊँचाई पर तेजी से ले जा रहे थे, बल्कि दोनों देश अफगानिस्तान, आतंकवाद, समुद्री डाकुओं के खिलाफ और अन्य तरह के समुद्री सुरक्षा सहयोग के नए दौर में प्रवेश कर चुके थे।

इन सबके बावजूद यदि चीनी प्रधानमंत्री का भारत दौरा रद्द होता तो चीन के नए राष्ट्रपति की ओर से पूरी दुनिया के लिए यह भ्रामक संदेश जाता कि वह विस्तारवादी रुख लेकर सत्ता में विराजमान हुए हैं और वह अशांति व अविश्वास के माहौल में बाकी दुनिया के साथ संवाद एवं सहयोग करना चाहते हैं।

भारत ने आरोप लगाया था कि चीन की 'पीपल्स लिबरेशन आर्मी' के 40 सैनिकों ने 15 अप्रैल को दौलतबेग ओल्दी सेक्टर में 17 हजार फीट की ऊँचाई पर पठारीय भारतीय इलाके में 19 किमी. भीतर घुसपैठ कर अपने तंबू गाड़ लिये थे, लेकिन चीन ने इन आरोपों का खंडन करते हुए कहा कि चीनी सैनिक अपने ही

इलाके में हैं और उन्होंने किसी तरह की घुसपैठ नहीं की है, लेकिन अंततः दोनों सेनाओं के कमांडरों ने 1993 और 1996 के विश्वास निर्माण समझौतों के अनुरूप कई दौर की ध्वज बैठकें कीं और अपने सैनिकों को पीछे हटाया।

दौलतबेग ओल्दी इलाके में अंततः 4 मई, 2013 को भारत के राजनयिक प्रयासों को कामयाबी मिली, जब चीनी सैनिकों ने वहाँ से अपने तंबू उखाड़ने शुरू किए, तब वहाँ भारत के मौजूदा विदेश मंत्री एस. जयशंकर पेइचिंग में भारत के राजदूत थे, जिन्होंने दो बार चीनी विदेश मंत्रालय का दौरा कर चीनी अधिकारियों को यह समझाने में कामयाबी पाई कि दौलतबेग ओल्दी इलाके से यदि चीनी सेना पीछे नहीं गई तो न केवल चीनी प्रधानमंत्री का भारत दौरा खटाई में पड़ जाएगा, बल्कि इसका भारत-चीन रिश्तों पर भी दूरगामी प्रतिकूल असर पड़ सकता है। यदि प्रधानमंत्री ली ख छ्यांग का बहुप्रचारित प्रस्तावित भारत दौरा स्थगित या रदद् हो जाता तो इससे भारत-चीन के बीच रिश्तों को पटरी पर लाने में तब तक जो उपलब्धि हासिल हुई थी, उस पर एक झटके में पानी फिर जाता।

सीमा सुरक्षा सहयोग समझौता

इसी का नतीजा था कि 2013 के अक्तूबर में सीमांत इलाकों में शांति व स्थिरता के लिए आपसी विश्वास को और गहरा करने के लिए 23 अक्तूबर, 2013 को सीमांत इलाके में दोनों सेनाओं के बीच परस्पर सहयोग को और मजबूत करने और आपसी गलतफहमी को दूर करने के लिए दूरगामी महत्त्व का एक और अहम समझौता किया, जिसे 'सीमा सुरक्षा सहयोग समझौता' (बॉर्डर डिफेंस को-ऑपरेशन एग्रीमेंट) कहा गया।

इस समझौते में दोनों देशों ने शांति और समृद्धि के लिए भारत-चीन सामरिक और सहयोगी साझेदारी की अहमियत पर जोर दिया, क्योंकि यह दोनों देशों के मौलिक हितों की पूर्ति करता है।

इस समझौते में दोनों पक्षों ने दोहराया कि कोई भी पक्ष एक-दूसरे के खिलाफ अपनी सैनिक क्षमता का इस्तेमाल नहीं करेगा और न ही कोई पक्ष एक-दूसरे को सैन्य ताकत के इस्तेमाल की धमकी देगा और न ही इकतरफा श्रेष्ठता स्थापित करने की कोशिश करेगा। वास्तविक नियंत्रण रेखा पर शांति व स्थिरता को बनाए रखने की जरूरत दोनों पक्ष स्वीकार करते हैं और इस इरादे से वास्तविक नियंत्रण रेखा पर परस्पर और समान सुरक्षा के सिद्धांत के अनुरूप सैनिक क्षेत्र में विश्वास निर्माण के उपाय लागू करते रहेंगे।

2013 के समझौते में 7 सितंबर, 1993 और 29 नवंबर, 1996 की संधियों का जिक्र करते हुए इसकी अहमियत पर जोर दिया गया। इसके अलावा 11 अप्रैल, 2005 को दोनों देशों के बीच संपन्न उस प्रॉटोकाल का भी उल्लेख किया गया, जिसमें वास्तविक नियंत्रण रेखा पर सैनिक क्षेत्र में विश्वास निर्माण के उपायों को लागू करने के लिए प्रक्रिया तय की गई थी।

इसके बाद सीमांत इलाकों में सीमा रक्षा सहयोग को लागू करने की प्रक्रिया का जिक्र 2013 के समझौते में किया गया। इसके पहले 17 जनवरी, 2012 को दोनों देशों ने वास्तविक नियंत्रण रेखा पर उठे विवादों को दूर करने के लिए उच्च राजनयिक स्तर पर एक व्यवस्था स्थापित की, जिसे 'वर्किंग मेकेनिज्म फॉर कंसल्टेशन ऐंड कोऑर्डिनेशन ऑन बॉर्डर अफेयर्स' (WMCC), यानी सीमा मसलों पर सलाह और तालमेल के लिए कार्य प्रक्रिया कहा गया।

2013 में दोनों देशों ने तय किया कि बॉर्डर डिफेंस को-ऑपरेशन (BDC), यानी सीमाओं पर सैन्य या रक्षा सहयोग को दोनों देश अब तक संपन्न आपसी संधियों और अपने कानूनों के अनुरूप इस तरह लागू करेंगे—

1. सैन्य अभ्यासों, वैमानिकी गतिविधियों, अचिह्नित बारूदी सुरंगों के बारे में एक-दूसरे को जानकारी का आदान-प्रदान करेंगे। इसके अनुरूप वास्तविक नियंत्रण रेखा पर शांति व स्थिरता को बनाए रखने के लिए जरूरी कदम उठाएँगे।
2. हथियारों, वन्य-जीवों, वनजैविक उत्पादों और अन्य प्रतिबंधित वस्तुओं की तस्करी पर मिलकर रोक लगाएँगे।
3. भारत-चीन सीमांत इलाकों में वास्तविक नियंत्रण रेखा पर सैन्यकर्मी, परिवहन के माध्यम, जानवर और हवाई वाहन आदि को एक-दूसरे के इलाके में खोजने में मदद करेंगे।
4. प्राकृतिक आपदाओं, संक्रामक रोगों, जिसका असर दूसरे के इलाके में पड़ सकता है, आदि से दोनों पक्ष मिलकर निबटेंगे।

समझौते में जिस सीमा रक्षा सहयोग की परिकल्पना की गई है, उसे निम्न तरीके से लागू करने पर सहमति हुई—

1. भारत-चीन सीमांत इलाकों में वास्तविक नियंत्रण रेखा के निर्धारित स्थानों पर सीमांत सैनिक मुलाकात या ध्वज बैठकें करेंगे।
2. सैन्य गतिविधियों के लिए जिम्मेदार सैनिक अधिकारियों—भारत के सैन्य कमांडरों और चीन के संबद्ध मिलिट्री रीजन के अधिकारियों के

बीच अकसर बैठकों का आयोजन करेंगे।

3. भारत के रक्षा मंत्रालय और चीन के नेशनल डिफेंस मंत्रालय के प्रतिनिधियों के बीच अकसर बैठकों का आयोजन।
4. सीमांत मसलों पर सलाह व तालमेल के लिए कार्य प्रक्रिया (WMCC) की अकसर बैठकों का आयोजन।
5. भारत-चीन के बीच 'सालाना रक्षा वार्त्ता' (एनुअल डिफेंस डायलॉग) का आयोजन।

सीमा रक्षा सहयोग को मजबूत करने के लिए जमीनी क्रियान्वयन के इरादे से दोनों देशों के संबद्ध संगठनों और विभागों के बीच संपर्कों और संवाद को सुगम बनाने के लिए वास्तविक नियंत्रण रेखा पर निर्धारित स्थानों पर टेलीफोन और दूरसंचार संपर्कों के लिए सुविधाएँ स्थापित की जाएँगी। इसके अलावा दोनों सेनाएँ आपस में संवाद के लिए हॉटलाइन फोन भी लगाने पर विचार कर सकती हैं।

□

27

2005 का ऐतिहासिक समझौता

11 अप्रैल, 2005 को चीन के प्रधानमंत्री वन च्या पाओ के भारत दौरे में ऐतिहासिक महत्त्व का जो समझौता किया गया, वह भारत-चीन के बीच सीमा विवादों को दूर करने की बड़ी संभावनाएँ पेश कर रहा था। भारत-चीन सीमा मसले के हल के लिए राजनीतिक पैमाना और निर्देशक सिद्धांतों वाली 2005 की सहमति ने भारत और चीन के बीच सीमा मसले के हल के लिए पूरी उर्वर जमीन तैयार कर दी थी, जिसे केवल सींचना ही बाकी था।

तत्कालीन प्रधानमंत्री मनमोहन सिंह के साथ हुई इस अहम वार्त्ता में चीन ने सिक्किम राज्य को भी भारत के राज्य के तौर पर निरूपित करनेवाला साझा बयान जारी किया। 1974 में तत्कालीन प्रधानमंत्री इंदिरा गांधी ने दूरदर्शिता दिखाते हुए भारत के प्रांत के तौर पर सिक्किम का औपचारिक विलय करने का ऐलान किया था। सिक्किम के भारत में विलय के बाद से चीन ने इसे भारत के राज्य के तौर पर मान्यता नहीं दी थी, हालाँकि इस साझा बयान में भारत ने तिब्बत स्वशासी क्षेत्र को भी चीन का राज्य माना, लेकिन भारत ने तिब्बत की स्थिति पर 1954 में ही चीन को अपनी स्थिति साफ करते हुए मान्यता दे दी थी, पर भारत के लिए यह बड़ी बात थी कि जिस सिक्किम राज्य के भारत के अभिन्न अंग होने के बारे में चीन गत तीन दशक से एतराज कर रहा था, चीन ने उसे भारत के राज्य के तौर पर मुहर लगा दी।

वास्तव में 2003 के जून माह में जब तत्कालीन प्रधानमंत्री अटल बिहारी वाजपेयी ने चीन का दौरा किया, तब ही चीन ने इस आशय का संकेत दे दिया था कि चीन सिक्किम को भारत और चीन के बीच कोई मसला नहीं मानता है। इसी दौरे में दोनों पक्षों के बीच यह सहमति भी हुई थी कि दोनों देश सीमा व्यापार

को बढ़ावा देंगे और इसके लिए भारतीय पक्ष ने सिक्किम राज्य के छांगकू और चीनी पक्ष ने तिब्बत स्वायत्तशासी क्षेत्र के रनछिंगकांग को सीमा व्यापार मार्केट के तौर पर स्थापित करने का ऐलान किया। सिक्किम की सीमा को भारत की सीमा मानकर चीन ने इस तरह सिक्किम को भारत का अंग मानने का एक और गंभीर संकेत दिया था।

चीन ने माना सिक्किम भारत का

इसके बाद चीन के प्रधानमंत्री वन च्या पाओ ने इंडोनेशिया के बाली में आसियान शिखर बैठक के दौरान मुलाकात में प्रधानमंत्री अटल बिहारी वाजपेयी से कहा था कि चीन की आधिकारिक वेबसाइट में सिक्किम को भारत का अंग दरशाया गया है। इसके पहले सिक्किम को सिंगापुर के बाद के क्रम में एक अलग देश के तौर पर दिखाया जाता था। चीनी वेबसाइट में स्वतंत्र देशों की सूची से इस तरह चीन ने सिक्किम को स्वतंत्र देश के तौर पर पेश करना बंद कर दिया। इस तरह भारत के साथ रिश्तों में मधुरता लानेवाला यह ठोस कदम उठाकर चीन ने भारतीय सामरिक हलकों में राहत का अहसास दिया। भारतीय राजनीतिक और सामरिक कर्णधारों को लगा कि चीन अब भारत के साथ रिश्तों में काँटा दूर करने के जरूरी कदम उठाने को गंभीर है।

2003 के समझौते के तहत सीमा मसले के हल के लिए प्रधानमंत्रियों के विशेष प्रतिनिधियों की नियुक्ति की ओर ध्यान दिलाते हुए कहा गया कि दोनों देश दोस्ताना, सहयोगी और रचनात्मक माहौल में बातचीत कर रहे हैं, तब दोनों देशों के आला राजनीतिक नेतृत्व ने भारत-चीन सीमा पर चल रही वार्त्ता को शीघ्र अपने मुकाम पर पहुँचाने के लिए विशेष वार्त्ताकारों को नियुक्त करने का फैसला किया था, ताकि लेन-देन की भावना से दोनों देश राजनीतिक स्तर पर जल्द से कोई सहमति विकसित कर सकें। इस वार्त्ता के लिए भारत के प्रधानमंत्री अटल बिहारी वाजपेयी ने विशेष प्रतिनिधि के तौर पर राष्ट्रीय सुरक्षा सलाहकार ब्रजेश मिश्र को नियुक्त किया था, जबकि चीनी प्रधानमंत्री ने अपने स्टेट काउंसलर ताई पिंग क्वो को नियुक्त किया था।

इक्कीसवीं सदी का पहला दशक इस तरह ऐसा दौर साबित हुआ, जिसमें भारत ने चीन से रिश्तों में वास्तविक गर्मजोशी के साथ जमीनी स्तर पर सामरिक साझेदारी के रिश्तों को ठोस आकार देने के सपने देखने शुरू किए। अंतरराष्ट्रीय संबंधों में पाकिस्तान के अलावा चीन ही ऐसी अड़चन था, जिसकी वजह से

भारत की सामरिक आकांक्षाएँ अपने शिखर पर पहुँचने में बड़ी बाधा पैदा हो रही थी। भारत को लग रहा था कि एक बार चीन जब भारत के साथ खड़ा होगा, तब पाकिस्तान का काँटा भी भारत के रास्ते से निकल जाएगा। चीन से दोस्ती कर पाकिस्तान को सँभालना आसान हो जाता। वन च्या पाओ के भारत दौरे में जिस तरह वैश्विक साझेदारी और विश्व मंचों पर साझेदारी से काम करनेवाले रचनात्मक और सकारात्मक बयान दिए, उससे लगा कि एशिया में दोनों ताकतें अब सामरिक साझेदारी को ठोस धरातल पर खड़ा करने की दिशा में आगे बढ़ना चाहती हैं।

2005 में जब चीनी पक्ष ने भारतीय पक्ष से आधिकारिक तौर पर कहा कि सिक्किम अब भारत और चीन के रिश्तों में कोई मसला नहीं है तो भारत के लिए यह बड़ी राजनयिक कामयाबी थी। चीनी पक्ष ने यह भी कहा कि यह मसला अब हमारे बीच नहीं रहा। जहाँ तक तिब्बत का सवाल है, उसे चीन का अंग भारत ने 1954 में ही मान लिया था। इसलिए भारत के लिए यह बड़ी बात नहीं थी कि वह तिब्बत को चीन का अंग मान ले, पर जिस सिक्किम को चीन स्वतंत्र देश के तौर पर निरूपित करता रहा है, उसे भारत का अंग मान लेना भारत के लिए बड़ी बात थी। सिक्किम और तिब्बत के बीच जो लेन-देन हुआ, उससे लगा कि भारत के साथ चीन अपने सीमा विवाद को हल करने के लिए मन बना चुका है। चीन भारत के साथ न केवल आर्थिक रिश्ते गहरे करना चाह रहा था, बल्कि अंतरराष्ट्रीय मंचों पर भी वह भारत के साथ साझेदारी से भूमिका निभाना चाह रहा था। अक्तूबर 2003 में बाली में प्रधानमंत्री अटल बिहारी वाजपेयी से मुलाकात के बारे में चीनी प्रधानमंत्री ने अहम टिप्पणी की थी कि आसियान शिखर बैठक के दौरान जितने भी शिखर नेताओं से वे मिले, उनमें वाजपेयी से मुलाकात सबसे अहम थी।

साझा बयान

भारत और चीन के अलावा दुनिया के सामरिक हलकों में 2005 के भारत-चीन साझा बयान और राजनीतिक पैमाना और निर्देशक सिद्धांत तय करनेवाले समझौते को दूरगामी महत्त्व का तथा भारत व चीन के बीच 21वीं सदी में रिश्तों की नई बुनियाद रखनेवाला बताया जाने लगा था। इसे यदि ईमानदारी से लागू करने की भावना से चीन आगे बढ़ता तो यह मसला दोनों पक्षों के बीच सद्भावना के माहौल में सुलझा लिया जाता, जो सबसे अहम सहमति भारत और चीन

के बीच इस समझौते के जरिए उजागर हुई, वह एक-दूसरे के इलाकों में बसी आबादी के हितों को ध्यान में रखने की बात थी। यदि इस सिद्धांत को व्यवहार में लाकर सीमा मसले के हल की दिशा में आगे बढ़ा जाता तो अरुणाचल प्रदेश के इलाके में रहनेवाले लोगों की भारत के साथ प्रतिबद्धता भारत के पक्ष में जाती और तवांग सहित अरुणाचल प्रदेश के संपूर्ण इलाके पर चीन को अपना दावा छोड़ना पड़ता, लेकिन भारत को इस लाभ से वंचित करने के लिए ही मई 2020 से भारतीय इलाके में चीनी सेना द्वारा घुसपैठ करने के बाद अरुणाचल प्रदेश के सीमांत निर्जन पर्वतों पर चीन ने कृत्रिम तौर पर गाँव बसाने शुरू किए, ताकि इस इलाके में बसी आबादी की किसी देश के साथ प्रतिबद्धता दिखाने की बात उठेगी तो चीन अपने पक्ष में ऐसा दावा कर अरुणाचल प्रदेश के इलाके पर अपना दावा सिद्ध कर सकेगा।

वास्तव में चीन ने दक्षिण चीन सागर में जिस तरह कृत्रिम द्वीपों का निर्माण कर अपने सागरीय इलाकों का विस्तार किया है, वहीं वह अरुणाचल प्रदेश में कृत्रिम गाँव बसाने का प्रयोग कर रहा है, ताकि 2005 के समझौते में बसी हुई आबादी के हितों का ध्यान रखने का पुख्ता दावा किया जा सके।

सीमांत इलाकों में नए चीनी गाँव

2005 समझौते के डेढ़ दशक बाद चीन ने इस समझौते के अनुरूप राजनीतिक पैमाना और निर्देशक सिद्धांतों की सहमति का फायदा उठाने के लिए अरुणाचल प्रदेश और तिब्बत के सीमांत भारतीय और अपने इलाकों में जिस तरह गाँव बनाकर, वहाँ चीनी हान लोगों को बसाना शुरू किया है, वह भारत के लिए भारी चिंता की बात है और अरुणाचल प्रदेश के इलाके पर भारत के दावे को कमजोर करने की नई रणनीति चीन चलने लगा है। 2021 के जनवरी माह में जब इस आशय की रिपोर्टें आई कि चीन ने अरुणाचल प्रदेश के सीमांत इलाके में चीनी गाँव बसाने शुरू किए हैं और भारत में विपक्षी दलों ने भारत सरकार को आड़े हाथों लेना शुरू किया तो अपनी सफाई में भारतीय विदेश मंत्रालय ने कहा कि चीनी सेना वहाँ के सीमांत इलाकों में पिछले कुछ सालों से ढाँचागत निर्माण कर रही है। वहीं चीनी विदेश मंत्रालय ने कड़ा जवाब दिया कि वह सारा इलाका चीन का है और भारत भी इस इलाके में ढाँचागत निर्माण कर रहा है। रोचक बात यह है कि भारत सीमांत इलाके में सड़क, पुल आदि जैसे ढाँचागत निर्माण कर रहा है, जबकि चीन सीमांत इलाकों में गाँव के लिए

जरूरी ढाँचागत निर्माण कर रहा है, जिसके जवाब में भारत कोई प्रभावी चुनौती चीन को नहीं दे सका है।

भले ही पूर्वी लद्दाख में अक्साई चिन का नाबाद इलाका भारत को छोड़ना पड़ता, जिसके लिए भारतीय जनमानस मनोवैज्ञानिक तौर पर तैयार हो गया है, लेकिन अरुणाचल प्रदेश या इसके तवांग इलाके को भारत कतई नहीं छोड़ सकता। कुल मिलाकर भारत और चीन के बीच 3,488 किमी. लंबी वास्तविक नियंत्रण रेखा में इधर-उधर हेर-फेर कर इसे ही अंतरराष्ट्रीय सीमा का आकार दिया जा सकता था, जिसके लिए भारतीय राजनीतिक नेतृत्व से लेकर आम आदमी मन बना चुका है, क्योंकि भारत का आम आदमी अब इस मसले को अधिक वक्त तक लटकाए नहीं रखना चाहता। सीमा मसला यदि सुलझता है तो इस वजह से सीमा चौकसी पर होनेवाले हजारों करोड़ रुपए का खर्च बच सकता है।

लेकिन चीन यह समझता है और वह सीमा पर भारत को किसी तरह की राहत या रियायत नहीं देना चाहता। इसलिए 2012 के अंत में शी चिन फिंग के राष्ट्रपति पद पर सत्तारूढ़ होने के बाद चीनी वार्त्ताकारों ने अपने तेवर पलट दिए और अपने कड़े रुख का इजहार करना शुरू किया। चीनी वार्त्ताकार 2005 के समझौते को नजरअंदाज करने लगे और इसका जिक्र करने से भी गुरेज करने लगे। चीन ने इस तरह अपना रवैया सख्त करते हुए यह ठोस संकेत देने शुरू किए कि वह अपनी शर्तों के आधार पर ही भारत के साथ सीमा समझौता करेगा।

सीमा का आदर

शी चिन फिंग के सत्ता में आने के पहले भारत और चीन के बीच 1993 से लेकर 2012 तक जो सीमा समझौते हुए, चीन उनका समुचित आदर कर रहा था और यही वजह थी कि भारत-चीन सीमांत इलाकों पर लगभग तनावमुक्त माहौल पैदा होने लगा था। इस वजह से रिश्तों में मिठास और सौहार्द देखने को मिल रहा था। वास्तविक नियंत्रण रेखा पर दोनों सेनाओं ने अपनी तैनाती घटाकर न्यूनतम करनी शुरू की थी और दोनों देशों के सैनिक सीमांत इलाकों में एक-दूसरे के राष्ट्रीय त्योहारों पर उपहार व मिठाई के साथ एक-दूसरे का अभिवादन और मुलाकातें करने लगे थे, हालाँकि शी चिन फिंग के कार्यकाल में भी यह सब चलता रहा, लेकिन चीनी सेना ने धीरे-धीरे अपना असली चेहरा दिखाना शुरू किया और पचास और साठ के दशक की अपनी पुरानी कुटिल, दोमुँही व विस्तारवादी नीतियों पर वापस लौटने लगी। नतीजा यह हुआ कि शी चिन फिंग

के सत्ता सँभालने के बाद भारतीय इलाकों में अतिक्रमण की घटनाएँ बढ़ने लगीं।

अतिक्रमण की इन वारदातों पर चीन के साथ-साथ भारत की ओर से भी यही दलील दी जाती थी कि चूँकि वास्तविक नियत्रण रेखा का निर्धारण नहीं हुआ है और इसे लेकर दोनों पक्षों की अपनी-अपनी अवधारणाएँ हैं, जिसके अनुरूप दोनों सेनाएँ एक-दूसरे की मान्यता वाले इलाकों में चली जाती है।

1993 और 1996 के समझौते के अनुरूप वास्तविक नियंत्रण रेखा पर भारतीय इलाके में अतिक्रमण करने पर टोके जाने के बाद चीनी सेना अपने शिविर में वापस लौट जाती थी, लेकिन शी चिन फिंग ने सत्ता सँभालने के बाद अपनी सेना को मानो ऐसे निर्देश दिए कि घुसपैठ को जायज ठहराने के इरादे से भारतीय सेना को चुनौती दो। 2013 के बाद से हर साल दौलतबेग ओल्दी, चुमार, देपसांग, डोकलाम और ताजा पूर्वी लद्दाख के बड़े इलाके में अतिक्रमण कर वहाँ बैठ जाने की चीनी सेना की द्विपक्षीय संधियों को तोड़नेवाली काररवाई हुई।

अच्छे पड़ोसी की भावना

2005 में चीनी प्रधानमंत्री वन च्या पाओ के भारत दौरे के पहले से ही आपसी रिश्तों में सद्भाव, सहयोग और गरमजोशी का जो माहौल बना, उसका असर साझा बयान में भी देखने को मिला। साझा बयान में दोनों प्रधानमंत्रियों ने कहा कि अच्छे पड़ोसी देशों की भावना, दोस्ती और परस्पर लाभजनक सहयोग और क्षेत्रीय व अंतरराष्ट्रीय हालात में भारी बदलाव के मद्देनजर दोनों पक्ष सहमत हुए कि भारत-चीन रिश्तों ने वैश्विक और सामरिक स्वरूप ग्रहण कर लिया है। इसलिए दोनों देशों के नेता इस बात पर सहमत हुए हैं कि दोनों देश शांति व समृद्धि के लिए सामरिक और सहयोगी साझेदारी का रिश्ता स्थापित करेंगे। इस तरह की साझेदारी एक-दूसरे की चिंताओं और आकांक्षाओं को लेकर परस्पर सम्मान और संवेदनशीलता दिखाने के साथ परस्पर और समान सुरक्षा के आधार पर वैश्विक चुनौतियों और खतरों का मिलकर मुकाबला करने में मदद करेगी।

परस्पर आदर से मौलिक हितों की पूर्ति

भारत और चीन मानते हैं कि शांतिपूर्ण सहअस्तित्व के पाँच सिद्धांतों, परस्पर आदर और एक-दूसरे की संवेदनशीलता, चिंता, आकांक्षाओं और समान सुरक्षा का ध्यान रखने के आधार पर दोनों देशों के बीच दीर्घकालीन रचनात्मक और सहयोगी रिश्ता बनाने से भारत और चीन के मौलिक हितों की पूर्ति होगी।

आपसी मतभेदों को शांतिपूर्ण तरीके से न्यायपूर्ण, जायज और परस्पर

स्वीकार्य समझौता करने के इरादे के साथ दोनों देश हर स्तर पर आपसी रिश्तों में गुणात्मक सुधार लाने की इच्छा रखते हैं। 1993 और 1996 के सीमांत इलाकों में शांति व स्थिरता बनाए रखने के लिए हुए समझौतों के अनुरूप दोनों देशों की प्रतिबद्धता को दुहराते हुए दोनों देशों के बीच 23 जून, 2003 को परस्पर रिश्तों के सिद्धांतों और समग्र सहयोग की, जो सहमति हुई थी, उसकी दोनों देश पुष्टि करते हैं।

□

28

कैलाश पर क्यों कब्जा किया?

चीन द्वारा शासित तिब्बत के इलाके में पड़नेवाले कैलाश पर्वत के निकट ही मानसरोवर और राक्षसताल झील है, जिसे आम भारतीय बड़ी श्रद्धा के साथ देखते हैं और कभी वहाँ का भ्रमण करने का सपना देखते हैं, लेकिन हाल में कैलाश पर्वत शृंखला की चोटियाँ रचिन ला, मुखपरी, गुरुंग हिल, मगर हिल आदि इसलिए चर्चा में रहीं कि वास्तविक नियंत्रण रेखा के इलाके में पड़नेवाली इन बर्फीली चोटियों पर 29–30 अगस्त, 2020 की रात को जाँबाज भारतीय सैनिकों ने अचानक धावा बोला और वहाँ अपना अड्डा जमा लिया था। वास्तव में इस इलाके पर चीन का दावा रहा है और उसका कहना है कि कैलाश पर्वत-शृंखला की ये चोटियाँ वास्तविक नियंत्रण रेखा के पार चीन के इलाके में पड़ती हैं, लेकिन जिस तरह चीन ने पैंगोंग त्सो झील की उत्तरी चोटियों पर कब्जा कर लिया, उसी तरह भारतीय सेना ने भी पैंगोंग त्सो झील की दक्षिणी चोटियों पर कब्जा कर चीन को चौंकाया। वास्तव में भारतीय सैनिकों ने अपनी टोही नजरों से यह भाँप लिया था कि चीन इन चोटियों पर कब्जा करने के इरादे से ही हलचल बढ़ा रहा था, लेकिन भारतीय सेना द्वारा पहले ही इन पर कब्जा कर लेने से चीनी सेना के पाँवों तले जमीन खिसक गई। कैलाश रेंज की चोटियों पर भारतीय सेना के लिए यह कदम नहले पर दहला साबित हुआ। ये चोटियाँ पैंगोग झील के दक्षिण में है, लेकिन शतरंज की बिसात पर जैसे प्यादों से राजा पर शह दिया जाता है, कुछ वैसा ही भारतीय सेना ने कैलाश रेंज की चोटियों पर अपने सैनिकों को भेजकर दिखाया। अंततः इन्हीं चोटियों को छोड़ने के एवज में चीनी सेना ने पैंगोंग झील के उत्तरी इलाके में फिंगर-4 से फिंगर-8 तक की चोटियों को छोड़ना पड़ा।

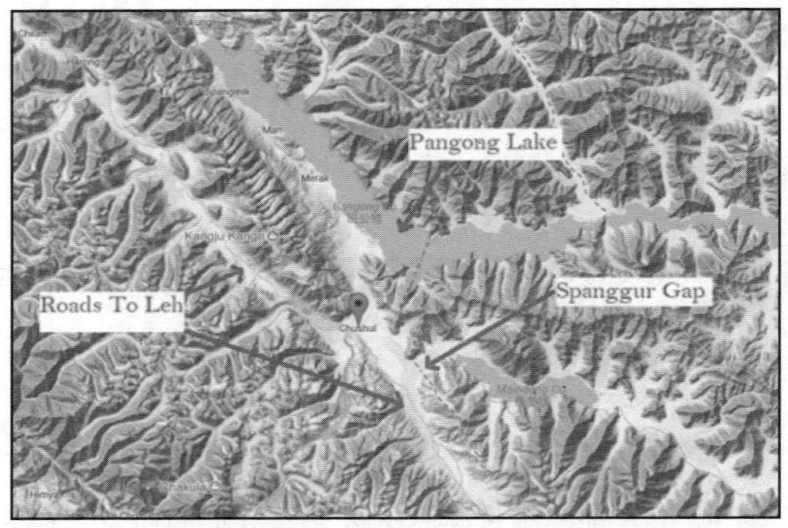

स्पांगुर गैप की भौगोलिक स्थिति (साभार-एलीवेशन मैप. नेट)

कैलाश रेंज की चोटियों पर भारतीय सेना द्वारा कब्जा करने से चीन तिलमिला गया। वास्तव में पैंगोंग त्सो झील की उत्तरी चोटियों पर चीन ने कब्जा कर अपने लिए रणनीतिक तौर पर जो लाभजनक स्थिति पैदा की थी, वह पैंगोंग झील की दक्षिणी कैलाश रेंज की चोटियों पर कब्जा कर लेने से निरस्त हो गई। इन चोटियों पर भारतीय सेना के जवानों को आधुनिकतम टोही और हमलावर हथियारों से लैस होने की वजह से वास्तविक नियंत्रण रेखा के पार मोलदो चीनी सैनिक छावनी असुरक्षित हो गई। चीन को खतरा महसूस हो रहा था कि जिन चोटियों पर भारतीय सेना ने अपना अड्डा जमाया है, वहाँ से चीनी सैनिक शिविरों को आसानी से निशाना बनाकर ध्वस्त किया जा सकता है।

कैलाश रेंज की चोटियों को तिब्बती भाषा में कांग ती-स और चीनी भाषा में कांग-ती-शु शान कहते हैं। ये पर्वत चोटियाँ हिमालय पर्वत श्रृंखला की सबसे दुर्गम और ऊँची चोटियों में मानी जाती हैं। इनमें सबसे अहम और ऊँचा कैलाश पर्वत न केवल हिंदुओं, बल्कि बौद्धों और जैनों के लिए सदियों से पूज्य रहा है। कैलाश पर्वत 21,778 फीट (6,638 मीटर) ऊँचा है, जो एशिया की कुछ सबसे लंबी नदियों सिंधु, सतलुज, ब्रह्मपुत्र, घाघरा (गंगा की सहायक नदी) के उद्‍गम स्थलों के इलाके में ही स्थित है।

यह वही कैलाश पर्वत है, जहाँ हिंदू मान्यता के अनुरूप भगवान् शिव पत्नी पार्वती और अपने दोनों पुत्रों गणेश व कार्तिकेय के साथ वास करते हैं। इसलिए कैलाश पर्वत हिंदुओं के लिए विशेष पूज्य रहा है। अब इसी पर्वत-श्रृंखला की अन्य चोटियों पर भारतीय सेना ने अपना परचम फहराकर चीनियों को ललकारा तो चीनी सेना की नींद उड़ गई। 1962 के युद्ध में चीनी सेना इन चोटियों पर कब्जा जमाने में नाकाम रही थी।

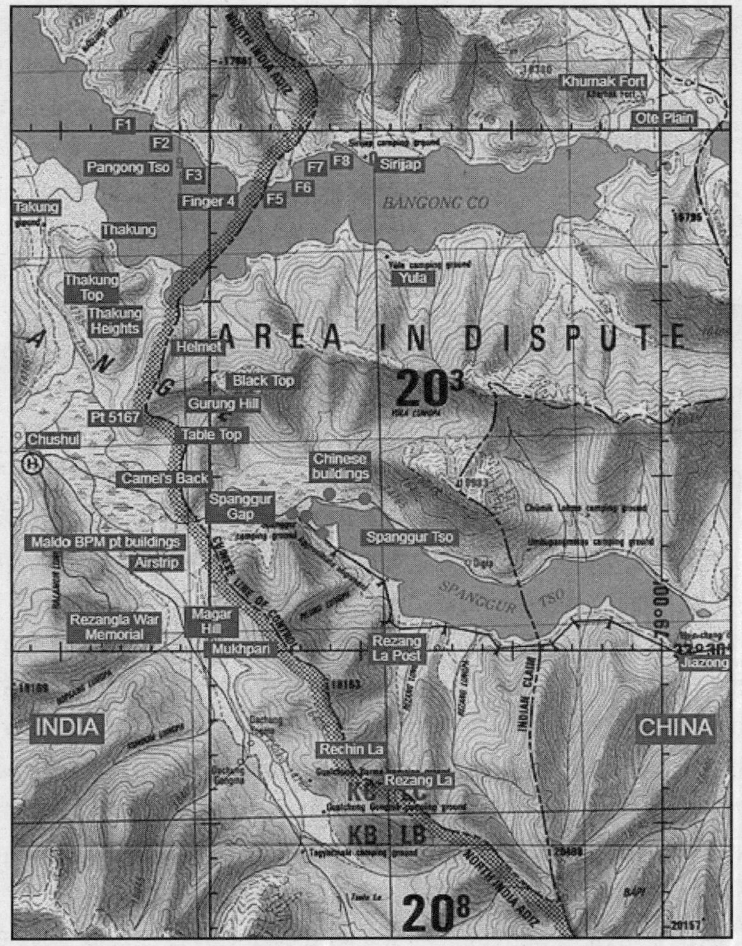

पैंगोंग त्सो इलाके में मुख्य चोटियाँ (सितंबर 2020 यूनिवर्सिटी ऑफ टेक्सास की लाइब्रेरी से साभार)

चुशुल सब सेक्टर के इलाके में पड़नेवाली कैलाश रेंज की जिन चोटियों पर भारतीय सेना बैठी थी, उसे खाली कराने के लिए चीन ने भारत के साथ बड़ी सौदेबाजी की, लेकिन चीन के लिए यह इलाका आसानी से खाली कराना मुमकिन नहीं था। इसलिए वह उत्तरी पैंगोंग की फिंगर चार से फिंगर–8 के बीच का इलाका खाली करने को तैयार हुआ। चीन यह इलाका भारतीय सेना से खाली करवाने पर इतना उतावला था कि वह पैंगोंग त्सो झील की जिन उत्तरी चोटियों, फिंगर–4 से फिंगर–8 पर मई 2020 से ही कब्जा कर लिया था, उन्हें वह सशर्त खाली करने को तैयार दिखा, लेकिन भारतीय सेना ने चीन से साफ कहा कि जब तक संपूर्ण पूर्वी लद्दाख के सीमांत इलाकों से चीनी सेना मई 2020 के पहले की स्थिति तक वापस नहीं चली जाती है, तब तक वह कैलाश पर्वत की चोटियों को नहीं खाली करेगी। अगस्त 2020 के अंत में जब भारतीय सेना ने वहाँ कब्जा किया था, तब चीनी सेना ने कल्पना नहीं की थी कि शून्य से 20 डिग्री नीचे तापमान में नवंबर से फरवरी के महीने में भी भारतीय सेना अपने देश की संप्रभुता की रक्षा के लिए वहाँ डटी रहेगी! कैलाश रेंज की ये चोटियाँ गुरुंग हिल, मगर हिल, मुखपरी, रचिन ला और रेजांग ला इतनी ऊँचाई पर हैं कि वहाँ बैठा सैनिक निकट के सभी सैन्य शिविरों पर नजर रखकर उन्हें आसानी से निशाना बना सकता है। चीनी सेना के लिए चिंताजनक बात यही थी, क्योंकि इन चोटियों पर बैठे भारतीय सैनिक चीनी सैन्य शिविरों को निशाना बना सकते हैं। यही वजह थी कि 10 फरवरी, 2021 को पैंगोंग समझौते में वह कैलाश रेंज की चोटियों के बदले उत्तरी पैंगोंग की फिंगर–4 से फिंगर–8 तक के इलाके में अपने सैन्य ढाँचे को तोड़कर वापस जाने को तैयार हुआ।

कैलाश रेंज के पूर्व में स्पांगुर त्सो का इलाका पड़ता है। यह इलाका पैंगोंग झील के लंबवत् पड़ता है, जिसके आधे इलाके पर भारत का दावा है, लेकिन चीनी सेना का इस पूरी स्पांगुर झील पर कब्जा है। स्पांगुर त्सो झील पैंगोंग त्सो झील के पीछे के इलाके में है, जो कि 1947 में आजादी के बाद भारत–चीन की अंतरराष्ट्रीय सीमा थी। यह ऐसा इलाका है, जहाँ अंतरराष्ट्रीय सीमा और वास्तविक नियंत्रण रेखा के बीच गैप सबसे कम है। चीन ने इन इलाकों पर 1962 के बाद ही कब्जा जमाया था। कैलाश रेंज की चोटियों के बीच यह समतल इलाका पड़ता है, जिसे चीनी लोग 'स्पांगुर गैप' कहते हैं और भारतीय पक्ष इसके अपने इलाकों को 'चुशुल बाउल' के नाम से बताता है। 'चुशुल बाउल' भारत के लिए इसलिए

अहम है कि यहीं से लेह के लिए सीधी सड़क जाती है, जो कि लद्दाख का सबसे महत्त्वपूर्ण इलाका है। इसलिए पैंगोग त्सो से रछिन ला तक के कैलाश रेंज की चोटियों पर जिसका भी कब्जा होगा, उसका पूर्व और पश्चिम के संपूर्ण इलाकों पर प्रभुत्व स्थापित होगा। चीन को यदि चुशुल पर कब्जा करना हो तो उसे 'स्पांगुर गैप' से होकर जाना पड़ेगा, जो कि चार से छह किमी. का लंबा इलाका है, जहाँ कोई सेना अपने टैंकों, तोपों के साथ भारी संख्या में अपने सैनिकों को लेकर आगे बढ़ सकती है, लेकिन चीन की सेना ऐसा नहीं कर सकती थी, क्योंकि कैलाश रेंज की चोटियों पर बैठी भारतीय सेना अपनी तोपों से उन्हें आसानी से ध्वस्त कर आगे बढ़ने से रोक सकती थी।

इस झील के आसपास चीनी सेना ने अपने सैन्य अड्डे बना लिये हैं। कैलाश रेंज के पश्चिम में चुशुल घाटी है, जहाँ से चुशुल गाँव तक पहुँचा जा सकता है। यह गाँव लेह जानेवाली सड़क के पास है। चुशुल घाटी तक 'स्पांगुर गैप' के जरिए पहुँचा जा सकता है, जो कि पर्वत-शृंखला के बीच में तीन किमी. का गैप है। इस झील के आसपास पड़नेवाला समतल मैदान और चुशुल घाटी अपने इलाके में टैंकों और बख्तरबंद लड़ाकू वाहनों को तैनात करने के लिए सुगमता प्रदान करती है।

इसी 'स्पांगुर गैप' तक चीन ने सड़क का निर्माण किया है। ये सड़कें स्पांगुर गैप के आसपास चीनी सैन्य अड्डों को तिब्बती गाँव रुदोक के पास तिब्बत शिन्च्यांग राजमार्ग-219 से जोड़ती है। स्पष्ट है कि चीन के लिए यह इलाका सामरिक दृष्टि से काफी अहम है। इसलिए जब कैलाश की चोटियों पर भारतीय सेना ने कब्जा किया तो चीन सहम गया। पहली बार भारतीय सेना ने चीन को चिंतित होने पर मजबूर किया, क्योंकि कैलाश रेंज की चोटियों पर बैठकर भारतीय सेना न केवल सामरिक दृष्टि से अहम 'स्पांगुर गैप' पर प्रभुत्व स्थापित कर सकती है, बल्कि चुशुल घाटी तक चीनी सेना को पहुँचने से रोक भी सकती है, जो कि लेह सड़क तक पहुँच बनाती है। इसके अलावा 'स्पांगुर गैप' के आसपास चीनी सैन्य अड्डों और संचार लाइनों को भारतीय सेना कैलाश की चोटियों से बाधित भी कर सकती है।

कैलाश पर्वत का विहंगम दृश्य (चित्र : प्लेटोनाइड्स)

कैलाश चोटियों की अहमियत

कैलाश-शृंखला की चोटियाँ 1962 के युद्ध में लड़ाई का एक मुख्य केंद्र रही है। इस इलाके की चोटियों रजांग ला और गुरुंग हिल पर काँटे की लड़ाई भारत और चीन के सैनिकों के बीच हुई थी, लेकिन अगस्त 2020 में भारतीय सैनिकों द्वारा एक अभूतपूर्व काररवाई कर कैलाश रेंज की चोटियों पर हमला कर कब्जा कर लेने से चीनी सेना भौचक्क रह गई थी।

कराकोरम पहाड़ियों की चोटियाँ पैंगोंग त्सो झील के उत्तरी किनारे पर खत्म होती हैं। कैलाश रेंज की चोटियाँ पैंगोग त्सो झील के दक्षिणी किनारे से 60 किमी. उत्तर-पश्चिम में शुरू होती हैं। 12 हजार से साढ़े 16 हजार फीट की ऊँचाई पर स्थित कैलाश रेंज के मुख्य इलाकों में हैं—हेलमेट टाप, गुरुंग हिल, स्पांगुर गैप, मगर हिल, मुखपरी, रजांग हिल और रछिन ला। ये चोटियाँ कटोरीनुमा चुशुल के इलाके को अपनी नजर में रख सकती हैं, जहाँ भारतीय सेना का शिविर है। इस इलाके की चोटियों पर कब्जा करने के लिए हुई लड़ाई में भारतीय सेना ने चीनी सेना को भारी नुकसान पहुँचाया था, लेकिन 1962 में कैलाश रेंज को छोड़ देने का सर्वोच्च स्तर पर फैसला किया गया था।

लेकिन 30 अगस्त, 2020 को जब भारतीय सेना के स्पेशल फ्रंटियर फोर्स ने इतिहास की धारा बदली तो भारतीय सेना के लिए चीन से सौदेबाजी और लेन-देन का अहम इलाका बन गया। भारत के लिए कैलाश रेंज की चोटियाँ गेम चेंजर,

यानी खेल का पासा पलटने वाली साबित हो सकती थीं, लेकिन सामरिक हलकों में यह सवाल उठाया गया कि भारतीय पक्ष ने यह मौका कैसे गँवा दिया ?

1962 का युद्ध

कैलाश रेंज की चोटियों पर कब्जा के लिए चुशुल सब सेक्टर और आसपास 1962 के युद्ध में भी भारी लड़ाई हुई थी, लेकिन तब उस बर्फीले मौसम में भारतीय सेना तैनात रहने के लिए पूरी तरह तैयार नहीं थी, इसलिए स्पांगुर त्सो इलाके को भारतीय सेना को छोड़ना पड़ा था, तब 'स्पांगुर गैप' से होकर चीनी सेना के हमले की आशंका में भारतीय सेना ने लड़ाकू टैंकों को तैनात कर दिया था। वायुसेना के ए.एन.-12 परिवहन विमानों से चंडीगढ़ से छह ए.एम.एक्स.-13 टैंक भेजे गए थे। इन विमानों को वायुसेना के 44 स्क्वाड्रन में कुछ महीने पहले ही शामिल किया गया था। परिवहन विमान चुशुल वायुसैनिक अड्डे पर 25 और 26 अक्तूबर, 1962 को उतारे गए थे। यह हवाई अड्डा 'स्पांगुर गैप' के ठीक पश्चिम में नजदीक ही है। इन्हें गुरुंग हिल की तलहटी में तैनात किया गया था, ताकि स्पांगुर गैप के रास्ते चीनी सेना आगे न बढ़ सके।

तब इस इलाके में पड़नेवाली गुरुंग हिल, स्पांगुर गैप और चुशुल एयरफील्ड की रक्षा के लिए थलसेना की 1/8 गुरखा राइफल्स की एक-एक कंपनी वहाँ तैनात की गई थी। 'स्पांगुर गैप' के उत्तर और दक्षिण में स्थित गुरुंग हिल और मगर हिल पर तैनात भारतीय सैनिकों के पास भारी और अधिक मारक दूरीवाली तोपें नहीं थीं, लेकिन रजांग ला में तोपों की मदद के बिना ही भारतीय सैनिकों ने जिस वीरता से चीनी सेना का लोहा लिया, वह सैनिक इतिहास में स्वर्णाक्षरों में लिखा गया है, लेकिन बाकी इलाकों में भारतीय सेना भारी संख्या में आक्रमण कर रही चीनी सेना का मुकाबला नहीं कर सकी और 18 नवंबर, 1962 को भारतीय सेना ने चुशुल घाटी के पश्चिम तक अपने सैनिकों को पीछे हटा लिया।

पासा पलटा

इस वजह से रणनीतिक तौर पर महत्त्वपूर्ण कैलाश रेंज की चोटियों को भारतीय सेना को खाली छोड़ना पड़ा। चुशुल हवाई अड्डे को भी भारतीय सेना ने छोड़ दिया, जिससे चीनी 'पीपल्स लिबरेशन आर्मी' को मौका मिल गया कि वह कैलाश रेंज के पूर्व में भारतीय भू-भाग पर कब्जा कर सके। इस वजह से 'स्पांगुर गैप' से होकर चुशुल और लेह की ओर चीनी सैन्य दबाव बनाने की गुंजाइश पैदा

हो गई। इससे भारत की रक्षा व्यवस्था कमजोर हुई। इसके पाँच दशक बाद तक भारतीय सेना कैलाश रेंज की चोटियों पर वापस नहीं लौट सकी, लेकिन 29-30 अगस्त, 2020 की रात ने कैलाश रेंज में रणनीतिक खेल का पासा भारतीय सैन्य रणनीतिकारों ने अपने बहादुर भारतीय जवानों के असाधारण साहस की बदौलत पलट दिया। भारतीय सेना की इस चाल से चीनी सेना भौंचक्क रह गई और पहली बार इस इलाके में उसने भारतीय सेना द्वारा दबाव महसूस किया।

भविष्य में चुशुल की रक्षा के लिए कैलाश रेंज की चोटियों पर अपना कब्जा स्थायी तौर पर बनाए रखना काफी महत्त्वपूर्ण साबित होता, लेकिन पैंगोंग त्सो झील के उत्तरी किनारे की फिंगर चोटियों के एवज में इसे खाली करना पड़ा। 1962 के युद्ध में कैलाश शृंखला की चोटियों को भारतीय सेना ने भय खाकर त्याग कर दिया था, तब हवाई टोह का जमाना नहीं था, इसलिए यदि भारतीय सेना को अहसास होता कि चीनी सेना के पास केवल एक बटालियन सेना (करीब आठ-नौ सौ सैनिक) कैलाश रेंज और चुशुल सेक्टर की रक्षा के लिए बची है तो शायद भारतीय सेना हिम्मत कर कैलाश रेंज पर अपना कब्जा बनाए रखती।

अब यह भारतीय रणनीतिज्ञों के लिए राहत की बात थी कि कैलाश रेंज की चोटियों पर अगस्त 2020 में भारतीय सेना का फिर कब्जा हो गया। सामरिक हलकों में कहा गया कि चीन पर दबाव बनाने के लिए भारतीय सेना को इसे कतई खाली नहीं करना चाहिए था, लेकिन इसे सौदेबाजी का मुद्दा बनाकर चीन की कोशिश थी कि भारत यहाँ से पहले अपने सैनिक पीछे हटा ले।

1962 के विपरीत, इस बार भारतीय सेना कैलाश रेंज पर अपनी पकड़ बनाए रखने को बेहतर तैयार थी। 1962 की तरह इस बार भी भारतीय सेना ने युद्धक टैंक चुशुल इलाके की रक्षा के लिए समुचित संख्या में तैनात कर दिए। 1962 की तुलना में इस बार भारतीय सेना की तैयारी काफी मजबूत थी। वास्तव में कैलाश रेंज की कुछ चोटियों पर तो भारी टैंक और भारी तोपें भी तैनात कर दी गई थीं, ताकि चीनी सेना उन्हें देखकर ही आगे बढ़ने की हिम्मत नहीं कर सके। टैंकों का दुश्मन माने जानेवाले अमेरिकी अपाचे हेलीकॉप्टरों ने भी वहाँ उड़ान भरी। सबसे अहम बात यह थी कि इस बार भारतीय सेना को चीनी सेना की वास्तविक तैनाती और स्थिति की पूरी जानकारी उपग्रहों और टोही विमानों की मदद से मिलती रही। जमीनी स्थिति की सटीक जानकारी के लिए उत्तरी सीमांत इलाकों की टोह लेने के लिए नौसेना के समुद्र टोही विमान 'पी-8-आई' को भी तैनात किया गया। इसके

अलावा भारत को अपने साझेदार देशों द्वारा भी दुश्मन की सैन्य हलचल के बारे में गुप्त जानकारी साझा की जाती रही।

कैलाश रेंज–चुशुल सेक्टर (चित्र-गूगल अर्थ साभार द प्रिंट)

भारतीय थलसेना के रिटायर्ड लेफ्टिनेंट जनरल एच.एस. पनाग, जो लद्दाख के इलाके की रक्षा के लिए उत्तरी कमांड के कमांडर रह चुके हैं, के मुताबिक कैलाश रेंज की चोटियों को भारतीय थलसेना को कभी भी खाली नहीं करना चाहिए था, क्योंकि भारत ने इसके बदले में चीन से मामूली सौदेबाजी ही की। चीन की कोशिश थी कि कैलाश रेंज से लेकर उन सभी इलाकों पर, जिन पर चीन ने घुसपैठ कर कब्जा किया था, वहाँ तटस्थ क्षेत्र, यानी 'बफर इलाका' बनाया जाए। रोचक बात यह है कि यह सभी बफर क्षेत्र वास्तविक नियंत्रण रेखा के भारतीय इलाके में ही बनाने की माँग चीन ने की है। इन बफर क्षेत्रों में भारतीय सेना न तो गश्त कर सकती है और न ही कोई ढाँचागत निर्माण कर सकती है। भारत के लिए यह सौदेबाजी भारत के रणनीतिक हितों के प्रतिकूल साबित होगी।

चीन ने पेशकश की थी कि वह पैंगोंग त्सो झील के उत्तरी किनारों की फिंगर-4 से फिंगर-8 तक की चोटियों के इलाके को छोड़ने को तैयार होगा, लेकिन पहले भारत पैंगोंग त्सो झील के दक्षिण की कैलाश रेंज की चोटियों को खाली कर दे। भारत ने चीनी सेना की यह पेशकश ठुकरा दी थी, क्योंकि चीनी सेना पर भरोसा नहीं किया जा सकता था कि वह भारतीय सेना द्वारा खाली कराए गए इलाकों पर दोबारा

अपने सैनिक बैठा दे और उत्तरी किनारे की फिंगर चोटियों को भी नहीं छोड़े!

साफ है कि कैलाश रेंज की चोटियों पर भारतीय सेना का कब्जा भारत के लिए भारी सामरिक लाभ देनेवाला साबित हुआ। इसकी बदौलत भारतीय सेना ने चीनी सेना को मजबूर किया कि 5 मई, 2020 के बाद जिन इलाकों पर कब्जा कर चुकी है, उसे खाली करने की पेशकश करे। भारत की कोशिश यह होनी चाहिए थी कि दौलतबेग ओल्दी के निकट देपसांग पास पर चीनी कब्जे को खाली कराए, क्योंकि देपसांग इलाका दौलतबेग ओल्दी के गले की फाँस जैसा साबित हो रहा है।

भारत और चीन द्वारा कब्ज़ा किए गए इलाकों से दोनों सेनाओं द्वारा खाली करने को लेकर कई तरह के प्रस्ताव और शर्तों की अटकलें मीडिया में चलती रही हैं, लेकिन भारतीय सेना या रक्षा मंत्रालय ने इनके बारे में कभी आधिकारिक जानकारी नहीं दी। वास्तव में कैलाश रेंज की चोटियों पर भारतीय सेना द्वारा कब्जा करने के बाद चीनी सेना भारतीय सेना से सौदेबाजी करने लगी, अन्यथा इसके पहले उसके तेवर 15 जून को गलवान घाटी में देख चुके हैं। गलवान घाटी की 15 जून की खूनी रात से सबक लेते हए ही भारतीय सेना ने कैलाश रेंज पर कब्जा किया और इसे सौदेबाजी का अहम मुद्दा बनाया।

दोनों सेनाओं के स्थानीय कोर कमांडरों (लेह स्थित 14 कोर के लेफ्टिनेंट जनरल हरिंदर सिंह और बाद में लेफ्टिनेंट जनरल पी.जी.के. मेनन की चीन के साउथ शिन्च्यांग डिस्ट्रिक्ट के कमांडर मेजर जनरल ल्यु लिन के बीच सुबह से देर रात तक चलनेवाली गहन बातचीत में जो सहमति होती है, उसे जमीन पर नहीं उतारा जाता है। इन वार्त्ताओं में इस आशय की सहमति बनती रही कि दोनों सेनाएँ टकराव के इलाके से, जिसे दोनों देश 'फ्रिक्शन प्वॉइंट' के तौर पर बताते हैं, अपनी सेनाएँ पीछे हटा लेंगे। इनके तहत सेनाओं के डिसइनगेजमेंट और फिर डिएस्केलेशन पर सहमति बनती है, लेकिन करीब डेढ़ साल बाद भी चीनी सेना वहीं डटी बैठी है और लगता है कि वह बातचीत में भारतीय सेना को उलझाकर अपनी स्थिति मजबूत करने की रणनीति पर चल रही है। सैन्य सूत्रों के मुताबिक दोनों सेनाओं के बीच इस आशय की सहमति बन चुकी है कि डिएस्केलेशन के तहत पहले दोनों सेनाएँ अपने टैंक और तोप जैसे भारी हथियार हटा लेंगे और फिर पैंगोंग त्सो झील के उत्तरी और दक्षिणी किनारे की चोटियों से अपने भारी हथियार हटाएँगे। तीसरे कदम के तहत दोनों सेनाएँ देपसांग को छोड़कर सभी फ्रिक्शन प्वॉइंट से अपने सैनिक पीछे कर लेंगे और चौथे कदम के तौर पर देपसांग सहित वास्तविक नियंत्रण रेखा के सभी अतिक्रमण के इलाकों से अपने सैनिक पीछे हटा

लेंगे; लेकिन लगता है कि चीनी सेना की रुचि भारत से केवल कैलाश रेंज की चोटियों को खाली करवाने में ही थी, जिसके लिए वह मामूली रियायत पैंगोंग त्सो झील के उत्तरी किनारे की फिंगर चोटियों पर देकर बाकी चोटियों गोगरा–हॉट स्प्रिंग आदि को खाली करने को लेकर मौन हो गया।

निश्चय ही भारतीय सेना के लिए हजारों सैनिकों और भारी हथियारों—टैंकों-तोपों के साथ कैलाश रेंज की चोटियों पर शून्य से 20–40 डिग्री नीचे तापमान में टिके रहने से भारतीय सेना पर वित्तीय और मानवीय संसाधनों का भारी बोझ था, लेकिन भारतीय सेना ने चीन से साफ–साफ कहा है कि वह यह सब सहने को तैयार है, पर चोटियों को नहीं छोड़ सकती।

पूर्वी लद्दाख की चोटियों पर भारतीय सैनिकों के रहने की व्यवस्था (चित्र पी.टी.आई., साभार)

ऐसा लगता है कि चीनी सेना को कब्जा किए गए इलाकों को छोड़ना मुँह उतरने जैसा लग रहा है। चीनी सेनाओं को बातचीत का एजेंडा मिलता है, दोनों देशों के विदेश मंत्रालयों के 'वर्किंग मेकेनिज्म फॉर कंसल्टेशन ऐंड कोऑर्डिनेशन ऑन बॉर्डर अफेयर्स' (WMCC) के संयुक्त सचिव स्तर की बैठकों से। इसमें राजनयिक स्तर पर जो सहमति होती है, उसी के बाद ही सैन्य कमांडरों की बैठक तय की जाती है और यह अपेक्षा की जाती है कि सैन्य कमांडर आला राजनयिक स्तर पर किए गए निर्णयों को जमीन पर उतारेंगे; लेकिन चीन की शिकायत है कि भारत ने यथास्थिति को तोड़ा है और वह तो केवल 1959 की क्लेम लाइन, यानी दावा रेखा के अनुरूप भारत से अपनी सेना को पीछे हटाने की माँग कर रहा है।

वह कहता है कि देपसांग का मैदानी इलाका और पैंगोंग त्सो झील का उत्तरी और दक्षिणी इलाके को 1959 से ही चीन ने अपना बताया है। चीन के इस कड़े और अड़ियल रुख के बावजूद राजनयिक स्तर की बातचीत के नतीजों के तौर पर जारी दोनों देशों द्वारा साझा बयान भी जारी किए जाते रहे हैं, जिसमें 10 सितंबर, 2020 को मॉस्को में भारत-चीन विदेश मंत्रियों की बैठक में बनी 'पाँच सूत्री सहमति' का पालन करने का संकल्प दिखाया जाता है; लेकिन हैरानी की बात है कि चीन इन सबके बाद आपसी सहमति को जमीन पर उतारने से क्यों मुकर जाता है?

साफ है कि चीन के किसी वादे पर तब तक भरोसा नहीं किया जा सकता, जब तक कि वह इन वादों को जमीन पर उतारकर नहीं दिखाए हालाँकि भारत को इसके लिए भारी कीमत चुकानी होगी। ठीक वैसे ही, जैसे 1984 में कश्मीर के सियाचिन ग्लेशियर पर अपना अधिकार जताने के लिए भारत को स्थायी तौर पर वहाँ अपनी सैन्य तैनाती करनी पड़ी, जिस पर हजारों करोड़ रुपए का सालाना खर्च हो रहा है। इसी तरह 1999 में जब लद्दाख के करगिल इलाके में पाकिस्तानी सेना ने चढ़ाई की, तब भी इन इलाकों को खाली कराने के बाद इनकी निरंतर चौकसी के लिए करीब 15 सौ किमी. की नियंत्रण रेखा की चोटियों पर भारत को अपने कुछ हजार सैनिक स्थायी तौर पर तैनात करने पड़े हैं। पूर्वी लद्दाख के सीमांत इलाकों की चौकसी के लिए भी भारतीय सेना को कुछ हजार सैनिक स्थायी तौर पर तैनात करने होंगे, जिनके रख-रखाव पर रोजना सौ से डेढ़ सौ करोड़ रुपए खर्च करने होंगे।

□

29

पैंगोंग त्सो में सैनिकों की वापसी का समझौता

नौ महीनों तक चली जद्दोजहद के बाद अंतत: भारत और चीन ने पूर्वी लद्दाख के तनाववाले क्षेत्रों में से एक पैंगोंग त्सो झील के उत्तरी और दक्षिणी किनारों से सैनिकों की वापसी का ऐलान किया। सबसे पहले 10 फरवरी, 2021 को चीन के रक्षा मंत्रालय के प्रवक्ता ने पेइचिंग में इस आशय का ऐलान किया था। उसके बाद भारतीय पक्ष की ओर से कहा गया कि रक्षामंत्री राजनाथ सिंह 11 फरवरी को संसद् में बयान देंगे।

सैनिकों को पैंगोग त्सो झील के दक्षिणी और उत्तरी किनारों से पीछे हटाने को लेकर दिए गए बयान के बाद राजनीतिक और सामरिक हलकों में भारी विवाद देखने को मिला। रक्षामंत्री के संसद् में बयान के बाद विपक्षी कांग्रेस ने इसे भारत द्वारा चीन के समक्ष आत्मसमर्पण करने का आरोप लगाया, जबकि रक्षामंत्री राजनाथ सिंह ने कहा कि भारत ने एक इंच जमीन भी चीन को नहीं दी है। रक्षामंत्री के मुताबिक, पैंगोंग त्सो झील के इलाके में विसैन्यीकरण, यानी डिसइन्गेजमेंट का जो समझौता हुआ है, उसके अनुसार दोनों पक्षों की सेनाएँ अग्रिम तैनाती को क्रमिक, संयोजित और पुष्टि के साथ अपने सैनिकों को पीछे हटाएँगी।

चीनी सेना फिंगर-8 से पीछे

चीन अपनी सेना की टुकड़ियों को उत्तरी किनारे से फिंगर-8 में पूर्व की दिशा में रखेगा। इसी तरह भारत भी अपनी सेना की टुकड़ियों को फिंगर-3 के पास अपने स्थायी बेस 'धन सिंह थापा पोस्ट' पर रखेगा। इसी तरह की कारवाई दक्षिण किनारे, यानी साउथ बैंक इलाके में भी दोनों पक्षों द्वारा की जाएगी। ये कदम आपसी समझौते के तहत बढ़ाए जाएँगे तथा जो भी निर्माण आदि दोनों पक्षों द्वारा नॉर्थ और

साउथ किनारे पर किया गया है, उन्हें हटा दिया जाएगा और पुरानी स्थिति बना दी जाएगी। यह भी तय हुआ कि दोनों पक्ष नॉर्थ किनारे पर अपनी सेना की गतिविधियों, जिसमें परंपरागत स्थानों पर पेट्रोलिंग भी शामिल है, को अस्थायी तौर पर स्थगित रखेंगी। पेट्रोलिंग तभी शुरू की जाएगी, जब सेना और राजनयिक स्तर पर आगे बातचीत कर समझौता होगा। इस समझौते पर काररवाई कल से (10 फरवरी) नॉर्थ और साउथ किनारे पर शुरू हो गई है। यह उम्मीद है कि पिछले साल (2020) के गतिरोध के पहले की स्थिति बहाल हो जाएगी।

रक्षामंत्री ने कहा कि 'वह सदन को यह आश्वस्त करना चाहते हैं कि इस समझौते में हमने कुछ भी नहीं खोया है। सदन को यह जानकारी भी देना चाहता हूँ कि अभी भी वास्तविक नियंत्रण रेखा (एल.ए.सी.) पर तैनाती और गश्त को लेकर कुछ मसले सुलझाने को बचे हुए हैं। इन पर हमारा ध्यान आगे की बातचीत में रहेगा। दोनों पक्ष इस बात पर सहमत हैं कि द्विपक्षीय समझौतों तथा प्रॉटोकाल के तहत पूर्ण विसैन्यीकरण जल्द-से-जल्द कर लिया जाए।'

राहुल गांधी के आरोप

रक्षामंत्री के संसद् में बयान के बाद कांग्रेस नेता राहुल गांधी ने आरोप लगाया कि सरकार चीन के सामने झुक गई है और भारत की जमीन चीन को सौंप दी है। इसके बाद यू.पी.ए. शासनकाल में रक्षा मंत्री रहे कांग्रेस नेता ए.के. एंटोनी ने कहा कि पैंगोंग त्सो इलाके से विसैन्यीकरण चीन की शर्तों पर हुआ है। एंटोनी के मुताबिक, पैंगोग त्सो और गलवान इलाके में 'बफर जोन' का बनाना भारतीय हितों का आत्मसमर्पण है। एंटोनी ने कहा कि उन्हें नहीं पता कि देपसांग, हॉट स्प्रिंग, गोगरा, अरुणाचल प्रदेश, सिक्किम में इसी पैटर्न से विसैन्यीकरण हुआ तो क्या होगा? सरकार खतरे को नहीं समझ रही है। वे लोग विसैन्यीकरण और बफर जोन की मिसाल बना रहे हैं, जिससे हमारे हितों का समर्पण किया गया है।

एंटोनी ने कहा कि शांतिप्रिय सभी लोग सीमा पर तनाव घटाने का स्वागत करेंगे, लेकिन किस कीमत पर और किन शर्तों पर? इसके पहले राहुल गांधी ने कहा था कि सरकार ने उन इलाकों को सौंप दिया है, जो पारंपरिक तौर पर भारत के नियंत्रण में रहे हैं। एंटोनी ने कहा कि गलवान घाटी को लेकर कभी भी विवाद नहीं रहा है। यदि गलवान घाटी में भारतीय सेना रहती है तो नई सड़क बनने के बाद भारतीय सेना कराकोरम पास और चीन के सामरिक तौर पर महत्त्वपूर्ण कई इलाकों तक जा सकती है, लेकिन अब हम पेट्रोल प्वॉइंट-14 तक नहीं जा सकते हैं।

पैंगोंग त्सो झील के बारे में एंटोनी ने कहा कि हमारे बहादुर सैनिकों ने सामरिक तौर पर महत्त्वपूर्ण कैलाश रेंज की चोटियों पर कब्जा किया था, लेकिन वार्त्ता के दौरान हम सामरिक तौर पर अहम कैलाश रेंज से हटने को तैयार हो गए। पैंगोंग त्सो पर हमारे सैनिक फिंगर-8 तक गश्त करते रहे हैं। चीनी सेना भी फिंगर-4 तक गश्त करती रही है। इस तरह फिंगर-4 से फिंगर-8 तक विवाद का इलाका रहा है। इसलिए कई बार नोक-झोंक हो जाती थी, लेकिन भारत ने कभी भी इसे स्वीकार नहीं किया। हमारा दावा फिंगर-8 तक है। हमारा एल.ए.सी. फिंगर-8 तक है, लेकिन विसैन्यीकरण के समझौते के बाद हमने सामरिक तौर पर महत्त्वपूर्ण कैलाश रेंज को छोड़ दिया है और दूसरी बात यह कि विसैन्यीकरण की शर्तों के मुताबिक चीनी सेना फिंगर-8 तक वापस जाएगी, जहाँ तक चीनी सेना पहले भी रही है; लेकिन हमारी सेना फिंगर-3 तक पीछे हटेगी, जहाँ हमारी स्थायी चौकी है, लेकिन हमने इस सच्चाई को नजरंदाज किया कि फिंगर-4 पर हमारी चौकी है। इस सच्चाई को नजरअंदाज किया गया, लेकिन अब भारतीय सेना को फिंगर-3 तक लौटना होगा। साफ है कि यह आत्मसमर्पण है। चीनी पक्ष लाभ की स्थिति में है।

एंटोनी ने कहा कि यू.पी.ए. सरकार के दौरान देपसांग और चुमार में इसी तरह की घटना हुई थी। इसे सुलझाने में कई दिन और सप्ताह लगे, लेकिन अंततः विसैन्यीकरण हुआ, लेकिन किन शर्तों पर ? पुरानी यथास्थिति बहाल हुई।

रक्षा मंत्रालय ने इसके पहले चीन के सामने आत्मसमर्पण के आरोपों के जवाब में स्पष्टीकरण बयान देते हुए कहा था कि पैंगोग त्सो इलाके में चल रही विसैन्यीकरण की प्रक्रिया के बारे में मीडिया और सोशल मीडिया में गलत और भ्रामक जानकारी प्रचारित किए जाने को नोट किया है। बयान के मुताबिक, यह दावा कि भारतीय इलाका फिंगर-4 तक है, यह तथ्यात्मक तौर पर गलत है। भारत के मानचित्र में जैसा कि दरशाया गया है, इसमें 43 हजार वर्ग किमी. का इलाका चीन द्वारा गैरकानूनी तौर पर 1962 के बाद से कब्जा किया हुआ है। यहाँ तक कि भारतीय अवधारणा के मुताबिक वास्तविक नियंत्रण रेखा फिंगर-8 तक है, न कि फिंगर-4 तक। इसलिए भारत ने हमेशा फिंगर-8 तक गश्त की है, जो कि मौजूदा सहमति में शामिल है।

रक्षा मंत्रालय के मुताबिक पैंगोंग त्सो झील के उत्तरी किनारे पर दोनों पक्षों की स्थायी चौकी दीर्घकाल से स्थापित है। भारतीय इलाके में यह फिंगर-3 के निकट धन सिंह थापा और चीनी इलाके में फिंगर-8 के पूर्व में है। मौजूदा सहमति में यह शामिल है कि दोनों पक्ष अग्रिम तैनाती नहीं करेंगे और स्थायी चौकियों पर तैनाती जारी रखेंगे।

रक्षा मंत्रालय ने अपने बयान में जोर देकर कहा कि भारत ने इन समझौतों में अपने किसी भू-भाग का समर्पण नहीं किया है। इसके विपरीत, भारत ने वास्तविक नियंत्रण रेखा के आदर को सुनिश्चित करवाया है और यथास्थिति में एकपक्षीय बदलाव को रोका है।

12 फरवरी को जारी इस स्पष्टीकरण बयान में यह भी कहा गया कि संसद् में रक्षामंत्री के बयान में यह भी साफ किया गया है कि हॉट स्प्रिंग, गोगरा और देपसांग सहित अनसुलझे विवादों का हल निकालना है। पैंगोंग त्सो इलाके में विसैन्यीकरण के पूरा होने के 48 घंटे के भीतर इन अनसुलझी समस्याओं पर बात होगी।

बयान के मुताबिक पूर्वी लद्दाख के सेक्टर में भारत के राष्ट्रीय हितों और भू-भाग की प्रभावी रक्षा की गई है, क्योंकि सरकार ने सशस्त्र सेनाओं की क्षमता पर पूरा भरोसा जाहिर किया है। हमारे सैन्य कर्मियों द्वारा किए गए त्याग की वजह से हासिल उपलब्धियों पर जो लोग शंका जाहिर कर रहे हैं, वे वास्तव में उनका अनादर कर रहे हैं।

रक्षा मंत्री का संसद् में समझौते पर बयान का मूल पाठ

1. "माननीय सभापति महोदयजी, पिछले साल सितंबर 2020 में इस गरिमामयी सदन के समक्ष मैंने एक विस्तृत वक्तव्य ईस्टर्न लद्दाख में भारत-चीन सीमा पर हुई हलचल के बारे में दिया था। मैंने यह बताया था कि चीन द्वारा पिछले वर्ष अप्रैल-मई 2020 के दौरान ईस्टर्न लद्दाख की सीमा के समीप भारी संख्या में सशस्त्र बल तथा गोला-बारूद आदि इकट्ठा कर लिया गया था। चीन द्वारा एल.ए.सी. (वास्तविक नियंत्रण रेखा) के आसपास कई बार अतिक्रमण का प्रयास भी किया गया था। हमारी सशस्त्र सेनाओं ने उन सभी प्रयासों के दृष्टिगत उपयुक्त जवाबी काररवाई की थी। राष्ट्र के साथ इस सदन ने भी उन वीर भारतीय सैनिकों को श्रद्धांजलि दी थी, जिन्होंने भारत की सीमा की रक्षा करते हुए अपना बलिदान दे दिया था। आज मैं इस सदन को कुछ और महत्त्वपूर्ण हलचल के बारे में बताना चाहता हूँ।
2. पिछले वर्ष सितंबर से दोनों पक्षों ने एक-दूसरे के साथ सैनिक और राजनयिक माध्यम द्वारा संवाद स्थापित कर रखा है। हमारा यह लक्ष्य है कि एल.ए.सी. पर विसैन्यीकरण तथा यथास्थिति हो जाए, ताकि शांति व स्थिरता पुनः स्थापित हो सके।

3. मैं संक्षेप में वहाँ की जमीनी स्थिति के बारे में सदन को दोबारा अवगत कराना चाहता हूँ। सदन को ज्ञात है कि चीन ने अनधिकृत तरीके से लद्दाख केंद्रशासित प्रदेश के लगभग 38,000 वर्ग किमी. पर 1962 के संघर्ष के समय से कब्जा बना लिया है। इसके अतिरिक्त पाकिस्तान ने अनधिकृत तरीके से पाक अधिकृत कश्मीर में भारत की लगभग 5,180 वर्ग किमी. भूमि तथाकथित 'चीन-पाक सीमा समझौता 1963' के तहत चीन को दे दी है। इस प्रकार चीन का 43,000 वर्ग किमी. से ज्यादा भारतीय भूमि पर अनधिकृत कब्जा है। चीन पूर्वी क्षेत्रों में भी अरुणाचल प्रदेश की सीमा पर करीब 90,000 वर्ग किमी. भूमि को अपना बताता है।

   भारत ने इन गैरवाजिब दावों तथा अनधिकृत कब्जे को कभी भी स्वीकार नहीं किया है।

4. मैं सदन को यह भी बताना चाहता हूँ कि भारत ने चीन को हमेशा यह कहा है कि द्विपक्षीय रिश्ते दोनों पक्षों के प्रयास से ही विकसित हो सकते हैं, साथ-साथ सीमा के प्रश्न को भी बातचीत के जरिए हल किया जा सकता है; परंतु एल.ए.सी. पर शांति व स्थिरता में किसी प्रकार की प्रतिकूल स्थिति का हमारे द्विपक्षीय रिश्तों पर बुरा असर पड़ता है। इससे चीन भी अच्छी तरह से अवगत है। कई उच्चस्तरीय साझा बयान में भी यह जिक्र किया गया है कि एल.ए.सी. तथा सीमाओं पर शांति व स्थिरता कायम रखना द्विपक्षीय रिश्तों के लिए अत्यंत आवश्यक है।

5. पिछले वर्ष से चीन के द्वारा उठाए गए कदमों के कारण शांति व स्थिरता पर प्रतिकूल असर पड़ा है। इसके फलस्वरूप चीन और भारत के संबंधों पर भी प्रभाव पड़ा है। उच्च स्तर पर चीन के साथ कई बार बातचीत के दौरान, जिसमें मेरे द्वारा चीनी रक्षामंत्री के साथ पिछले सितंबर की बैठक, मेरे सहयोगी विदेशी मंत्री श्री जयशंकरजी की चीनी विदेश मंत्री के साथ तथा राष्ट्रीय सुरक्षा सलाहकार श्री अजीत डोभालजी की अपने चीनी समकक्ष के साथ बातचीत शामिल हैं। हमने यह स्पष्ट कर दिया है कि यह अत्यंत आवश्यक है कि एल.ए.सी. के सभी टकराव स्थल पर विसैन्यीकरण किया जाए, ताकि शांति व स्थिरता पुनः स्थापित हो सके।

6. माननीय सभापति महोदयजी, पिछले वर्ष मैंने इस सदन को अवगत कराया था कि एल.ए.सी. के आसपास पूर्वी लद्दाख में कई टकराव क्षेत्र बन गए हैं। चीन ने बड़ी संख्या में सेना एवं गोला-बारूद आदि भी एल.ए.सी. के आसपास तथा उसके पीछे अपने क्षेत्रों में इकट्ठा कर लिया है। हमारी सशस्त्र सेनाओं द्वारा भी भारत की सुरक्षा की दृष्टि से समुचित तथा प्रभावी प्रति सैन्य तैनाती की गई है।
7. मुझे यह बताते हुए गर्व महसूस हो रहा है कि भारतीय सेनाओं ने इन सभी चुनौतियों का डटकर सामना किया है तथा अपने शौर्य एवं बहादुरी का परिचय पैंगोंग त्सो के दक्षिण एवं उत्तरी किनारे पर दिया है। सामरिक दृष्टि से महत्त्वपूर्ण कई क्षेत्रों को चिह्नित कर हमारी सेनाएँ कई पहाड़ियों के ऊपर तथा हमारे दृष्टिकोण से उपयुक्त अन्य क्षेत्रों पर मौजूद हैं। भारतीय सेना अत्यंत बहादुरी से लद्दाख की ऊँची दुर्गम पहाड़ियों तथा कई मीटर बर्फ के बीच में भी सीमाओं की रक्षा करते हुए अडिग है और इसी कारण हमारी बेहतर स्थिति बनी हुई है। हमारी सेनाओं ने इस बार भी यह साबित करके दिखाया है कि भारत की संप्रभुता एवं अखंडता की रक्षा करने में वे सदैव हर चुनौती से लड़ने के लिए तत्पर हैं और रही हैं।
8. पिछले वर्ष से सैन्य व राजनयिक स्तर पर चीन के साथ हमारा संवाद बना रहा है। इस बातचीत में हमने चीन को यह बताया है कि तीन सिद्धांतों के आधार पर हम इस समस्या का समाधान चाहते हैं—
   (i) दोनों पक्षों द्वारा एल.ए.सी. को माना जाए और उसका आदर किया जाए।
   (ii) किसी भी पक्ष द्वारा एकपक्षीय यथास्थिति बदलने का प्रयास नहीं किया जाए।
   (iii) सभी समझौतों का दोनों पक्षों द्वारा पूर्ण रूप से पालन किया जाए।

   टकराव क्षेत्रों में विसैन्यीकरण के लिए भारत का यह मत है कि 2020 की अग्रिम तैनाती, जो एक-दूसरे के बहुत नजदीक हैं, वे दूर हो जाएँ और दोनों सेनाएँ वापस अपनी-अपनी स्थायी एवं मान्य चौकियों पर लौट जाएँ।
9. माननीय सभापति महोदयजी, बातचीत के लिए हमारी समर नीति तथा

दिशा माननीय प्रधानमंत्रीजी के इस दिशा–निर्देश पर आधारित है कि हम अपनी एक इंच जमीन भी किसी और को नहीं लेने देंगे। हमारे दृढ़ संकल्प का ही यह फल है कि हम समझौते की स्थिति पर पहुँच गए हैं।

10. इन दिशा–निर्देशों के दृष्टिगत सितंबर 2020 से लगातार सैनिक व राजनयिक स्तर पर दोनों पक्षों में कई बार बातचीत हुई है कि इस परस्पर स्वीकार्य विसैन्यीकरण का तरीका निकाला जाए। अभी तक वरिष्ठ कमांडरों के स्तर पर नौ दौर की बातचीत हो चुकी है। राजनयिक स्तर पर भी WMCC (Working Mechanism for Consultation and Coordination on India-China Border Affairs) (भारत–चीन सीमा मामलों पर सलाह व तालमेल के लिए वर्किंग मेकेनिज्म) के तहत बैठकें होती रही हैं।

11. माननीय सभापति महोदयजी, मुझे सदन को यह बताते हुए खुशी हो रही है कि हमारे इस रुख तथा सतत वार्त्ता के फलस्वरूप चीन के साथ पैंगोंग त्सो झील के उत्तरी एवं दक्षिणी किनारे पर विसैन्यीकरण का समझौता हो गया है। इस बात पर भी सहमति हो गई है कि पैंगोंग झील से पूर्ण विसैन्यीकरण के 48 घंटे के अंदर वरिष्ठ कमांडर स्तर की बातचीत हो तथा बाकी बचे हुए मुद्दों का भी हल निकाला जाए।

12. पैंगोंग झील के इलाके में चीन के साथ विसैन्यीकरण का जो समझौता हुआ है, उसके अनुसार दोनों पक्ष अग्रिम तैनाती को क्रमिक, संयोजित व पुष्टि के साथ हटाएँगे। चीन अपनी सेना की टुकड़ियों को उत्तरी किनारे में फिंगर–8 के पूरब की दिशा की तरफ रखेगा। इसी तरह भारत भी अपनी सेना की टुकड़ियों को फिंगर–3 के पास अपनी स्थायी चौकी धन सिंह थापा पोस्ट पर रखेगा। इसी तरह की कारवाई दक्षिणी किनारे में भी दोनों पक्षों द्वारा की जाएगी। ये कदम आपसी समझौते के तहत बढ़ाए जाएँगे तथा जो भी निर्माण आदि दोनों पक्षों द्वारा अप्रैल 2020 से उत्तरी व दक्षिणी किनारे पर किया गया है, उसे हटा दिया जाएगा और पुरानी स्थिति बना दी जाएगी। यह भी तय हुआ है कि दोनों पक्ष उत्तरी किनारे पर अपनी सेना की गतिविधियाँ, जिसमें परंपरागत स्थानों की गश्त भी सम्मिलित है, को अस्थायी रूप से स्थगित रखेंगे। गश्त तभी शुरू की जाएगी, जब सेना एवं राजनयिक स्तर पर आगे बातचीत

करके समझौता बनेगा। इस समझौते पर काररवाई कल से उत्तरी और दक्षिणी किनारे पर प्रारंभ हो गई है। यह उम्मीद है, इसके द्वारा पिछले साल के गतिरोध से पहले जैसी स्थिति बहाल हो जाएगी।

13. मैं इस सदन को आश्वस्त करना चाहता हूँ कि इस बातचीत में हमने कुछ भी खोया नहीं है। सदन को यह जानकारी भी देना चाहता हूँ कि अभी भी एल.ए.सी. पर तैनाती तथा गश्त के बारे में कुछ अनसुलझे मसले बचे हैं। इन पर हमारा ध्यान आगे की बातचीत में रहेगा। दोनों पक्ष इस बात पर सहमत हैं कि द्विपक्षीय समझौतों तथा प्रोटोकाल के तहत पूर्ण विसैन्यीकरण जल्द-से-जल्द कर लिया जाए। अब तक की बातचीत के बाद चीन भी देश की संप्रभुता की रक्षा के हमारे संकल्प से अवगत है। हमारी यह अपेक्षा है कि चीन द्वारा हमारे साथ मिलकर बचे हुए मुद्दों को हल करने का पूरी गंभीरता से प्रयास किया जाएगा।

14. माननीय सभापति महोदय, मैं इस सदन से आग्रह करना चाहता हूँ कि मेरे साथ संपूर्ण सदन हमारी सशस्त्र सेनाओं की इन विषम एवं भीषण बर्फबारी की परिस्थितियों में भी शौर्य एवं वीरता के प्रदर्शन की भूरि-भूरि प्रशंसा करे। सभापति महोदय, मैं यह कहना चाहता हूँ कि जिन शहीदों के शौर्य एवं पराक्रम की नींव पर यह विसैन्यीकरण आधारित है, उसे देश सदैव याद रखेगा।

15. माननीय सभापति महोदय, मैं आश्वस्त हूँ कि यह पूरा सदन, चाहे कोई किसी भी दल का क्यों न हो, देश की संप्रभुता, एकता, अखंडता और सुरक्षा के प्रश्न पर एक साथ खड़ा है और एक स्वर से समर्थन करता है कि यह संदेश केवल भारत की सीमा तक ही सीमित नहीं रहेगा, बल्कि पूरे जगत् को जाएगा।

□

30

भारत ने अपना गुस्सा चीनी ऐपों पर उतारा

चीन द्वारा पूर्वी लद्दाख के सीमांत इलाकों में घुसपैठ करने और फिर वहाँ से पीछे नहीं लौटने की हेंकड़ी दिखाने के बाद भारत सरकार ने अपना गुस्सा चीन से होनेवाले व्यापार पर तो उतारा ही, भारत में अत्यधिक लोकप्रिय चीनी मोबाइल ऐपों के खिलाफ भी प्रतिबंध लगाने की काररवाई की। चीन से भारत में होनेवाले निवेश प्रस्तावों को तो नौ महीने बाद फरवरी 2021 से ही चुनिंदा तरीके से तब विचार करना शुरू किया, जब फरवरी के शुरू में चीन ने पैंगोंग त्सो झील के उत्तरी और दक्षिणी इलाकों से अपने सैनिक पीछे ले जाने का समझौता किया।

जून 2020 के बाद, जब चीनी सेना पूर्वी लद्दाख की गलवान घाटी में भारतीय सेना के साथ बर्बरता से पेश आई तो देश भर में गुस्से की लहर दौड़ गई। तिलमिलाए भारत ने चीन के खिलाफ आर्थिक काररवाई के पहले कदम के तौर पर चीन द्वारा भारत में लोकप्रिय किए गए करीब 259 मोबाइल ऐपों को प्रतिबंधित कर दिया। इस तरह चीनी मोबाइल ऐपों को भारत के आकर्षक औद्योगिक और उपभोक्ता बाजार से हाथ धोना पड़ा। इसके साथ ही चीन की अग्रणी 5-जी कंपनी ह्वावेई को भारत के 5-जी ठेके से बाहर रखकर अरबों डॉलर की व्यापार संभावनाओं से वंचित करने पर चीन सरकार ने नाराजगी जाहिर की। भारत ने सुरक्षा चिंताओं को आधार बनाकर ह्वावेई को भारतीय ठेके में शामिल होने से रोका, लेकिन साफ था कि पूर्वी लद्दाख की सीमाओं पर चीन की भरोसा तोड़नेवाली सैन्य हरकत के लिए चीनी कंपनियों को दंडित किया गया।

चीन ने भारत के खिलाफ सैन्य अतिक्रमण की काररवाई तब की, जब न केवल भारत, बल्कि पूरी दुनिया कोविड-19 महामारी की मार से कराह रही

थी। इसी पृष्ठभूमि में भारत ने जब चीन के खिलाफ कई आर्थिक कदम उठाए तो आर्थिक हलकों में चेतावनी दी जाने लगी कि चीन पर एक तरह से कुछ हद तक कई मायनों में निर्भर हो चुकी भारतीय अर्थव्यवस्था के कई सेक्टरों को भारी खामियाजा भुगतना होगा।

कोविड महामारी की वजह से चीन को छोड़कर भारत सहित पूरी दुनिया में आर्थिक गतिविधियाँ ठप्प सी हो गईं, लेकिन भारत सरकार ने चीन को भारत के विशाल बाजार से वंचित कराने के लिए उसे सबक सिखानेवाले कई कदम उठाए। 259 चीनी ऐपों को बंद करने के अलावा भारत ने चीन की सप्लाई चेन को तोड़ने के उपाय खोजने शुरू किए, लेकिन यह कदम झटके में नहीं उठाया जा सकता। वास्तविकता यह है कि दुनिया में भारत का दवा उद्योग काफी हद तक चीनी दवा उद्योग द्वारा सप्लाई किए जानेवाले मौलिक तत्त्वों या आवश्यक सामग्री या कच्चा माल पर निर्भर है। इसके अलावा भारत के कई आधुनिक तकनीकी उद्योग चीन द्वारा सप्लाई किए जानेवाले दुर्लभ खनिज पर निर्भर हैं। इसी तरह कई अन्य उद्योग चीनी सप्लाई चेन पर निर्भर हो चुके हैं, क्योंकि उनके उत्पाद विकसित देशों की तुलना में काफी कम लागतवाले होते हैं। यही वजह है कि भारत में चीनी माल को लेकर सरकारी तौर पर माहौल बनाने के बावजूद 2020–21 में आपसी व्यापार में इजाफा ही हुआ।

इसलिए सवाल पूछा जाने लगा कि यदि भारत चीनी उत्पादों पर प्रतिबंध लगाता है तो क्या इससे भारतीय उद्योग के लिए सप्लाई चेन की कड़ी नहीं टूट जाएगी? क्या इससे भारतीय उद्योग पंगु नहीं महसूस करेगा? भारत चीन से मुख्य तौर पर इलेक्ट्रॉनिक सामान व कलपुर्जे, दवा उद्योग का कच्चा माल, इंजीनियरी सामान और यहाँ तक कि सिलाई मशीन की सुइयाँ तक आयात करता है। निश्चित तौर पर इससे चीनी निवेशकों और निर्माताओं को फायदा हुआ है, लेकिन इससे भारतीय उपभोक्ताओं को भी फायदा हुआ है। सस्ते चीनी मोबाइल फोन इसकी मिसाल हैं।

आर्थिक ताकत

जिस तरह सैन्य ताकत के मामले में भारत चीन से कम ताकतवर है, उसी तरह आर्थिक मामलों में भी भारत चीन से कहीं पीछे हो चुका है। अस्सी के दशक में भारत और चीन की अर्थव्यवस्था और तकनीकी–औद्योगिक आधार लगभग समान स्तर पर था, लेकिन चीन का सकल घरेलू उत्पाद (जी.डी.पी.) सन् 2020 में भारत

से करीब पाँच गुना अधिक, यानी 14.7 ट्रिलियन डॉलर के स्तर पर पहुँच गया। 2020 में चीन ने भारत को 77 अरब डॉलर का निर्यात किया, जबकि आयात केवल 19 अरब डॉलर का ही किया। चीन से होनेवाला आयात भारत के कुल आयात का 15 प्रतिशत है।

चीन के साथ भारत के भारी व्यापार घाटे को लेकर आम लोग काफी चिंतित रहते हैं, लेकिन लगातार चल रहे भारी व्यापार घाटे से तो भारतीय अर्थव्यवस्था और निर्माण सेक्टर की अंदरूनी कमजोरी ही परिलक्षित होती है। भारत सरकार को चीन की घरेलू आर्थिक और औद्योगिक नीतियों से सबक लेकर अपने उद्योग को भी उसी तरह प्रतिस्पर्धी बनाना होगा, तभी हम चीन के साथ व्यापार घाटे को कम कर आत्मनिर्भर भारत का सपना साकार कर सकते हैं और 'मेक इन इंडिया' को सार्थक बना सकते हैं। चीनी माल के भारत में बढ़ते आयात का रोना रोने की बजाय भारतीय निर्माण उद्योग को चीनी निर्माण उद्योग के समान प्रतिस्पर्धी बनाना होगा।

जिस तरह सैन्य ताकत के मामले में चीन से काफी कमजोर होते हुए भी भारत ने चीन की ताकत को चुनौती दी और उसे भारत के साथ सम्मानजनक समझौते के लिए मजबूर किया, उसी तरह आर्थिक क्षेत्र में भी भारत चीन का मुकाबला करने की क्षमता रखता है, लेकिन इसके लिए देश में औद्योगिक गतिविधियों के विस्तार के लिए समुचित घरेलू आर्थिक माहौल प्रदान करना होगा। चीन के सस्ते औद्योगिक व उपभोक्ता उत्पादों से होड़ करने के लिए और इनका आयात घटाने के लिए दीर्घकालीन नीतियाँ अपनानी होंगी और इन्हें लागू करने के लिए जरूरी जमीनी कदम उठाने होंगे।

गहराती दोस्ती का आर्थिक लाभ चीन को

वास्तव में इस सदी के शुरू में चीन ने भारत से गहराती दोस्ती का लाभ अपने निर्माण उद्योग को भारत के विशाल उपभोक्ता बाजार से उठाने का मौका प्रदान किया और भारत के तेजी से विस्तार लेते उपभोक्ता और औद्योगिक बाजार में अपनी विशेष जगह बनाने में कामयाबी पाई। इस वजह से चीन 2008 तक भारत के सबसे बड़े व्यापारिक साझेदार के तौर पर उभरा और आज तक वह भारत का सबसे बड़ा व्यापारिक साझेदार बना हुआ है। कोरोना और चीन के साथ चल रही सैन्य तनातनी से पैदा गुस्से के बावजूद भारत को होनेवाले चीनी निर्यात और व्यापार में मामूली असर ही पड़ा है।

पेइचिंग में भारतीय दूतावास के आँकड़ों के मुताबिक जनवरी 2020 से सितंबर 2020 तक भारत–चीन व्यापार में कोविड–19 की वजह से मामूली असर ही पड़ा। गौरतलब है कि इसी अवधि में मई 2020 के बाद से चीन से सैन्य तनातनी भी शुरू हो गई थी और भारत में चीनी माल न खरीदने का जिस तरह सोशल मीडिया पर अभियान छेड़ा गया, उसका नगण्य असर ही पड़ा लगता है। 2019 के दौरान भारत चीन के 12वें सबसे बड़े व्यापारिक साझेदार के तौर पर उभरा; हालाँकि इस साल कुल द्विपक्षीय व्यापार में 2.93 प्रतिशत की गिरावट दर्ज की गई, लेकिन फिर भी यह 92.89 अरब डॉलर के स्तर को छू रहा था। 2021 में 2020 की तुलना में द्विपक्षीय व्यापार में एक–चौथाई से अधिक की बढ़ोत्तरी दर्ज की गई, चीन से भारत का आयात 67 अरब डालर से बढ़कर 97.5 अरब डालर हो गया जबकि भारत का निर्यात भी रिकॉर्ड 34 प्रतिशत बढ़कर 28 अरब डालर हो गया। साफ है कि सीमा तनाव के बावजूद भारत चीन व्यापार में असाधारण बढोत्तरी देखी गई।

भारतीय उपभोक्ताओं को लाभ

चीन में भारतीय दूतावास के मुताबिक तेजी से बढ़ते व्यापार की वजह से भारत में कम कीमत वाले उत्पाद उपलब्ध हो रहे हैं, लेकिन इस वजह से किसी एक देश के साथ भारी व्यापार घाटा भी सबसे अधिक बढ़ा है। 2019 में चीन के साथ भारत का व्यापार घाटा 56.95 अरब डॉलर का था। भारतीय दूतावास ने इसकी दो बड़ी वजहें बताई हैं। चीन को निर्यात किए जानेवाले मुख्यतः प्राथमिक जिंसों की घटती मात्रा और इसके साथ भारत के कृषि उत्पादों को चीनी बाजार में प्रवेश कराने में बढ़ती अड़चनें। इसके अलावा जिन औद्योगिक सेक्टरों में हम प्रतिस्पर्धी हो सकते हैं, जैसे दवा उद्योग और सूचना तकनीक सेक्टर का सेवा क्षेत्र, उसमें भी चीन अपनी जगह बनाता जा रहा है। भारत से चीन को मुख्य तौर पर निर्यात कपास, कॉपर और हीरा जैसा कच्चा माल है, जबकि चीन भारत को मुख्य तौर पर मशीनरी, बिजली कारखाना से संबंधित संयंत्र, दूरसंचार, ऑर्गेनिक केमिकल्स, खाद आदि का निर्यात करता है। भारतीय उत्पाद भी इसी तरह चीन में प्रचलित हों, इसलिए चीनी बाजार में भारतीय माल की बेहतर पहुँच बनाने के लिए चीन से विभिन्न स्तरों पर वार्त्ताओं का सिलसिला शुरू किया गया, लेकिन इसके भारत के पक्ष में सकारात्मक नतीजे देखने को नहीं मिले।

व्यापार चीन के पक्ष में झुका

द्विपक्षीय व्यापार का इकतरफा तौर पर चीन के पक्ष में झुका होना, इसलिए भी भारत को कचोटता है कि व्यापार संतुलन लाने के लिए दोनों देशों ने सर्वोच्च स्तर पर आर्थिक व वाणिज्य वार्त्ता मंच गठित किया है और इसके तहत संस्थागत वार्त्ताओं का नियमित दौर चलाया है, लेकिन इसका जमीनी असर नहीं दिखता। भारत और चीन के बीच व्यापारिक रिश्तों को बढ़ावा देने के लिए 1988 में ही तत्कालीन प्रधानमंत्री राजीव गांधी के दौरे के बाद आर्थिक रिश्तों तथा विज्ञान व तकनीक पर संयुक्त कार्यदल का गठन किया गया था। इस संयुक्त कार्यदल की अब तक 11 बैठकें हो चुकी हैं। पिछली बैठक नई दिल्ली में मार्च 2018 में हुई थी। इस संयुक्त कार्यदल ने अपनी नौवीं बैठक में व्यापारिक रिश्तों के विभिन्न पहलुओं पर अलग से क्षेत्रवार चर्चा के लिए तीन कार्यदल गठित किए थे—

1. आर्थिक व व्यापार योजना सहयोग (ई.टी.पी.सी.),
2. व्यापारिक आँकड़ा विश्लेषण (ट्रेड स्टेटिस्टकल एनेलिसिस),
3. सेवा में व्यापार पर चर्चा के लिए 'सर्विस ट्रेड प्रमोशन' का गठन किया गया था।

दिसंबर 2010 में चीन के प्रधानमंत्री वन च्या पाओ के भारत दौरे में 'स्ट्रैटेजिक इकोनॉमिक डायलॉग' (सामरिक आर्थिक वार्त्ता) का मंच भी गठित किया गया था। इस वार्त्ता मंच की अब तक पाँच बैठकों का दौर हो चुका है। पिछली वार्त्ता पेइचिंग में अप्रैल 2018 में हुई थी। 'सामरिक आर्थिक वार्त्ता' की सहअध्यक्षता नीति आयोग के वाइस-चेयरमैन और चीन के नेशनल डेवलपमेंट ऐंड रिफॉर्म्स कमीशन के चेयरमैन करते हैं। इसकी पिछली बैठक में दवा उद्योग में सहयोग पर एक कार्यदल के गठन पर सहमति दी थी।

मई 2015 में प्रधानमंत्री नरेंद्र मोदी के चीन दौरे में भारत के नीति आयोग और चीन के डेवलपमेंट रिसर्च सेंटर के बीच वार्त्ता मंच का गठन किया गया था। इसकी पिछली पाँचवीं बैठक चीन के ऊहान शहर में नवंबर 2019 में हुई थी।

आर्थिक रिश्तों को गहराई देने के लिए वार्त्ता का एक और मंच अप्रैल 2005 में चीन के प्रधानमंत्री वन च्या पाओ के भारत दौरे में पहले से ही स्थापित था। इसकी नौवीं बैठक 25 सितंबर, 2019 को नई दिल्ली में हुई थी। इसके साथ ही आर्थिक रिश्तों को गहराई देने के लिए भारत और चीन ने कौशल विकास पर कार्यदल, दवा उद्योग पर कार्यदल, सूचना तकनीक पर संयुक्त कार्यदल का भी गठन किया है। इसके अलावा बैंकिंग सेक्टर में भी सहयोग की कई संस्थागत व्यवस्थाएँ की गई हैं।

भारतीय कंपनियाँ चीन में

भारत और चीन में द्विपक्षीय व्यापार में तेजी से बढ़ोतरी के साथ ही कई भारतीय कंपनियों ने चीन में अपनी गतिविधियाँ शुरू की हैं, ताकि वहाँ चीनी और अन्य बहुराष्ट्रीय कंपनियों को सेवाएँ दे सकें। उसी तरह भारत के तेजी से फैलते बाजार से लाभ उठाने के लिए चीनी कंपनियों ने भी भारत में अपने कदम रखे और तेजी से विस्तार किया।

तेजी से बढ़ते आर्थिक रिश्तों के मद्देनजर भारत और चीन ने आर्थिक क्षेत्र में सहयोग के कई प्रस्तावों पर चर्चा की और आपसी हितों के संरक्षण के लिए परस्पर तालमेल से कदम उठाए। इनमें पेट्रोलियम सेक्टर में सहयोग को काफी अहम माना जा सकता है, क्योंकि भारत और चीन दोनों पेट्रोलियम खपत वाले दुनिया के सबसे बड़े बाजारों में से हैं। यदि दोनों देश साझा तौर पर रणनीति बनाकर चलें तो पेट्रोलियम उत्पादकों की मनमानी पर लगाम लगाई जा सकती है। इस इरादे से भारत के पेट्रोलियम सचिव ने अक्तूबर 2018 में चीन का दौरा किया, जबकि चीन के समकक्ष मंत्री ने फरवरी 2019 में भारत का दौरा किया। पेट्रोलियम सेक्टर में सहयोग के लिए एक संयुक्त कार्यदल का गठन और सहयोग के लिए सहमति के ज्ञापन को भी मंजूरी दी गई, लेकिन 2020 में चीनी सैन्य घुसपैठ से सभी प्रस्ताव ठंडे बस्ते में पड़े हैं।

भारत और चीन के बीच गहराते राजनीतिक और आर्थिक रिश्तों का सकारात्मक असर पर्यटन और मनोरंजन उद्योग पर भी देखा गया। चीन में आम लोगों में बढ़ती आर्थिक समृद्धि की वजह से चीन का विदेशी पर्यटन दुनिया में सबसे तेजी से बढ़ा है। 2019 में चीन से 16 करोड़ 90 लाख पर्यटक विदेशों में पर्यटन के लिए गए और 129 अरब डॉलर से भी अधिक खर्च किया। चीन के पर्यटक किन देशों का भ्रमण करें, इसे लेकर चीन सरकार भी अपने पर्यटकों को प्रेरित करती है, ताकि चीन के सामरिक हितों का संवर्धन हो। मिसाल के तौर पर चीन अपने पर्यटकों को मालदीव और श्रीलंका जाने को उत्साहित करता है और अपनी पर्यटन एजेंसियों को इसके लिए समुचित प्रोत्साहित भी करता है। यही वजह है कि एशिया में मालदीव और श्रीलंका चीन के पर्यटकों के सबसे प्रमुख गंतव्य स्थल बन गए हैं। दूसरी ओर इनकी तुलना में भारत आनेवाले चीनी पर्यटकों की संख्या महज 3,40,000 ही 2019 में रही।

संयुक्त फिल्म निर्माण

सितंबर 2014 में चीन के राष्ट्रपति शी चिन फिंग के भारत दौरे में साझा फिल्म निर्माण पर भी सहमति के ज्ञापन पर हस्ताक्षर किए गए थे। इसके बाद दो भारतीय फिल्में (पीके और धूम-3) 2015 में जारी की गई। 2016 में भारत और चीन के बीच पहली संयुक्त निर्माण फिल्म 'ह्वेन त्सांग' जारी की गई, जिसमें चीन के लोकप्रिय एक्टर ह्वांग श्याओमिंग ने एक्टिंग की। इस फिल्म को 2017 में 'एकेडमी अवार्ड' के लिए भी भेजा गया था। 2017 में ही 'कुंगफू योगा' संयुक्त फिल्म बनाई गई, जिसमें प्रसिद्ध एक्टर जैकी चान ने एक्टिंग की। हाल के सालों में चीन में भारतीय फिल्में दंगल, सीक्रेट सुपरस्टार, बाहुबली, हिंदी मीडियम, टॉयलेट, अंधाधुंध आदि फिल्में चीन में खूब लोकप्रिय हुईं, लेकिन इसके विपरीत, भारत में चीनी फिल्में लोकप्रिय नहीं होतीं।

भारत और चीन के बीच गहराते राजनीतिक, आर्थिक रिश्तों का असर जनता स्तर पर भी देखा जाने लगा, लेकिन इसके बावजूद चीन ने भारत के साथ सीमाओं पर विश्वास निर्माण के समझौतों को क्यों तोड़ा? चीन ने भारत से लगी सीमाओं पर शांति व स्थिरता को जिस तरह भंग किया है, उसका प्रतिकूल असर जनता स्तर के रिश्तों पर भी आनेवाले सालों में देखने को मिल सकता है। भारत में चीन के प्रति जबरदस्त गुस्से का इजहार चीनी उत्पादों के बहिष्कार के राष्ट्रीय अभियान के तौर पर किया गया। चीन का यह तर्क गले नहीं उतरता है कि सीमा पर हो रही हलचल का असर भारत राजनयिक व आर्थिक रिश्तों पर नहीं पड़ने दे। आखिर यह कैसे हो सकता है कि आपके सिर पर कोई बंदूक ताने रहे, फिर भी आप गले मिलने की बातें करें?

□

31

मुंबई पर साइबर हमला

15 जून, 2020 को पूर्वी लद्दाख की गलवान घाटी में हुई खूनी झड़प के बाद जब भारत और चीन के बीच तनाव काफी बढ़ता गया और भारत ने चीनी सेना की ताकत के आगे झुकने से इनकार कर दिया तथा चीन को सैनिक चुनौतियाँ देनी जारी रखीं तो चीन ने भारत को ऐसे खतरनाक साइबर हमलों की बानगी दिखाई, जिसके बारे में भारतीय राजनीतिक और सामरिक नेतृत्व ने चुप रहना ही बेहतर समझा। यह हमला कोरोना कीटाणुओं से भी अधिक खतरनाक साबित हो सकता था, यदि भारतीय साइबर इंटरनेट विशेषज्ञ इनसे निबटने में असमर्थ रहते। कोरोना ने लोगों के शरीर में प्रवेश कर राष्ट्रीय और आम जनजीवन अस्त-व्यस्त करने की कोशिश की तो इंटरनेट मैलवेयर के जरिए ट्रेन से लेकर चिकित्सा और अन्य आवश्यक सेवाओं को ठप्प करने में कुछ वक्त तक अपनी कामयाबी चीन ने जरूर दिखाई।

चीन से भारत के लिए यह एक अहम संदेश और चेतावनी थी कि यदि ज्यादा अकड़ दिखाई तो पूरे देश का जनजीवन ठप्प किया जा सकता है। वास्तव में इंटरनेट संचार की दुनिया में महारत हासिल करनेवाला कोई भी देश यह क्षमता रखता है, लेकिन चीन ने जिस तरह भारत के एक बड़े महानगर पर कामयाब साइबर हमला किया, उसने भारत को चेताकर भारत पर एक तरह से इस मायने में अहसान किया है कि भारत अब भविष्य में किसी भी ऐसे साइबर हमले से बचने के लिए समुचित तैयारी करेगा और ऐसे हमले होने की स्थिति में दुश्मन हमलावर देश को भी ऐसे ही जवाबी हमले से अस्त-व्यस्त कर देने की अपनी क्षमता हासिल करेगा। आखिर भारत भी इंटरनेट और सूचना तकनीक की दुनिया में एक महारथी माना जाता है, लेकिन भारतीय नियोजकों ने इंटरनेट की विध्वंसक ताकत का इजहार नहीं किया, अब वक्त आ गया है कि भारत इंटरनेट संचार की अपनी ताकत से परिचय प्रतिद्वंद्वी

देशों को कराए और यह चेतावनी भरा संदेश दे कि भारत के खिलाफ ऐसी जुर्रत की तो उसे कहीं अधिक विध्वंस झेलने के लिए तैयार रहना होगा। ठीक वैसे ही जैसे भारत ने 2017 में एंटी सैटेलाइट मिसाइल का परीक्षण कर दुनिया को आगाह किया था कि यदि उसकी अंतरिक्ष आधारित संपदा और संसाधनों से छेड़छाड़ करने की कोशिश की तो भारत भी जवाबी हमला दुश्मन देश के अंतरिक्ष संसाधनों पर कर उसकी पूरी संचार व्यवस्था ठप्प कर सकता है।

सच्चाई यह है कि अपनी ताकत को छुपाने के लिए भारतीय नेतृत्व चीनी साइबर हमले की कामयाबी को न तो स्वीकार कर सकता है और न ही कोई आधिकारिक टिप्पणी कर सकता है। तब भारतीय मीडिया ने पूरी मुंबई में दो घंटे और किसी इलाके में दिन भर के लिए अचानक बिजली गुल होने, जिससे मुंबई की लोकल ट्रेन सेवा भी ठप्प हो गई थी, के बारे में शंका जताई थी कि महाराष्ट्र के बिजली सप्लाई तंत्र में किसी तरह का साइबर हमला हुआ है। महाराष्ट्र सरकार ने अपने साइबर हमले में इस शंका की पुष्टि की थी, लेकिन राज्य के बिजली सप्लाई तंत्र में मैलवेयर या इंटरनेट कीटाणु कहाँ से आया या किसने तंत्र के अंदर मैलवेयर की पैठ कराई, इस बारे में कोई टिप्पणी नहीं की थी। इस आशय का खुलासा होने के बाद केंद्रीय बिजली मंत्रालय ने 13 अक्तूबर को बिजली गुल होने की घटना की वजह मानवीय भूल बताई थी, तब मीडिया रिपोर्टों में कहा गया था कि महाराष्ट्र साइबर विभाग की शुरुआती जाँच से पता चला है कि राज्य के पढ़गा में स्थित लोड डिस्पैच सेंटर के सर्वर में मैलवेयर को घुसाया गया।

जनजीवन अस्त-व्यस्त

यह लोड डिस्पैच सेंटर संपूर्ण मुंबई शहर और इसके उपनगरों को बिजली सप्लाई पर निगरानी रखता है। यह लोड डिस्पैच सेंटर स्वचालित प्रणाली पर काम करता है, जहाँ डेटा के प्रवाह पर निगरानी रखते हुए नियंत्रण रखा जाता है, इसलिए इस सेंटर पर हमला किया गया। इसके पहले महाराष्ट्र के बिजली मंत्री नितिन राउत ने शंका जाहिर की थी कि बिजली गुल होने के पीछे तोड़-फोड़ की साजिश हो सकती है। 13 अक्तूबर को दस बजे हुए इस साइबर हमले के बाद पूरी मुंबई में जनजीवन अस्त-व्यस्त हो गया था। ट्रेनें ठप्प हो गई थीं और अस्पतालों में बिजली गुल होने से संवेदनशील चिकित्सा इकाइयों में त्राहि-त्राहि मच गई।

वास्तव में 15 जून को गलवान घाटी में हुए खूनी संघर्ष में चीनियों को जिस शर्मिंदगी का सामना करना पड़ा, उसका बदला लेने के लिए ही चीन स्थित हैकरों

ने भारतीय साइबर स्पेस पर हमला करना शुरू कर दिया था। वास्तव में जून महीने में ही चार–पाँच दिनों के भीतर देश के सूचना, बैंकिंग और ढाँचागत क्षेत्रों में हजारों साइबर हमले महसूस किए गए थे। तब महाराष्ट्र के साइबर विभाग ने कहा था कि गहन विश्लेषण और जाँच के बाद पता चला है कि इन सभी साइबर हमलों का स्रोत चीन ही है।

महाराष्ट्र पुलिस के आला अधिकारी यशस्वी यादव ने इस पर टिप्पणी करते हुए कहा था कि जून महीने (2020) में ही न्यूनतम 40,300 साइबर हमलों की जानकारी साइबर विभाग को मिली है। पुलिस अधिकारी के मुताबिक, ये साइबर हमले चीन के सछ्वान प्रांत की राजधानी छंगतू से हुए हैं। इन्होंने इन साइबर हमलों को तीन किस्मों में बाँटते हुए जानकारी दी थी कि ये डिनायल ऑफ सर्विस अटैक, इंटरनेट प्रॉटोकाल साइबर अटैक और फिशिंग अटैक हैं। इन हमलों से सरकारी क्षेत्र के सभी साइबर तंत्रों को पंगु बनाया जा सकता है।

भारतीय मीडिया में हुए खुलासों और महाराष्ट्र पुलिस के साइबर विभाग द्वारा की गई जाँच से साइबर हमलों की पुष्टि के बाद अमेरिका के मैसाचुसेट्स में सोमरविले स्थित कंपनी रेकार्डेड फ्यूचर, जो सरकारी विभागों द्वारा इंटरनेट के इस्तेमाल का अध्ययन करता है, ने मुंबई पर हुए साइबर हमलों का गहन अध्ययन किया। रेकार्डेड फ्यूचर के सी.ई.ओ. स्टुटआर्ट सोलोमान ने अमेरिकी दैनिक 'न्यूयॉर्क टाइम्स' को बताया कि चीन की सरकारी एजेंसी 'रेड इको' ने भारत के बिजली उत्पादन और वितरण तंत्र के दर्जनों क्रिटिकल नोड्स में अपनी पैठ बनाई और काफी सुनियोजित तरीके से एडवांस्ड साइबर इंट्रुजन तकनीक का इस्तेमाल किया था।

कंप्यूटर कीटाणु

इस साइबर हमले की पुष्टि करनेवाली रिपोर्ट 28 फरवरी, 2021 को अमेरिकी दैनिक 'न्यूयॉर्क टाइम्स' में रिकॉर्डेड फ्यूचर के हवाले से की गई और कहा गया कि 13 अक्तूबर, 2020 का मुंबई पर हुआ साइबर हमला चीन से भारत को यह चेतावनी भरा संदेश था कि यदि भारत ने पूर्वी लद्दाख के सीमांत इलाकों में जरूरत से अधिक हिमाकत दिखाई तो उसके क्या नतीजे भारत को झेलने पड़ सकते हैं? 'न्यूयॉर्क टाइम्स' ने लिखा कि दुश्मन देश के बिजली तंत्र या संवेदनशील ढाँचागत प्रणालियों में मैलवेयर या कीटाणु घुसाकर तबाही फैलाई जा सकती है। यह एक चेतावनी है कि यदि एक सीमा से बाहर हिमाकत दिखाने की कोशिश की तो देश के करोड़ों लोगों का जीवन ठप्प हो सकता है।

'न्यूयॉर्क टाइम्स' के मुताबिक, भारत और चीन दोनों के पास परमाणु हथियारों का भंडार है, लेकिन कोई भी पक्ष यह जोखिम नहीं लेना चाहेगा कि दूसरे पर परमाणु हमला किया जाए। इसलिए साइबर हमला एक-दूसरे को तबाह करने के लिए दोनों देशों को एक बेहतर विकल्प प्रदान करता है, जो अदृश्य होता है। साइबर हमला परमाणु हमले से कम विध्वंसक होता है, लेकिन उस देश को सामरिक और मनोवैज्ञानिक बढ़त प्रदान करता है। इस तकनीकी क्षमता को रूस ने कुछ साल पहले यूक्रेन के बिजली सप्लाई तंत्र पर हमला कर दिखाया था। रूस को यह बताने के लिए वह अमेरिका पर ऐसा हमला करने के बारे में कभी भी नहीं सोचे, क्योंकि उसके पास भी इस तरह के साइबर हमला की तकनीक है, अमेरिका के होमलैंड सिक्युरिटी विभाग ने ऐलान किया था कि रूसी हैकरों द्वारा अमेरिका के पावर ग्रिड में सैकड़ों कोड घुसाए गए हैं, इसलिए अमेरिका ने भी रूस के पावर ग्रिड में वैसे ही कोड घुसा दिए हैं। यह रूस के राष्ट्रपति ब्लादीमिर पुतिन को एक चेतावनी थी कि भविष्य में अमेरिका पर इस तरह के साइबर हमले की जुर्रत न करे।

रूस-अमेरिका

हालाँकि अमेरिका के नए बाइडन प्रशासन के आने के बाद भी रूस ने अमेरिका की कम-से-कम नौ सरकारी एजेंसियों और सौ कॉरपोरेट मुख्यालयों पर साइबर घुसपैठ की है, जिसका अमेरिका द्वारा समुचित जवाब देने की चेतावनी दी गई है।

चीन के बारे में 'न्यूयॉर्क टाइम्स' ने लिखा कि हाल तक चीन का फोकस सूचनाओं की चोरी पर केंद्रित रहता था, लेकिन चीन की नई कोशिश प्रतिद्वंद्वी देश की ढाँचागत प्रणालियों में कोड की घुसपैठ करने की साजिशें रचने की है, लेकिन उसे पता चल गया है कि जब इसका खुलासा होगा तो जवाबी साइबर हमला भी कहीं अधिक घातक साबित होगा।

'न्यूयॉर्क टाइम्स' के मुताबिक, जहाँ तक भारत में साइबर हमले का सवाल है, रिकॉर्डेड फ्यूचर ने भारत की 'कंप्यूटर इमरजेंसी रेसपोंस टीम' (सी.ई.आर.टी.) को संदेश भेजकर प्रतिक्रिया माँगी, लेकिन भारत ने कोई जवाब नहीं दिया। रोचक बात यह है कि भारतीय बिजली ग्रिड में साइबर हमले के बारे में जब प्रतिक्रिया माँगी गई तो चीन ने चुप्पी बरती; लेकिन वह यह तर्क दे सकता है कि फरवरी 2020 में चीन के ऊहान शहर से कोरोना वायरस के संक्रमण फैलने के बाद भारत से भी सरकार समर्थित हैकरों ने कोरोना आधारित फिशिंग इ-मेल के जरिए घुसपैठ करने

की कोशिश की थी। बाद में एक चीनी सुरक्षा कंपनी 360 सिक्युरिटी टेक्नोलॉजी ने आरोप लगाया कि भारत के सरकार समर्थित हैकरों ने चीन में जासूसी के लिए चीन के अस्पतालों और चिकित्सा शोध संस्थानों में फिशिंग इ-मेल के जरिए घुसपैठ करने की कोशिश की थी। 'न्यूयॉर्क टाइम्स' ने एक गैरसरकारी संगठन साइबर 'पीस फाउंडेशन' के हवाले से बताया कि चीनी हैकरों ने अक्तूबर- नवंबर में भारतीय त्योहारों से संबद्ध छुट्टियों के दौरान फिशिंग इ-मेल भेजकर भविष्य में भारतीय प्रणालियों में घुसपैठ करने की साजिश रची थी। इन साइबर हमलों का डोमैन नेम क्वांगतुंग और हनान प्रांत में 'फांग श्याओ छिंग' नामक एक संगठन के कार्यालय से पाए गए।

चीन के विदेश मंत्रालय के प्रवक्ता ने 'न्यूयॉर्क टाइम्स' में 28 फरवरी, 2021 को प्रकाशित रिपोर्ट पर टिप्पणी करते हुए आरोपों से साफ इनकार किया और कहा कि साइबर सुरक्षा के पक्के समर्थक होने के नाते चीन सभी तरह के साइबर हमलों का दृढ़ता से विरोध करता है। चीनी प्रवक्ता ने कहा कि अटकलों और मनगढ़ंत रिपोर्टों की साइबर हमलों में कोई भूमिका नहीं है। एक खास पक्ष पर बिना किसी सबूत के आरोप लगाने के पीछे बुरा मंतव्य और काफी ग़ैरजिम्मेदाराना रवैया है। चीनी प्रवक्ता ने कहा कि साइबर हमलों का स्रोत पता लगाना काफी मुश्किल काम है।

भारत के परमाणु घरों पर भी साइबर हमले

लेकिन भारत के 'साइबर पीस फाउंडेशन' के मुताबिक, पिछले साल से भारत के बिजली सेक्टर, तेल शोधक कारखानों, यहाँ तक कि परमाणु बिजली घरों में साइबर हमले किए गए हैं। गौरतलब है कि भारत के बिजली सेक्टर में चीन में बने संयंत्रों का व्यापक इस्तेमाल हो रहा है, जिससे इस आशय का खतरा महसूस किया जा रहा है कि चीनी कंपनियों द्वारा सप्लाई किए गए संयंत्रों में पहले से मैलवेयर डाल दिए जाते हैं। भारतीय अधिकारियों के मुताबिक, भारत के सूचना तकनीक के चीन से हुए ठेकों की समीक्षा की जा रही है, लेकिन चीन से आयातित उपकरणों के आधार पर जो ढाँचागत निर्माण किए गए हैं, उन्हें निकाल देना काफी मुश्किल और भारत के लिए विघटनकारी साबित होगा।

'न्यूयॉर्क टाइम्स' में 28 फरवरी, 2021 को प्रकाशित रिपोर्ट में किए गए इन दावों पर टिप्पणी करते हुए महाराष्ट्र के बिजली मंत्री नितिन राउत ने कहा कि अमेरिकी अखबार में प्रकाशित रिपोर्ट में सच्चाई हो सकती है। इस बारे में साइबर

विभाग से विस्तृत रिपोर्ट माँगी गई है। साइबर विभाग ने जवाब दिया है कि इन हमलों से कोई नुकसान नहीं हुआ है और जिन डोमेन नेम के जरिए हमले किए गए, उन्हें ब्लॉक कर दिया गया है। 'रेड इको नेशैडो पैड' नाम के मैलवेयर (कीटाणु) के जरिए खतरा पहुँचाने की कोशिश की थी, जिसे ब्लॉक कर सभी कंट्रोल सेंटरों में सभी कीटाणुओं, यानी इंटरनेट वायरसों की सफाई कर दी गई है।

भारत की अग्रणी हस्तियों पर निगाह

मुंबई के विजली वितरण पर अक्तूबर 2020 में साइबर हमले के पहले नई दिल्ली के अंग्रेजी दैनिक 'इंडियन एक्सप्रेस' ने बड़ा खुलासा किया था कि चीन सरकार द्वारा समर्थित शनचन स्थित फर्म चनह्वा डेटा इन्फॉर्मेशन टेक्नोलॉजी कंपनी, जिसके चीन सरकार और चीनी कम्युनिस्ट पार्टी से रिश्ते हैं, भारत में दस हजार से अधिक अग्रणी हस्तियों और संगठनों की गतिविधियों पर निगाह रख रही थी। इस फर्म को यह दायित्व सौंपा गया था कि इंटरनेट के जरिए न केवल प्रभावशाली राजनीतिक और औद्योगिक हस्तियों, बल्कि अहम पदों पर बैठे नौकरशाहों, जजों, वैज्ञानिकों, पत्रकारों, एक्टरों, खिलाड़ियों, धार्मिक नेताओं, बल्कि वित्तीय घोटालों के नामी आरोपियों के अलावा आतंकवाद और तस्करी से जुड़ी गतिविधियों पर भी नजर रखे।

चीन की इन्हीं गतिविधियों के बीच अमेरिका की साइबर सिक्युरिटी कंपनी 'रिकॉर्डेड फ्यूचर' ने जब खुलासा किया कि उसके विशेषज्ञों ने देखा है कि भारत के बिजली सेक्टर पर चीन 'रेड इको ग्रुप' की टीम द्वारा मैलवेयर से हमला करने में जुटा है तो भारत के सामरिक हलकों में हैरानी नहीं हुई थी, क्योंकि चीन के हैकर ऐसा करने के लिए पहले ही काफी बदनाम हो चुके हैं। चीन की फर्म 'रेड इको' ने मुंबई के पावर सेक्टर के सर्वर में पिछले दरवाजे से प्रवेश करने की कोशिश की थी। चीन के इन साइबर हमलों से बचने के लिए भारतीय साइबर विशेषज्ञ समुचित अभेद्य दीवार खड़ी कर रहे हैं, यानी 'फायरवाल' तैनात करने में जुटे हैं। खासकर वैमानिकी, रेलवे, बिजली, वित्तीय, बैंकिंग आदि जरूरी सेवाओं के कंप्यूटर तंत्र को दुश्मन के साइबर हमलों से बचाने के लिए राष्ट्रीय स्तर पर उपाय किए जा रहे हैं।

□

32

चीन का नया समुद्री और जमीनी सीमा कानून

चीन ने अपने विस्तारवादी मंसूबों की पुष्टि 2021 के उत्तरार्द्ध में जारी समुद्री और जमीनी सीमा कानूनों के जरिए की है। 23 अक्तूबर, 2021 को चीन ने नया 'जमीनी सीमा कानून' (लैंड बार्डर्स लॉ) पारित कर 1 जनवरी, 2022 से लागू करने की घोषणा की। इस कानून का ऐलान कर चीन ने न केवल भारत, बल्कि अपने सीमांत 14 देशों को यह संदेश दिया कि चीन की अवधारणा के अनुरूप चीन जहाँ तक अपनी जमीनी सीमा मानता है, चीन उसकी रक्षा के लिए हमेशा कृतसंकल्प रहेगा और इसके लिए चीनी पीपल्स लिबरेशन आर्मी को जरूरी निर्देश दे दिए गए हैं। इसके पहले 30 अगस्त, 2021 को चीन ने नया समुद्री कानून पारित कर चीन के निकट के सागरीय इलाके से लगनेवाले तटीय देशों और दूर-दराज के सभी देशों को आगाह किया था कि वह अपनी अवधारणा वाले सागरीय इलाके में विदेशी पोतों की आवाजाही पर निगरानी रखेगा। इस इलाके से गुजरने वाले पोतों को चीनी समुद्री अधिकारियों को बताना होगा कि उनके पोत पर कोई खतरनाक माल जैसे रेडियोधर्मी पदार्थ आदि तो नहीं लदा है और उस पोत का गंतव्य स्थल क्या है? चीन ने इस समुद्री इलाके का निर्धारण एकपक्षीय तौर पर अंतरराष्ट्रीय समुद्री कानूनों का सरासर उल्लंघन करते हुए किया है।

नए समुद्री कानून में चीन ने अपने कथित सागरीय इलाके से गुजरने वाले विदेशी पोतों को यह निर्देश दिया है कि वे चीनी समुद्री प्रशासन को अपने बारे में बताएँ। चूँकि जिस सागरीय इलाके को उसके अधिकार में होने का दावा चीन करता है, वहाँ से भारत के समुद्री व्यापारिक पोत गुजरते हैं, इसलिए भारत के लिए यह चिंता का विषय है। भारत के कुल समुद्री व्यापार का आधा से अधिक दक्षिण चीन

सागर के इलाके से ही होकर गुजरता है। दक्षिण चीन सागर के करीब 13 लाख वर्ग मील इलाके को चीन अपना बताता है। इस इलाके से चीन को यदि भारत सहित सभी विदेशी व्यापारिक पोतों की आवाजाही पर निगरानी और जाँच के अधिकार की पुष्टि हुई तो भारत सहित सभी विदेशी व्यापारिक और सैनिक पोतों के लिए परेशानी पैदा हो सकती है।

चीन ने इस तरह अपने दावेवाले जमीनी और समुद्री इलाकों पर अपना अधिकार जताने और उनकी रक्षा करने के लिए चीनी सुरक्षा एजेंसियों को समुचित अधिकार देने की बात कर जमीनी और समुद्री पड़ोसी देशों के साथ विवाद को और उग्र कर दिया है और नए सिरे से तनाव पैदा करने का कदम उठाया है, जो आनेवाले सालों में भारत सहित चीन के सभी पड़ोसी देशों के लिए चिंता और टकराव की वजह बनेगा।

चीन ने जमीनी और समुद्री सीमाओं का निर्धारण अपनी अवधारणाओं के अनुरूप करने के लिए न केवल भारत से लगे जमीनी सीमांत इलाकों पर अपने सैनिकों से अतिक्रमण करवाया, बल्कि दक्षिण और पूर्वी चीनी सागर में अपनी मान्यता के अनुरूप समुद्री सीमाएँ खींचीं और उसके अंदर पड़नेवाले द्वीपों को अपना बताकर जापान, वियतनाम, इंडोनेशिया, फिलीपींस, ब्रुनेई आदि के साथ प्रादेशिक इलाकों पर अधिकार का विवाद छेड़ दिया है। ये सभी कदम चूँकि चीन के विस्तारवादी नेता शी चिन फिंग के निर्देशों के अनुरूप उठाए गए हैं, इसलिए जब तक शी चिन फिंग का चीन पर राज है, तब तक इन्हें वापस नहीं लिया जा सकता। ऐसी हालत में चीन और इसके सभी जमीनी और समुद्री पड़ोसी देशों के साथ तनाव और बढ़ेगा ही।

जमीनी और समुद्री कानून को पारित करने के पहले चीन ने इसकी जमीनी सैन्य तैयारी कुछ सालों से शुरू कर दी थी। पूर्वी लद्दाख के इलाकों में सैन्य अतिक्रमण और दक्षिण चीन सागर के इलाकों पर अपना अधिकार जताने के लिए चीन ने जिस तरह कृत्रिम द्वीपों का निर्माण किया, उससे यह साफ होता है कि चीन ने क्यों जमीनी सीमा और समुद्री कानून जारी किया!

भारत का कड़ा बयान

चीन द्वारा 'जमीनी सीमा कानून' के पारित होने और इसका ऐलान किए जाने के बाद भारत ने चिंता जाहिर करते हुए कड़ा बयान जारी किया और कहा कि भारत से लगी वास्तविक नियंत्रण रेखा पर हाल में चीन ने जो हरकतें की हैं, इसका

औचित्य अपने ताजा कानूनों के बल पर नहीं ठहराएगा। इसके जवाब में चीन के विदेश मंत्रालय ने रक्षात्मक रुख अपनाते हुए उम्मीद जाहिर की कि संबद्ध देश सामान्य वैधानिक कदम पर अनावश्यक अटकलबाजी नहीं करेंगे। भारतीय विदेश मंत्रालय ने कहा कि चीन ने वैधानिक कदम उठाने का एकपक्षीय निर्णय लिया है, जिसका प्रभाव हमारे बीच मौजूदा द्विपक्षीय समझौतों पर पड़ेगा।

मौजूदा चीनी प्रशासन ने 1949 में चीनी जनवादी गणराज्य की स्थापना के बाद पहली बार अपने 14 जमीनी पड़ोसी देशों के साथ लगनेवाली 22,457 किलोमीटर लंबी सीमा की चौकसी और प्रशासन के लिए एक समर्पित कानून बनाने की जरूरत क्यों समझी? चीन ने 14 में से 12 देशों के साथ अपने सीमा विवाद हल कर लिये हैं और केवल भारत व भूटान ही बचा है, इसलिए ताजा जमीनी सीमा कानून का मुख्य असर भारत और भूटान पर ही कहा जा सकता है।

लेकिन रोचक बात यह है कि चीनी सेना ने नेपाल के साथ लगनेवाली सीमाओं पर भी अतिक्रमण शुरू कर दिया है, जिसके बारे में नेपाली मीडिया में तो दबी जुबान से चर्चा हो रही है, लेकिन नेपाली सरकार चीन के साथ आधिकारिक स्तर पर इस मसले को उठाने की हिम्मत नहीं कर रही। चीन और नेपाल के बीच अब तक कोई जमीनी विवाद नहीं होने की बात की जाती थी। लेकिन चीन ने नेपाली इलाके में भी एक-एक इंच घिसटते हुए बढ़ने की नीति अपनाकर अपने जमीनी सीमा कानून के तहत जरूरी कदम उठाने का हक खुद हासिल करने का संदेश दिया है। इस कानून में कहा गया है कि चीन अपनी प्रादेशिक संप्रभुता और जमीनी सीमा सुरक्षा सुनिश्चित करने के लिए दृढ़-संकल्प के साथ प्रभावी कदम उठाएगा। सीमाओं के किसी भी तरह उल्लंघन, घुसपैठ, अतिक्रमण और उकसावे की किसी भी काररवाई के खिलाफ चौकसी व सुरक्षा के लिए चीनी पीपल्स लिबरेशन आर्मी (पी.एल.ए.) और पीपल्स आर्म्ड पुलिस फोर्स (पी.ए.पी.एफ.) जिम्मेदार है।

चीन ने इस तरह न केवल भारत, बल्कि पड़ोसी नेपाल और भूटान के साथ भी अपने सीमा दावों को कानूनी जामा पहनाने का कदम उठाया है। भारत के साथ सीमा पर पैदा किए गए ताजा तनाव को जायज ठहराने के लिए जमीनी सीमा कानून को लागू करने का कदम उठाने का औचित्य चीन ने ठहराने की कोशिश की है। इसके मद्देनजर चीन ने न केवल पूर्वी लद्दाख के वास्तविक नियंत्रण रेखा के इलाकों में अपनी सैन्य तैनाती को और पुख्ता करने के कदम उठाए हैं, बल्कि मध्य सेक्टर के बाराहूती और अरुणाचल प्रदेश के सीमांत इलाकों में भी अपने सैनिकों से अतिक्रमण करवाकर भारत को यह संदेश देने की कोशिश की है कि

वह भारत से लगी संपूर्ण 3488 किलोमीटर लंबी वास्तविक नियंत्रण रेखा का सैन्य प्रबंध 1 जनवरी, 2022 से लागू होनेवाले जमीनी सीमा कानून के तहत करेगा। इस वैधानिक कदम को उठाने के पहले चीन ने खासकर वास्तविक नियंत्रण रेखा से सटे इलाकों में नए रिहाइशी निर्माण कर चीनी गाँव बसाने का उकसाने वाला कदम उठाया है और यह इरादा जाहिर किया है कि इन गाँवों में बसाई जानेवाली आबादी का प्रशासन ताजा जमीनी सीमा कानून के तहत ही करेगा। यह कदम भारत के सीमा वार्त्ताकारों को यह संदेश देगा कि वास्तविक नियंत्रण रेखा के निकट के चीनी इलाकों में जो आबादी बसी है, वह चीनी शासन के तहत ही है।

चीन की चेतावनी

चीनी सरकारी समाचार एजेंसी 'शिनह्वा' ने जमीनी सीमा कानून पर अपनी रिपोर्ट और टिप्पणी में कहा कि चीन की संप्रभुता और प्रादेशिक अखंडता पवित्र है और इसे भंग नहीं किया जा सकता। यह कानून राज्य को यह अधिकार देता है कि प्रादेशिक अखंडता और जमीनी सीमाओं की चौकसी के लिए जरूरी कदम उठाए और इसका उल्लंघन करनेवाली किसी भी हरकत का मुकाबला करे। राज्य सीमा सुरक्षा को मजबूत करने, सीमांत इलाकों में आर्थिक व सामाजिक विकास की गतिविधियों को सहायता देगा, सीमांत इलाकों में जनसेवाओं और ढाँचागत विकास को मदद देगा, जन-जीवन को समर्थन और प्रोत्साहित करेगा और सीमांत इलाकों में सामाजिक-आर्थिक विकास कार्यों एवं सीमा सुरक्षा के बीच तालमेल को प्रोत्साहित करेगा।

इस निर्देश का मतलब यही कहा जा सकता है कि सीमांत इलाकों में जो नई आबादी बसाई जा रही है, सीमा सुरक्षा उन्हें हर तरह की मदद सुनिश्चित करेगी। हालाँकि यह कानून राज्य से यह भी कहता है कि इस कानून का क्रियान्यवन समानता, परस्पर विश्वास और दोस्ताना सलाह-मशविरा के सिद्धांत के अनुरूप हो और पड़ोसी देशों के साथ लंबे वक्त से चल रहे सीमा विवादों तथा सीमा से जुड़े मसलों का समुचित हल व प्रबंध बातचीत से किया जाए।

लेकिन पूर्वी लद्दाख के सीमांत इलाकों में सैन्य घुसपैठ का हल करने के लिए चीन ने बातचीत तो की, पर वह इसे अपनी सोच और अवधारणा के अनुरूप ही हल करने पर जोर दे तो इसका जमीनी असर, जिसकी लाठी-उसकी भैंस के तौर पर ही हम देख सकते हैं। 10 अक्तूबर, 2021 को भारत और चीन के सैन्य कमांडरों के बीच 13वें दौर की बैठक के दौरान जिस तरह चीन ने अपनी शर्तें भारत

पर थोपने की कोशिश की, उससे चीन के जमीनी सीमा कानून में व्यक्त उक्त मंशा की असलियत हम समझ सकते हैं।

चीन ने जमीनी सीमा कानून का ऐलान भारत और चीन के सैन्य कमांडरों के बीच 13वें दौर की बातचीत को विफल करने के दो सप्ताह बाद किया। पूर्वी लद्दाख में वास्तविक नियंत्रण रेखा के टकराव वाले इलाकों में चल रहे तनाव को खत्म करने के लिए भारत और चीन के बीच चली 13वें दौर की बातचीत के दौरान अत्यधिक कड़ा रुख अपनाने तथा बातचीत के दौरान भारतीय वार्त्ताकारों से यह कहने कि भारत को अब तक की वार्त्ता से जो मिल गया, उससे संतोष कर लेना चाहिए, यह संकेत देता है कि चीन बाकी भारतीय इलाकों में सैन्य अतिक्रमण बनाए रखने पर जोर देगा। इसके जवाब में भारतीय सेना प्रमुख जनरल एम.एम. नरवाणे ने भी भारत की ओर से सख्त तेवर दिखाते हुए कहा कि यदि चीनी सेना वास्तविक नियंत्रण रेखा के टकराव वाले इलाकों में अपनी सैन्य तैनाती को बढ़ाती जाएगी तो भारतीय सेना भी वहाँ डटकर तैनात रहने को तैयार है।

सैन्य कमांडरों के स्तर पर 10 अक्तूबर, 2021 तक चली 13 दौर की बातचीत के बाद साफ हो गया है कि जब तक चीनी राजनीतिक नेतृत्व अपनी सैन्य घुसपैठ व अतिक्रमण नीति को नहीं पलटेगा, तब तक भारत और चीन के सीमांत इलाकों में टकराव व तनाव की स्थिति बनी रहेगी।

चीन का पैंतरा

चीनी घुसपैठ को समाप्त करने के लिए भारत और चीन के बीच पहले दौर की सैन्य बातचीत 6 जून, 2020 को हुई थी, लेकिन 15 जून, 2020 को गलवान घाटी में हुई हिंसक खूनी वारदात ने दोनों देशों के बीच चल रहे विवाद को और जटिल बना दिया। शुरू के दौर में चीन के आला राजनीतिक नेतृत्व की ओर से यह संकेत दिया गया कि वह अपनी सेना को वास्तविक नियंत्रण रेखा के पार वापस लाने को तैयार होगा, लेकिन फरवरी 2021 में पैंगोंग के उत्तरी और दक्षिणी इलाकों से सेनाएँ पीछे हटाने का समझौता करने के बाद चीन ने अपने रुख कड़े कर लिये। 5 मई, 2020 को पूर्वी लद्दाख के इलाकों में सैन्य अतिक्रमण कर चीन द्वारा विवाद खड़ा करने के बाद इसे सुलझाने के लिए चीन व भारत के बीच सैन्य और राजनयिक स्तर पर बातचीत ने गलवान कांड के बाद नया मोड़ लिया, जिसके 17 महीनों बाद 13वें दौर की अंतिम वार्त्ता 10 अक्तूबर, 2021 को संपन्न हुई, जिसमें चीन ने अपना उग्र तेवर दिखाते हुए भारतीय वार्त्ताकारों से साफ कहा कि वह

गैर–वाजिब माँग कर रहा है, जिससे वार्त्ता में कठिनाइयाँ पैदा हुई हैं। चीनी विदेश मंत्रालय के प्रवक्ता ने कहा कि राष्ट्रीय संप्रभुता की रक्षा के लिए चीन दृढ़–प्रतिज्ञ है। साफ है कि चीन ने दो कदम आगे बढ़कर एक कदम पीछे हटने की रणनीति के तहत भारत से कहा कि चीन ने भारत को काफी रियायत दे दी है। चीन का इशारा पैंगोंग झील के उत्तरी एवं दक्षिणी छोर की चोटियों से सैनिकों और उनके हथियारों को पीछे हटाने की ओर था। लेकिन भारतीय सैन्य पर्यवेक्षकों का मानना है कि चीन ने भारत को किसी तरह की रियायत नहीं दी, बल्कि पैंगोंग झील के निकट कैलाश शृंखला की जिन चोटियों पर भारतीय सेना ने कब्जा कर लिया था, भारत द्वारा उन्हें छोड़ने के एवज में ही चीन ने पैंगोंग झील के उत्तरी चोटियों को खाली किया है।

13वें दौर की वार्त्ता

13वें दौर की वार्त्ता के दौरान भारत चीन से यह अपेक्षा कर रहा था कि चीनी सेना हॉट स्प्रिंग के इलाके से भी अपने सैनिकों को पीछे हटाने पर सहमति देगा और देपसांग के इलाके को खाली करने को राजी होगा, लेकिन 13वें दौर की वार्त्ता के बाद चीन ने अपना रुख सख्त करते हुए वास्तविक नियंत्रण रेखा के इलाके में सैन्य तैनाती में भारी इजाफा कर भारत पर यह दबाव बनाने की कोशिश की है कि वास्तविक नियंत्रण रेखा की मौजूदा स्थिति को स्वीकार करना भारत के ही हित में होगा।

सैन्य कमांडरों के बीच 12वें दौर की बातचीत 31 जुलाई, 2021 को संपन्न हुई थी, जिसके कुछ दिनों बाद गोगरा के इलाके से सैनिकों को पीछे हटाने की प्रक्रिया पूरी हुई। दोनों देशों के बीच सीमाओं पर शांति व स्थिरता बहाल करने के लिए इसे एक अहम अग्रगामी कदम माना गया था। लेकिन इसके बाद चीनी राजनीतिक नेतृत्व ने आला राजनीतिक स्तर पर दी गई सहमति से पलटते हुए 13वें दौर की बातचीत के बाद निराशाजनक माहौल बनाया।

13वें दौर की बातचीत विफल होने के बाद दोनों पक्षों ने इसके लिए एक–दूसरे को जिम्मेदार ठहराया। इस बातचीत के बाद भारतीय पक्ष ने कहा कि भारत द्वारा रखे गए रचनात्मक सुझावों को चीन ने तो नहीं माना, लेकिन अपनी ओर से आगे की ओर बढ़नेवाला कोई नया मान्य प्रस्ताव भी नहीं रखा।

भारतीय पक्ष ने अपने कड़े बयान में कहा कि वास्तविक नियंत्रण रेखा पर जो हालात बने हैं, वे चीन द्वारा यथास्थिति बदलने के लिए एकपक्षीय कदम उठाए जाने की वजह से ही पैदा हुए हैं और यह जरूरी है कि इलाके में शांति बहाल करने के

लिए चीन आवश्यक कदम उठाए। 13वें दौर की वार्त्ता में भारतीय पक्ष ने पेट्रोलिंग प्वॉइंट–15 से विसैन्यीकरण की रुकी हुई प्रक्रिया के अलावा देपसांग और देमचोक का मसला भी बलपूर्वक उठाया। राजनयिक पर्यवेक्षकों का कहना है कि 13वें दौर की वार्त्ता में चीनी पक्ष बातचीत को आगे नहीं बढ़ने देने का मन बनाकर बैठा था।

साफ है कि चीनी राजनीतिक नेतृत्व भारत के साथ तनाव खत्म करने के लिए वास्तविक नियंत्रण रेखा के टकराव वाले इलाकों से सेना पीछे हटाकर यह संदेश नहीं देना चाहता था कि वह भारत की जवाबी सैन्य तैनाती के दबाव में आ गया और अपने सैनिकों को 5 मई, 2020 से पहले की तैनाती वाली स्थिति पर वापस ले जाने को तैयार हुआ। अक्तूबर 2022 में चीन की कम्युनिस्ट पार्टी के 20वें महाधिवेशन (पार्टी कांग्रेस) के पहले चीनी राष्ट्रपति शी चिन फिंग अपने को आजीवन राष्ट्रपति बनाने के लिए अपने घरेलू राजनीतिक वर्ग को यह संदेश देना चाहते हैं कि वह अपनी प्रादेशिक सीमाओं की रक्षा के लिए किस तरह राष्ट्रीय हितों की रक्षा कर रहे हैं। यही वजह हो सकती है कि चीनी कम्युनिस्ट पार्टी की 20वीं कांग्रेस के पहले शी चिन फिंग की अगुवाई में समुद्री और जमीनी सीमा कानून पारित करवाया गया है।

इन कानूनों के बल पर चीनी ड्रैगन अपने देश की सीमाओं पर फुफकार मारेगा तो चीन के राष्ट्रपति शी चिन फिंग के लिए अपनी घरेलू राजनीतिक महत्त्वाकांक्षाओं को हासिल करना आसान होगा। नवअर्जित सैनिक और आर्थिक ताकत के बल पर बौराए चीनी राष्ट्रपति अपने को चीन के अबतक के सर्वशक्तिशाली नेता के तौर पर स्थापित करना चाहते हैं और यही वजह है कि 2049 तक चीन को दुनिया का सबसे ताकतवर और पहले दर्जे का देश बनाने का सपना आम चीनियों को दिखाने के बहाने वह अपने निजी राजनीतिक कॅरियर को चमकाने की रणनीति पर चल रहे हैं। इस महत्त्वाकांक्षा में भारत एक बड़ा बाधक साबित हो रहा था, इसलिए यह कहा जाए कि चीनी ड्रैगन ने भारतीय हाथी को डसकर उसे पस्त कर देने की रणनीति को लागू करने की कोशिश की है तो गलत नहीं होगा।

□□□